Karin Richter, Monika Plath
Lesemotivation in der Grundschule

Lesesozialisation und Medien

Herausgegeben von
Bettina Hurrelmann

Karin Richter, Monika Plath

Lesemotivation in der Grundschule

Empirische Befunde und Modelle für den Unterricht

Unter Mitarbeit von
Franziska Goethe, Leonore Jahn, Falk Radisch

Juventa Verlag Weinheim und München 2005

Die Autorinnen

Karin Richter, Jg. 1943, Dr. phil., ist Professorin für literarische Erziehung /
Kinder- und Jugendliteratur an der Erziehungswissenschaftlichen Fakultät
der Universität Erfurt.
Ihre Arbeitsschwerpunkte sind Kinder- und Jugendliteraturforschung, Kinderliteratur im Unterricht, Kinderliteratur und Medien, Medienpädagogik
und Kindheitsforschung.

Monika Plath, Jg. 1957, Dr. paed., ist Wissenschaftliche Mitarbeiterin im
Bereich Literarische Erziehung/Kinder- und Jugendliteratur an der Erzie-
hungswissenschaftlichen Fakultät der Universität Erfurt.
Ihre Arbeitsschwerpunkte sind Untersuchungen zur Lesemotivation bei
Grundschülern, Kinderliteratur in der Schule unter besonderer Akzentuie-
rung des Anfangsunterrichts.

Bibliografische Information Der Deutschen Bibliothek

Die Deutsche Bibliothek verzeichnet diese Publikation in der Deutschen
Nationalbibliografie; detaillierte bibliografische Daten sind im Internet über
http://dnb.ddb.de abrufbar.

© 2005 Juventa Verlag Weinheim und München
Umschlaggestaltung: Atelier Warminski, 63654 Büdingen
Umschlagfoto: Klaus G. Kohn, Braunschweig
Printed in Germany

ISBN 3-7799-1356-9

Vorwort

Nach einer Phase der Konzentration auf die neuen Medien, die mit einer Fülle von Empfehlungen für die Medienpädagogik als wissenschaftliche Disziplin und für die schulische Praxis einherging, haben die internationalen Untersuchungen wie PISA und IGLU wieder die Blickrichtung auf das Lesen und den Umgang mit Literatur gelenkt.

Nach unserer Ansicht ist es dringend erforderlich, die Stellung des Lesens im Kontext mit dem Medienumgang insgesamt exakt zu beschreiben, um Bildungsprozesse wissenschaftlich begründet zu befördern und nicht neue Einseitigkeiten zu riskieren. Verschiedene wissenschaftliche Disziplinen haben die Aufgabe, insofern fundierte Voraussetzungen für Schule und Unterricht zu schaffen, als sie die Stellung des Umgangs mit den Printmedien auf der Seite der Schüler analysieren, deren Bedeutung im Vergleich und im Bezug zu anderen Medien bestimmen und die kindlichen Voraussetzungen für den Umgang mit den verschiedenen Medien erfassen. In den letzten Jahren setzte sich die Erkenntnis durch, dass die Printmedien zwar ihre Dominanz verloren haben – sie stellen nicht mehr das Leitmedium dar –, nicht aber ihre grundlegende Bedeutung für Bildung und Persönlichkeitsentwicklung.

Die PISA-Studie hat vor allem deutlich gemacht, welche Defizite im Bereich der Lesekompetenz bei deutschen Schülern vorliegen. Ihre Ergebnisse verweisen zudem auf die gering ausgeprägte Lesemotivation, obwohl derartige Fragen nicht im Zentrum der Erhebung standen. Dass in diesem Feld eine wesentliche Ursache für das schlechte Abschneiden der deutschen Schüler zu suchen ist, offenbart sich bereits darin, dass immerhin 42% von ihnen angeben, nicht mit Vergnügen zu lesen – ein Anteil, der von keinem vergleichbaren Land übertroffen wird.

Die Ergebnisse der Erfurter Studie, die im vorliegenden Band vorgestellt und interpretiert werden, lagen etwa zeitgleich mit den PISA-Daten vor. Sie erfuhren in Verbindung mit der Veröffentlichung der internationalen Vergleichsuntersuchung eine unerwartete Aufmerksamkeit. Unsere Konzentration auf die Möglichkeiten und Grenzen der Entwicklung von Lesemotivation in der Grundschule erhielt durch die PISA-Ergebnisse noch einmal eine Begründung. Völlig zu Recht bezeichnen die PISA-Autoren die Lesemotivation als Energiequelle des Lesens. Die große Bedeutung motivationaler Aspekte für den Erfolg von Lernprozessen haben die internationalen Vergleichsstudien (PISA, IGLU) und die mit ihnen in Verbindung stehenden Bildungsdebatten erkennen lassen. Sie verwiesen zugleich auf die bestehenden gravierenden Defizite in Deutschland.

Ein grundlegender Befund der internationalen PISA-Studie wie auch des nationalen Vergleichs (PISA-E) zeigt für Deutschland einen engen Zusammenhang zwischen der sozialen Schicht und der Lesekompetenz. Das heißt zugleich, dass das deutche Bildungssystem im Vergleich zu anderen Ländern die soziale Ungleichheit eher befestigt und keinen ‚Ausgleich' für Kinder aus unterprivilegierten Familien bietet. Wie gravierend diese Erkenntnis auch für die Zukunft ist, zeigt die demographische Entwicklung. Wenn in Akademikerfamilien immer weniger Kinder geboren werden, dürfte die Anzahl der Kinder zunehmen, die nur in der Schule und in öffentlichen Räumen Impulse zum Lesen erfahren.

Die Geschichte der schulischen Bildung in Deutschland belegt übrigens die Fragwürdigkeit der Auffassung, dass Schule mit der Suche nach Wegen zur Entwicklung von Lesemotivation ihr fremde Felder besetze – wie oft mit Verweis auf die originären Aufgaben der Familie behauptet wird.

Auch unsere Erhebung belegt den großen Einfluss der Familie auf das Verhältnis Kind – Buch. Damit werden Ergebnisse von Arbeiten zur Lesesozialisation in der Familie (Hurrelmann, Hammer, Nieß 1993) bestätigt. Ein Blick in die Literatur zur Leseforschung offenbart, dass eine wissenschaftliche Untersuchung zu den Möglichkeiten und Grenzen der Entwicklung von Lesemotivation in der Grundschule bisher nicht existiert. Die vorliegende Publikation schließt dieses Forschungsdesiderat, indem sie grundlegende Ergebnisse einer repräsentativen Erhebung vorstellt. Die Konzentration auf die Grundschule erklärt sich vor allem aus der Bedeutung dieser Bildungsphase für die Prozesse der literarischen Sozialisation. Neueste Ergebnisse der Hirnforschung machen zudem deutlich, wie folgenreich eine Vernachlässigung der Bildungsmöglichkeiten in dieser Altersphase für die gesamte Persönlichkeitsentwicklung ist.

Nach einer Reihe von kürzeren Einzelveröffentlichungen werden in dem Band die Anlage der Studie, ihre Zielstellung und ihre Ergebnisse zum ersten Mal ausführlich dargestellt. In einem vorangestellten ersten Teil erfolgt eine Skizze der Aufgaben des Lese- und Literaturunterrichts im Primarbereich – verbunden mit einer kritischen Analyse didaktischer Positionen und entsprechender Lehrplaninhalte verschiedener Bundesländer

Parallel zur empirischen Erhebung und zu deren Auswertung haben die Autorinnen in einer Fülle von Unterrichtsversuchen verschiedene Wege zur Entwicklung von Lesemotivation an unterschiedlichen literarischen Beispielen sowie im Medienkontext erprobt. Auf diesem Hintergrund wird im dritten Teil der Publikation an Modellen zu verschiedenen Genres sichtbar gemacht, wie die in der Untersuchung ermittelten Defizite überwunden werden können. Einen wichtigen Gesichtspunkt beim Entwurf derartiger Unterrichtsversuche bildete die Frage nach geschlechtsspezifischen Leseinteressen. Wie wichtig es ist, gerade der Entwicklung der Lesekompetenz und Lesemotivation von Jungen größere Beachtung zu schenken, hat ebenfalls die PISA-Studie erkennen lassen (vgl. Baumert u.a. 2002).

Die Unterrichtsversuche bedeuten für uns zugleich Schritte zu einer Anwendungsforschung, die in der Folgezeit – in Verbindung mit verschiedenen Forschungsprojekten – auf einer breiteren wissenschaftlichen Basis erfolgen wird. Die Entscheidung, die Unterrichtsmodelle bereits jetzt zu veröffentlichen, ohne dass langfristige Wirkungen nachzuweisen sind, entspricht unserer Auffassung zu empirischen Erhebungen und zu Veränderungen in der Unterrichtspraxis: Messen, Wiegen und Testen bedeuten eine Bestandsaufnahme; sie stellen noch keine Wege zu einem wissenschaftlich begründeten Handeln in der Unterrichtspraxis dar. Weder das Warten auf den nächsten Test noch ein Aktionismus mit Lesekompetenz-Übungen bringen die erhofften Veränderungen. Zwischen dem ‚Wiegen' muss ein ‚Füttern' erfolgen, möglichst mit der richtigen Nahrung und der besten Methode der Nahrungsaufnahme. Unsere Unterrichtsmodelle wollen in diesem Kontext Anregungen bieten.

Wir danken allen, die das Zustandekommen der Studie unterstützt haben: den beteiligten Kindern, den Eltern und Lehrerinnen, den zuständigen Mitarbeitern der Bildungsbehörden sowie Kollegen und Studierenden des Fachgebietes ‚Grundschulpädagogik und Kindheitsforschung' der Universität Erfurt. Ohne ihr Engagement wäre die aufwändige empirische Erhebung in diesem Umfang nicht möglich gewesen.

Erfurt, September 2004
Karin Richter, Monika Plath

Inhalt

*Teil III Konsequenzen für den Lese- und Literaturunterricht
in der Grundschule an praktischen Beispielen*

Anhang

Teil I
Aufgaben und Ziele des Lese- und Literaturunterrichts in der Grundschule. Literaturdidaktische Positionen und Lehrplaninhalte

1. Unterrichtspraxis und Positionen der Literaturdidaktik

Eine der Konsequenzen, die sich aus den PISA-Befunden zwangsläufig ergibt, ist eine Analyse der grundlegenden Bildungsprozesse in der Grundschule, speziell der Entwicklung des Lesens. Damit rückt ein sowohl in der Bildungspolitik als auch in der literaturdidaktischen Forschung vernachlässigtes Terrain in den Blickpunkt des Interesses.

Frühkindliche Entwicklung und die Bildung im Vor- und Grundschulalter gerieten in den Fokus, ohne dass unseres Erachtens eine tatsächlich kritische Analyse bisheriger Forschungspräferenzen und Forschungsdesiderate erfolgte. Eine grundlegende Auseinandersetzung mit der einstigen Konzentration auf die neuen Medien und die Medienpädagogik und die Folgen derartiger Einseitigkeiten steht ebenso aus wie ein folgenreiches Nachdenken über die neue Stellung des Buches in einer ‚Medienkultur‘, das zu sinnvollen und wissenschaftlich begründeten Konsequenzen für den literaturdidaktischen Diskurs und die pädagogische Praxis führen könnte.

Es stellt sich in diesem Kontext auch die Frage, ob nicht angesichts der Aussagen der internationalen Vergleichsuntersuchungen über die Qualität des Umgangs mit Lesen und Literatur in der deutschen Schule eine kritische Bilanz der bisherigen Leistungen und Positionen der Literaturdidaktik zu ziehen wäre. Die Separierung und Divergenz verschiedener Ansätze und Konzepte hat aus unserer Sicht einen tatsächlichen Paradigmenwechsel verhindert, der mit den Impulsen des handlungs- und produktionsorientierten Unterrichts möglich gewesen wäre. Die in allen einschlägigen internationalen Studien (PISA, IGLU) vermerkten Defizite deutscher Schüler auf motivationalem Gebiet bestätigen die Bedeutsamkeit des handlungs- und produktionsorientierten Ansatzes, der bei konsequenter Umsetzung und weiterer theoretischer Ausformung positive Ergebnisse auch in der Breite und in den unterschiedlichen Schultypen zeitigen könnte.

Die Literaturdidaktik sieht eine ihrer wichtigsten Aufgaben darin, durch ihre professionelle Beschäftigung mit Literatur einen Beitrag zur Vermittlung von Literatur als kulturellem Gedächtnis der Gesellschaft zu leisten (vgl. Bogdal 2002, S. 13). Dieser Anspruch ist nur erfüllbar,

- wenn die Vermittlungsprozesse auf hohem Niveau erfolgen,
- die Entwicklung der individuellen Bedeutsamkeit des Umgangs mit Literatur im Blick ist,

- die Besonderheiten heutiger kindlicher Lebenswelten berücksichtigt werden und

- die Persönlichkeitsentwicklung im veränderten gesellschaftlichen Kontext zu einem wichtigen Bezugspunkt erhoben wird.

Die vielen Spezialgebiete, die inzwischen in der literaturdidaktischen Forschung wahrnehmbar sind – mit der gleichzeitigen Aufnahme von wichtigen Erkenntnissen der Nachbardisziplinen –, haben nur dann einen Sinn, wenn dieses Wissen „zusammengeführt" und für eine Umsetzung in der Schule „aufbereitet" wird. Dieser anwendungsorientierte Aspekt, der unseres Erachtens der Literaturdidaktik als Wissenschaftsdisziplin von Anbeginn inhärent ist, hat nichts zu tun mit einer Verringerung des wissenschaftlichen Anspruchs im Vergleich zur literaturwissenschaftlichen Forschung, mit der sich die Literaturdidaktik immer zu messen pflegt und von der sie auch wichtige Impulse aufnimmt. Die Feststellung, dass die Konzentration auf das Berufsfeld ‚Schule' für die Literaturdidaktik eine Verengung des Blickes zur Folge habe, verdient hinterfragt zu werden (vgl. Bogdal 2002, S. 14). Die Orientierung aller Fragestellungen der Literaturdidaktik auf das Berufsfeld Schule kann eine Schärfung des Blickes bedeuten und zu einer konsequenten Formulierung der originären Aufgabenfelder der Literaturdidaktik beitragen. Nicht die Focussierung auf Schule und Unterricht bedeutet eine Verengung an sich. Entscheidend ist vielmehr der Anspruch, der sich mit der literarischen und kulturellen Bildung in dieser Institution aus fachdidaktischer Sicht verbindet und welche Präferenzen sich daraus ergeben.

Es ist unstrittig, dass sich die Literaturdidaktik im Spannungsfeld von Literaturwissenschaft, Schule sowie von Bildungs- und Lerntheorien bewegt und dass sie auf aktuelle gesellschaftliche und bildungspolitische Erfordernisse zu reagieren hat. Die Entwicklungen seit den siebziger Jahren haben gezeigt, dass spontanes Re-Agieren und überhastetes „Über-Bord-Werfen" gerade im Bereich der Bildung problematisch ist. Gesellschaftliche Wandlungsprozesse, wie sie sich gegenwärtig vollziehen und die mit Begriffen wie Wissensgesellschaft, Informationsgesellschaft sowie Globalisierung verbunden sind, zwingen zu Reaktionen gerade in den Wissenschaftsdisziplinen, die mit den grundlegenden Bildungsbereichen verbunden sind. Dabei sind einerseits Einseitigkeiten zu vermeiden, andererseits ist aber auch ein ‚Vorlauf' zwingend erforderlich, will die Fachdidaktik dazu beitragen, wissenschaftlich begründetes Handeln in der Schule zu ermöglichen.

Man kann sich des Eindruckes nicht erwehren, dass manche Position innerhalb des literaturdidaktischen Diskurses darauf hinausläuft, im Unterricht und im Schüler die eigentlichen Störfaktoren für den Entwurf und die Entwicklung eines anspruchsvollen Konzeptes zu erblicken. Die Entfaltung von literaturdidaktischen *Theorien* fernab von der unterrichtlichen *Praxis* und den gesellschaftlichen Prozessen, die den Kindheitswandel determinieren, bewirkt eine *Kluft*, in die sich gleichsam eine (Un)-Kultur der Arbeitsblätter und Unterrichtsmaterialien einlagert. Die IGLU-Studie hat dieses Phänomen erfasst: In keinem vergleichbaren Land finden so viele Arbeitsblätter Verwendung wie in Deutschland. „Die Hälfte der Kinder in Deutschland erhält täglich im Leseunterricht ein Arbeitsblatt, Kinderbücher werden dagegen in deutschen Grundschulen sehr viel seltener verwendet als in vielen anderen Staaten" (Bos 2004, S. 35). Bezogen auf die Binnendifferenzierung im Leseunterricht zeigt IGLU, dass deutsche Lehrer weitestgehend über die Zeit und nur selten über das Material differenzieren (vgl. ebd., S. 34).

Die PISA-Daten kamen gerade im rechten Moment, um die *Euphorie über die neuen Medien* zu begrenzen und die damit verbundenen einseitigen Weichenstellungen für kindliche Bildungsprozesse zu verhindern. Auch in diesem Feld hat die literaturdidaktische Forschung der schulischen Praxis kein umfassendes Wissen für sinnvolles pädagogisches Handeln ‚bereitgestellt' und überhastetes Handeln von Bildungsbehörden ebenso begünstigt wie ein antiquiertes Festhalten an einem starren Bildungskanon auf der einen Seite und einem kritiklosen Zelebrieren der neuen medialen Erscheinungen auf der anderen Seite.

Die der Schule auferlegte Aufgabe der Entwicklung von Medienkompetenz wird von uns in dem Sinne verstanden, dass dieser Begriff den ‚kompetenten' Umgang mit verschiedenen Medien – auch den Printmedien – einschließt. Das mit ihm verbundene Aufgabenfeld richtet sich auf die Frage, wie sich in Verbindung mit den gegenwärtigen gesellschaftlichen Wandlungsprozessen die Kindheit unserer Tage mit den verschiedenen Medien verbindet oder verbinden sollte – im Interesse einer sinnhaften Gestaltung der Realität und einer Verflechtung von alten und neuen Medien, die verhindert, dass der alte Bildungskanon der Schriftkultur durch mündlichen und visuellen Nonsens völlig verdrängt wird (vgl. Richter 1999, S.109). Das bedeutet für ein medienpädagogisches Wirken, dass inhaltliche und formale Aspekte der einzelnen Medien und ihre spezifischen Verflechtungsmöglichkeiten zu betrachten sind. Den ‚rechten' Weg im medienpädagogischen und literaturdidaktischen Wirken zu finden kann nur gelingen, wenn über die Möglichkeiten neuer Medien für individuelle Bereicherung und soziale Kontexte genauer nachgedacht wird, die Frage nach den Werten einer Gesellschaft auch in diesem Kontext nicht ins Irrationale verbannt und jede virtuelle Neuerung in den Medien als gelungene neue Ästhetik gefeiert wird.[1]

Unseres Erachtens existiert bis jetzt noch keine überzeugende Studie darüber[2], in welcher Weise die frühe Rezeption visueller Welten die kindliche

---

1 Eine derartige Tendenz zeigen eine ganze Reihe von Arbeiten, die sich dem Umgang mit Computer und Fernsehen verpflichtet fühlen: z.B. Czaja, Dieter (Hrsg.): Kinder brauchen Helden. Power Rangers & Co. Unter der Lupe, München 1997.
2 Eine Ausnahme bilden hier verschiedene Arbeiten von Jutta Wermke.

Wahrnehmung insgesamt verändert hat und welche Schlussfolgerungen daraus für den schulischen Umgang mit den Printmedien – insbesondere mit der poetischen Literatur – zu ziehen sind. Dadurch bleibt auch die wichtige Frage außer Betracht, inwieweit eine Nutzung der Kenntnisse, die Kinder im Umgang mit den ‚neuen' Medien gewonnen haben, dazu führen könnte, ihnen Wege und Einsichten in die poetische Sprache zu erleichtern und sie Bezüge zwischen den ‚Sprachen' der verschiedenen Medien erkennen zu lassen.

Selbst neuere literaturdidaktische Arbeiten (vgl. Waldt 2001) betrachten die Behandlung von Literatur noch immer isoliert vom Umgang mit künstlerischen Welten audiovisueller Prägung. Symbol- und Bildhaftigkeit ‚literarischer Sprache' werden damit ohne einen Bezug zu dem kindlichen Vorwissen gesehen, das die Kinder durch den Umgang mit Filmen und Fernsehsendungen erworben haben (vgl. Frey 2003, S. 133f.). Gerade hier könnte sich für die literaturdidaktische Forschung ein wichtiges Feld eröffnen, um aus den medialen Wandlungsprozessen die richtigen Folgerungen für Bildungsprozesse abzuleiten. Aktuelle Erfordernisse lassen sich auf diese Weise in langfristige Forschungen als modifizierte Fragestellungen integrieren. Insgesamt werden damit grundlegende Fragen der Literaturdidaktik beantwortet:

• Welche Aufgaben stellen sich der Literaturvermittlung in der Schule in den verschiedenen Altersstufen und Schultypen?

• Auf welchem Wege und mit welchen Methoden reagiert die Literaturdidaktik als Wissenschaftsdisziplin auf die Fragen der Praxis?

• Wie bereitet die Literaturdidaktik die Wege, damit ihre wissenschaftlichen Erkenntnisse möglichst schnell und folgenreich in der Praxis umgesetzt werden?

PISA und IGLU verweisen unseres Erachtens auch auf das Dilemma der literaturdidaktischen Forschung, nach wie vor die alten und neuen Fragen des Lese- und Literaturunterrichts nur ungenügend zu beantworten und sich immer wieder im Entwurf neuer theoretischer und metatheoretischer Konzepte zu üben. Die Schärfung von Begriffen und Theorien ist ohne Zweifel erforderlich und es bedarf auch der Entwicklung konträrer Paradigmen, wenn damit das entscheidende Bezugsfeld der fachdidaktischen Forschung nicht aus dem Auge verloren wird. Die Kritik an den gut funktionierenden Sprachspielen der Wissenschaft, in denen alte Gegensätze oft nur im neuen Gewande wieder belebt werden, ohne dass grundlegende gesellschaftliche und soziale Bezugsfelder Berücksichtigung finden, ist zu bekräftigen (vgl. Feilke 2001, S. 4). In diesem Kontext wird die Forderung nach Verstärkung empirischer Forschungen verständlich. Für deren Gelingen ist nicht zuletzt ihre anwendungsorientierte Ausrichtung entscheidend. Aus unserer Sicht bedarf die Lesesozialisationsforschung – will sie tatsächlich neue praxisrelevante Erkenntnisse gewinnen (und das dürfte gerade nach PISA unzweifelhaft sein) und sich nicht in einer Fülle von weiteren Publikationen mit jenen Sprachspielen begnügen – neuer theoretischer Ansätze, die auf einer vielschichtigen Analyse von relevanten Praxisfeldern beruhen und darauf orientiert sind, Lösungsangebote für den schulischen Bildungsbereich zu erarbeiten.

Gleichzeitig besteht allerdings die Gefahr, dass eine verflachte Sicht auf die PISA-Ergebnisse zu neuen Einseitigkeiten und auch falschen Konsequenzen für die Bildungspolitik, die pädagogischen Wissenschaften und den Unterricht führt.

PISA konzentriert sich auf die kognitive Dimension des Lesens. Die Befunde veranschaulichen, dass Lesen eine grundlegende Kompetenz darstellt, die nicht zuletzt Folgen für einen sinnvollen Umgang mit dem Computer haben kann und für die Zugänge zu verschiedenen Wissensgebieten im Rahmen der Unterrichtsfächer äußerst wichtig ist. Auf diesem Hintergrund kann ein medienintegrativer Ansatz in der Schule eine theoretische Begründung erfahren und auch praktisch befördert werden. Es besteht aber zugleich die Gefahr, dass Lesen im Kontext mit den PISA-Aussagen vornehmlich als instrumentalisierte Tätigkeit und als Weg zum allgemeinen Wissenserwerb begriffen wird (im Sinne des pragmatischen „Literacy-Begriffes") und dabei die Literarizität und die besonderen Funktionen künstlerischer Literatur aus dem Blick geraten.

Eine derartige Blickrichtung könnte gerade für den Deutschunterricht in der Grundschule problematische Auswirkungen haben und bisherige fragwürdige Tendenzen der Deutschdidaktik noch verstärken. Denn trotz vielfacher Bemühungen, die sich gerade in der Zeitschrift zahlreichen Beiträgen der Zeitschrift „Praxis Deutsch" niederschlagen, hat der Diskurs dieser Wissenschaftsdisziplin seine Konzentration auf den Unterricht der weiterführenden Schulen – insbesondere des Gymnasiums – nicht aufgegeben. Die meisten Überlegungen zur Entwicklung literarästhetischer Kenntnisse setzen frühestens mit der Klassenstufe fünf ein. Die Kanon-Diskussion zieht den Literaturunterricht der ersten Schuljahre gar nicht ins Kalkül, weil die Grundschule als Bildungsinstitution begriffen wird, in der Lesen und Schreiben als basale Kulturtechniken erlernt werden und vielleicht noch emotionale Zugänge im Sinne von ‚Lesefreude', ‚Leselust' und ‚Zum Lesen verlocken' gefunden werden können, aber sie gilt nicht als Ort der Vermittlung ästhetischer Kenntnisse. Lesen in der Grundschule wird so weitestgehend auf seinen instrumentellen Zweck reduziert. Freude, Lust, Motivation werden oft nur als Mittel zur Erreichung dieses Ziels begriffen. Die Bezeichnung Leseunterricht und der häufige Verzicht darauf, vom Literaturunterricht in der Grundschule zu sprechen, kennzeichnen diesen Vorgang. Diese Reduktion hat unseres Erachtens bis heute negative Folgen, die in übergreifenden Zusammenhängen kaum thematisiert werden:

- Die banalisierten Wendungen von Leselust und ähnlichen Verlockungen verdecken den wissenschaftlichen Anspruch und die Notwendigkeit theoretisch begründeter Verfahren, die mit der Entwicklung von Lesemotivation verbunden sind.

- Die geringe Beachtung des Anfangsunterrichts in größeren literaturdidaktischen Fragestellungen führt zum einen zu einer falschen Schwerpunktsetzung und zum anderen zu einer Unterschätzung der Möglichkeiten, bereits im Deutschunterricht der Grundschule literarästhetische Kenntnisse und Fähigkeiten zu erwerben.

- Eine intellektuelle Unterforderung der Grundschüler ist die Folge, die auch negative Auswirkungen auf die Lesemotivation zeitigt.

- Diese Orientierung führt zugleich dazu, dass kaum darüber nachgedacht wird, inwieweit die Kinder im Umgang mit anderen Medien (Film, Fernsehen) Fähigkeiten erworben haben, die es ihnen ermöglichen (wenn diese bewusst gemacht werden), bereits im frühen Alter literarästhetische Erscheinungen zu erfassen: z.B. Genre-Spezifika; Erzählperspektive; Unterschiede Autor – Erzähler; Motive und Symbole (vgl. Frey/Richter 2001, S. 120).

Eine Ursache für die skizzierten Defizite liegt in dem geringen Wissen über die Interessen und Medienerfahrungen der Grundschüler. Die Überwindung dieses Defizits bietet *eine* Voraussetzung dafür zu erkennen, was im Deutschunterricht der Grundschule beispielsweise an Entwicklung von Textanalysekompetenz möglich ist.

2. Die Lesemotivation als eine zentrale Aufgabe des Literaturunterrichts und als grundlegendes theoretisches Konstrukt der Erfurter Studie

Ein besonders bedeutsames, wenn nicht das bedeutsamste Ziel des Literaturunterrichtes ist die Ausbildung einer stabilen Lesemotivation. Für denjenigen, der während und nach seiner Schulzeit nicht auch freiwillig liest, dürften – zugespitzt formuliert – die meisten anderen Kompetenzen im Umgang mit Literatur relativ bedeutungslos sein (vgl. Lange 2000, S. 947).

Auf diesem Hintergrund erfolgte die Entscheidung, die Lesemotivation in den Mittelpunkt unserer Untersuchung zu stellen.

Zentrale theoretische Konstrukte unserer Studie sind die Begriffe *Leseinteresse und Lesemotivation*. Während ‚Leseinteresse' sehr stark auf bestimmte Objekte (Texte, Bücher, Geschichten) gerichtet ist und in ein bestimmtes Verhalten mündet (z.b. das Lesen bestimmter Textsorten), gilt das ‚Motiv' bzw. die ‚Motivation' als ‚überdauernde Disposition' für zielgerichtetes Handeln. ‚Handeln' wird hier als menschliches Verhalten verstanden, mit dem der Handelnde einen Sinn verbindet, ob ihm dies bewusst ist oder nicht (vgl. Heckhausen 1989, S. 9ff.).

Das Interesse äußert sich danach in einem Verhalten, das man – auch in Verbindung mit der Darstellung einzelner Ursachen – bestenfalls *beschreiben* kann. Der Begriff des Motivs und die mit ihm gekennzeichnete Erscheinung ist jedoch dazu geeignet, bestimmte manifeste Handlungen und Einstellungen zu *erklären*. Heckhausen bezeichnet die ‚Motivation' als Sammelbegriff *„für vielerlei Prozesse und Effekte, deren gemeinsamer Kern darin besteht, dass ein Lebewesen sein Verhalten um der erwarteten Folgen willen auswählt und hinsichtlich Richtung und Energieaufwand steuert. Die im Verhalten zu beobachtende Zielgerichtetheit, der Beginn und der Abschluss einer übergreifenden Verhaltenseinheit, ihre Wiederaufnahme nach Unterbrechung, der Wechsel zu einem neuen Verhaltensabschnitt, der Konflikt zwischen verschiedenen Zielen des Verhaltens und seiner Lösung – all dies wird dem Problemfeld der Motivation zugeschrieben"* (Heckhausen 1989, S. 10f.).

Intentionen und Ziele, die ein Individuum mit seinem Handeln verfolgt, können so als Motivation festgestellt werden.

Sich in einer empirischen Studie mit Leseinteresse und Lesemotivation zu befassen, heißt also einerseits, einen Ist-Zustand zu erfassen und zu beschreiben und andererseits die Frage nach den umfassenden Prozessen, nach den Anregungsbedingungen und den Steuerungsmechanismen zur Entwicklung von Lesemotivation zu stellen. Diesem theoretischen Verständnis folgen auch Groeben und Vorderer in ihrer grundlegenden Darstellung zur ‚Leserpsychologie', indem sie in einem Modell die Prozessstruktur der Lesemotivation widerspiegeln. Sie beschreiben die Genese der Lesemotivation als Abfolge von Leseinteresse, Textverstehen und Lektürewirkung, die mit einer Zunahme der Verständlichkeit literarischer Texte und dem Verständnis pragmatischer Texte einhergeht (vgl. Groeben/Vorderer 1988, S. 2). In ähnlicher Weise wie Heckhausen fassen die Autoren das ‚Leseinteresse' enger als die ‚Lesemotivation': Leseinteressen richten sich in ihrer Darstellung auf bestimmte Objekte, denen vom einzelnen Individuum oder von Menschengruppen ein bestimmter Wert beigemessen wird, der beschreibbar ist. Damit können zusätzliche Antworten auf die Frage gegeben werden, wodurch Leseinteressen ausgelöst werden und durch welche Bedingungen deren Veränderung und Entwicklung möglich ist (vgl. ebd., S. 12f.).

Die oben skizzierte Beschreibung der Genese der Lesemotivation ist unseres Erachtens geeignet, als grundlegender Ausgangspunkt für das methodische Vorgehen und die methodischen Verfahrensweisen einer empirischen Studie zu dienen. Im Unterschied zu anderen empirischen Studien, die sich auf Leseinteressen und den ‚kompetenten Leser' ausrichten, konzentriert sich unsere Erhebung auf die Motivationsprozesse in der Phase des Erwerbs von Lesefähigkeiten und Lesefertigkeiten. Sie geht gleichzeitig davon aus, dass die Berücksichtigung spezifischer Leseinteressen und -kompetenzen der jeweiligen Adressatengruppe bei der *Auswahl der Texte* mit Blick auf die Realisierung des ‚übergeordneten Zieles' Lesemotivation grundlegend ist (vgl. Frey & Richter 2001, S. 117). Das muss keinesfalls bedeuten, dass bei der Einbeziehung solcher Lektüren der Literaturunterricht hinter seinen ‚Bildungsaufgaben' zurückbleibt. Ein anspruchsvoller Literaturunterricht hat immer – das ist eine Binsenweisheit, die zuweilen aus dem Blick gerät – zwei Seiten zu beachten: die besonderen Aspekte der literarischen Objekte und die besondere Situation der Subjekte, die literarisch gebildet werden sollen.

Die durch die Spezifik der Texte eröffneten „Spielräume" können letztlich optimal erst unter Beachtung der von den jeweiligen „Spielern" mitgebrachten Voraussetzungen zur Bestimmung der konkreten Ziele und Methoden im Unterricht ausgenutzt werden.

Zu diesen Voraussetzungen zählen heute die veränderte Stellung der Printmedien und die prägenden Einflüsse visueller Medien, die die kindliche Wahrnehmung verändern. Der unterrichtliche Umgang mit Literatur als „Dekomponierung eines komplexen Modells" (Jakob Ossner) muss sich deshalb verbinden mit einer Orientierung am kindlichen Denken und Wahrnehmen und an dessen kognitiver Konstruktion der Gegenstände (vgl. Feilke 2001, S. 6).

Eine Nutzung der Kenntnisse, die Kinder in ihrem täglichen Umgang mit ‚neuen' Medien gewonnen haben – könnte dazu führen, dass die Wege und Einsichten in die poetische Sprache erleichtert werden und die Kinder Bezüge zwischen den ‚Sprachen' der verschiedenen Medien sowie deren Besonderheiten auf eine Weise begreifen, die eigene Erfahrung mit schulischem Wissen verbindet.

Die nach wie vor erkennbare Orientierung der Literaturdidaktik an den Erfordernissen der gymnasialen Oberstufe und die Ausgrenzung des Grundschulbereichs widerspiegeln eine elitäre Sicht auf literarische Bildung, die letztlich zu einer Verengung führt und zu einem Verkennen der Möglichkeiten des Umgangs mit Literatur in den verschiedenen Schultypen. Die kontinuierliche Betrachtung der Entwicklung literarästhetischer Kenntnisse und Fähigkeiten vom Grundschulalter an könnte dagegen nicht nur der literaturdidaktischen Debatte neue Impulse verleihen, sondern dürfte auch dazu führen, in der schulischen Sphäre der Entwicklung von Lesemotivation, Lesekompetenz und ästhetischer Wahrnehmung Kontinuität zu verleihen sowie die einzelnen Schritte des Umgangs mit literarischen Kunstwelten exakter in ihrer Abfolge und Verflochtenheit zu bestimmen und auf diese Weise Beliebigkeiten zu überwinden.

Kompetente Teilnahme am Literatursystem als Ziel des Literaturunterrichts (Hubert Ivo) setzt eine Verbindung kognitiver und emotionaler Momente voraus. Die Spezifik poetischer Literatur erfordert geradezu die Verbindung dieser beiden Momente und verträgt nicht die Reduktion auf eine „Denkaufgabe ... als intellektuelle Herausforderung, als ein sprachliches Problem, das Lösungsarbeit verlangt" (Paefgen 1999, S. 26). Mit Blick auf Paefgens Formulierung von der Literatur als ernstzunehmendem Lerngegenstand, dem man sich ähnlich wie einer Mathematikaufgabe zu nähern habe, stellt sich die Frage, ob eine derartige Position die Besonderheiten dieses Gegenstandes nicht vollkommen verkennt und damit auch die angemessenen unterrichtlichen Wege, die zu seiner Erschließung führen, nicht tatsächlich entworfen werden können. „... nicht die Analyse und Bewertung von Sprache, sondern die Ermöglichung von Sprache, die Ermutigung zu Sprache und die Öffnung des Zugangs zu Texten (als gestalteter Sprache) steht im Mittelpunkt des Deutschunterrichts", formuliert apodiktisch einer der ‚Inauguratoren' des handlungs- und produktionsorientierten Literaturunterrichts (Haas 2004, S. 102). In der Ausformung und Begründung seiner Position gewinnen durchaus auch analytische Zugänge Raum, die allerdings die Dominanz der Entwicklung einer Lesemotivation durch ‚sinnenhafte Erfahrung', durch individuelle Annäherung an den literarischen Text, durch Imagination und produktive Phantasie nicht verdecken.

Unsere eigenen Erfahrungen in regelmäßig durchgeführten Unterrichtsprojekten bestätigen die Ansichten von Haas (Haas 1997) und Spinner (Köp-
pert/Spinner 1999), dass die Entwicklung und Erhaltung von Lesemotivation eine der wichtigsten Aufgaben des Literaturunterrichts ist, dass auf dieser Grundlage auch eine anspruchsvolle Literaturanalyse und -interpretation
(die nicht nur die Minderheit der Schüler einschließt) gelingt und aus dem
‚Fremdtext' ein auch individuell bedeutsamer Gegenstand für Kinder werden kann. Dagegen belegen die Selbstaussagen unserer Studierenden, die
sie zu Beginn ihres Studiums zur Frage nach ihrer Lesesozialisation treffen,
dass die von Paefgen favorisierte Methode zumeist eine folgenreiche Distanz gegenüber dem Lerngegenstand ‚Literatur' bewirkt.

3. Die Spezifik der Literaturbehandlung in der Grundschule aus literaturdidaktischer Perspektive

Die besondere Platzierung der Grundschule in literaturdidaktischen Konzepten ist verständlich und richtig, wenn sie nicht grundsätzlich dazu führt, Überlegungen zur grundlegenden literarischen Bildung in der ersten Phase der unterrichtlichen Begegnung mit Literatur auszublenden oder unzulässig zu reduzieren bzw. einfach in das Feld grundschulpädagogischer Forschung zu ‚delegieren‘. Es ist nicht zu übersehen, dass die literaturdidaktischen Ausführungen zur Grundschule nicht selten durch eine auffällige Unschärfe in der Verwendung wissenschaftlicher Termini gekennzeichnet sind (vgl. Büker 2002, S. 132) und überholte Theorien zu den Lesealtern nahezu unmodifiziert wiedergegeben werden, um die ‚begrenzten‘ Fähigkeiten der Grundschüler zur Legitimation dafür zu nehmen, dass der Leseunterricht in der Grundschule doch eher eine Vorstufe für den ‚richtigen‘ Zugang zur Literatur darstellt.

Der weitgehende Verzicht vom Literaturunterricht in der Grundschule zu sprechen, ist aus unserer Sicht unverständlich und kann auch in den jeweils gewählten Begründungen nicht überzeugen, wenn darauf verwiesen wird, dass die mit dem Begriff verbundenen Vorstellungskontexte sekundarstufenorientiert sind (vgl. Büker 2002, S. 121). Als Aufgaben des *Literarischen Lernens* in der Grundschule werden in diesem Zusammenhang drei Elemente benannt: die *Entwicklung von Lesefertigkeit*, der *Aufbau von Lesekompetenz* und der *Aufbau von literarischer Kompetenz* (vgl. Büker 2002, S. 120). In alle Bereiche dieses Gesamtzusammenhanges eingeflochten sei das Schaffen von Grundlagen auf der motivationalen Ebene, damit verbinde sich das fundamentalste Ziel des Unterrichts in der Primarstufe (vgl. ebenda, S. 120f.). Diese Position leuchtet zunächst ein, doch gleichzeitig ist es erforderlich darzustellen,

• wie dieses ‚fundamentale‘ Ziel zu erreichen ist,

• wie sich die Beziehungen zwischen den verschiedenen Aufgabenfeldern gestalten und

• welche Tatsachen der Lösung dieser Aufgabe entgegenstehen.

Für die Entwicklung von tragfähigen Konzeptionen für den Literaturunterricht in der Grundschule sind neben den bereits erwähnten übergreifenden Positionen vor allem die Vorschläge und Wege von Bertschi-Kaufmann

(Bertschi-Kaufmann 2000), Dehn (1999) und Hurrelmann (Hurrelmann 1995) von Bedeutung.

Sowohl bei Bertschi-Kaufmann als auch bei Hurrelmann spielen in ihren Konzepten der Leseförderung emotionale Aspekte und die Entwicklung einer positiven Haltung gegenüber dem Lesen eine dominierende Rolle. Ein analytischer Zugang zur Literatur tritt dagegen nicht in den Vordergrund.

Bertschi-Kaufmann verbindet die Wege zur Literatur in einer Art Experiment mit multimedialen Lernumgebungen, in deren Kontext sie die Zugänge zu Literatur anregt und beschreibt. Dieser Ansatz könnte für die weitere literaturdidaktische Debatte von Bedeutung sein, wenn er sich im Sinne einer theoretischen Vertiefung mit den ‚Sprachen' der verschiedenen Medien und deren ‚Transfer' in Verbindung mit kindlichen Wahrnehmungsmustern und Medienerfahrungen befasst (vgl. Frey & Richter 2001, Frey 2003). Bisher steht eine Analyse noch aus, inwieweit derartige Verflechtungen verschiedener Medien (langfristige) Wirkungen für die Entwicklung von Lesemotivation und die Qualität des Umgangs mit literarischen Texten auslösen können. Erst auf dem Hintergrund einer Analyse dieser Art dürfte die Entwicklung eines schlüssigen Konzeptes für das Verhältnis von Lesen und den Umgang mit anderen Medien im Unterricht zu entwickeln sein.

Wesentliche Impulse für die Literaturdidaktik könnten – gerade mit Blick auf die Grundschule – von dem Schreibkonzept Mechthild Dehns (Dehn 1999) ausgehen, das nicht nur in seiner Verbindung von Literarität und Literalität überzeugt, sondern auch in seinem Kontext von Schreiben – Lesen – Entwicklung ästhetischer Kompetenzen innovative Wege eröffnet und der Gefahr isolierter Verfahren ebenso entgeht wie der theoretischen Unschärfe in der Betrachtung von Schülerhandeln und Schülerprodukten.

Dehns Betrachtungsweise und Ergebnisse bestätigen auch unsere Wege und Erfahrungen der Literaturbehandlung im Anfangsunterricht, die nicht nur die Verbindung der Entwicklung von Lesemotivation mit einem Anspruch an literarästhetischer Bildung dokumentieren, sondern die beachtlichen Fähigkeiten der Grundschüler in der ästhetischen Wahrnehmung und Erzählfähigkeit offenbaren. Die Verbindung von Erzählen, Vorlesen, Lesen, Schreiben, Gestalten stellt sich auch in unseren Reflexionen in ähnlicher Weise als wichtiger Zugang zu poetischer Literatur dar.

In diesem Kontext verdient die jüngst erschienene Arbeit von Kathrin Waldt Beachtung (Waldt 2003), in der in Verbindung mit dem Begriff ‚Literarisches Lernen' vom Literaturunterricht in der Grundschule gesprochen wird und in der unsere, in verschiedenen Publikationen geäußerte Position zur Behandlung ästhetisch anspruchsvoller Literatur in der Grundschule Bestätigung erfährt (Frey & Richter 2001, Richter 2001, Plath & Richter 2003). Waldts Arbeit bietet eine breite Referierung der verschiedenen literaturdidaktischen Konzepte, um dann zu dem Schluss zu gelangen, dass sich gegenwärtig zwei Positionen gegenüberstehen, die sie (nicht recht überzeugend) auf die Begriffe *Leseförderung (mit dem Ziel der Lesemotivation) und literarästhetischer Ansatz* reduziert (vgl. Waldt 2003, S. 86). Waldt geht davon aus, dass der Versuch, beide Richtungen zu integrieren, nicht gelungen sei und sie mit ihrer Untersuchung diese Lücke zu schließen gedenkt. Um diesen Anspruch aufrechtzuerhalten, muss sie entsprechende Ansätze in anderen Konzeptionen vernachlässigen. Dennoch verdient der Versuch Anerkennung, weil eine auf breiter wissenschaftlicher Basis beschrittene Verbindung der beiden genannten Positionen für eine Weiterentwicklung des Literaturunterrichts in der Grundschule zentral ist. Diese Verbindung wird allerdings nur gelingen, wenn sie nicht – wie bei Waldt – die ‚neuen Medien' weitgehend ausblendet.

Die im 3. Teil der vorliegenden Publikation enthaltenen Unterrichtsmodelle sollen am Beispiel *Bilderbuchgeschichte, Volksmärchen, Kunstmärchen, Mythen, Kinderroman, Kinderliteraturklassiker* aufzeigen, wie eine Verbindung der Entwicklung von Lesemotivation und literarästhetischer Bildung möglich wird und eine Integration verschiedener Medien (*Bild, Illustration, Hörkassette, Film, Theater, Puppenspiel*) diese Verbindung unterstützen kann.

Erstaunlicherweise wird auch in den einschlägigen Arbeiten zum Literarischen Lernen in der Grundschule (Büker 2002; Waldt 2003) und zum Anfangsunterricht im Lesen und Schreiben (Meiers 1998) nicht *das zentrale Problem des Lese- und Literaturunterrichts*, das zumindest in den ersten beiden Klassen der Grundschule besteht, thematisiert und in seinen Folgen bedacht.

Der Deutschunterricht der Grundschule ist natürlich zunächst der Ort, an dem Lesefähigkeiten und -fertigkeiten erworben werden. Gleichzeitig ist aber auch die Lesemotivation zu entwickeln, weil ohne diese das Interesse an dem mühevollen Weg des Lesenlernens verebbt. Die Frage ist allerdings, wie und ob es überhaupt möglich ist, Lesefertigkeiten und Lesemotivation an denselben Texten zu entwickeln. Zum einen unterfordern Texte, die von Kindern im Anfangsunterricht selbst erlesen werden können, nicht selten ihr intellektuelles Vermögen, zum anderen kann die Art des Umgangs mit ihnen (Lesen einzelner Sätze, von Schüler zu Schüler gehend, oft noch stockend vorgetragen) tatsächliches Lesevergnügen und einen ästhetischen Genuss verhindern.

Aus diesem Grund sind wir der Auffassung, dass der Erwerb von Lesefähigkeiten und -fertigkeiten auf der einen und von Lesemotivation und ästhetischer Genussfähigkeit auf der anderen Seite (zunächst) auf getrennten Wegen erfolgen muss. Während Lesefähigkeiten und -fertigkeiten mit leicht erschließbaren Texten erworben werden, wird die Lesemotivation an komplexeren künstlerischen Gebilden entwickelt, die aber zunächst nicht vornehmlich durch eigenes Lesen der Kinder erschlossen werden.

Vorlesen durch die Lehrpersonen, Einsatz von Hörkassetten, Zugang zur Geschichte über Illustrationen, handlungs- und produktionsorientierter Umgang mit den ästhetischen Welten scheinen als Wege der Entwicklung von Lesemotivation und ästhetischer Genussfähigkeit geeignet zu sein (vgl. Richter 2003a, S. 8f.). Interessant ist in diesem Zusammenhang ein IGLU-Ergebnis: In deutschen Grundschulen wird im internationalen Vergleich am wenigsten vorgelesen (vgl. Bos 2004, S. 36).

Für ein Gelingen dieser Wege im Lese- und Literaturunterricht ist es allerdings erforderlich, ihre theoretisch begründete Verflechtung mit medienpädagogischen Aspekten zu erreichen.

Das bedeutet für die Phase des Schriftspracherwerbs, die Entwicklung von Lesefähigkeiten und -fertigkeiten noch intensiver mit Handlungen zu verbinden, die der Lesemotivation dienen. Es kann in diesem Zusammenhang nicht die Rede davon sein, wie die Begegnung mit Schrift und Buch der Attraktivität von Fernseh- und Computerwelten anzupassen ist (oder auf der gleichen Ebene und mit den gleichen Mitteln einen Wettlauf mit ihnen zu suchen), sondern es muss danach gefragt werden, in welchen Elementen die Besonderheiten der Printmedien liegen, die für die kindliche Entwicklung unverzichtbar sind. Ein weiterer Schritt besteht darin, auf kognitivem und emotionalem Weg Kindern diese Besonderheiten erkenn- und erlebbar zu machen.

4. Der Lese- und Literaturunterricht in den Lehrplänen verschiedener Bundesländer im Überblick

Ein Blick in die Rahmenrichtlinien und Lehrpläne verschiedener Bundesländer soll im Folgenden kurz umreißen, welche Prämissen für den Lese- und Literaturunterricht der Grundschule gegenwärtig gesetzt werden.

Das oben skizzierte *zentrale Problem des Anfangsunterrichts* in seiner Verbindung von Erwerb von Lesefähigkeiten und -fertigkeiten auf der einen und der Entwicklung von Lesemotivation auf der anderen Seite sowie der darauf basierenden Textauswahl wird in keinem der Lehrpläne benannt.

Die Lesemotivation erscheint in einer ganzen Reihe von Lehrplänen nicht einmal als zentraler Begriff. Eher werden Formulierungen wie ‚Leseinteressen' und ‚Lesefreude' gewählt. Wenn aus dem Gesamtzusammenhang ersichtlich ist, dass auf motivierende Impulse insistiert wird, dann beschränkt sich das im wesentlichen auf eher äußerliche (durchaus wichtige) Momente, wie Einrichten von Leseecken, feste Lesezeiten, Vorstellen von Lieblingsbüchern. Es fällt auf, dass die Lesemotivation eher an eine anregende Leseumgebung gebunden wird und nicht Teil eines theoretischen Konstrukts ist, das dem gesamten Lehrplan zugrunde liegt (z.B. Baden-Württemberg, Bayern, Sachsen, Thüringen).

Das Vorlesen des Lehrers wird in seiner Funktion ebenso wenig ausgeführt wie das Erzählen von Lehrpersonen. Es ist zumeist nur von Handlungen der Schüler die Rede, ohne die Impulse zu beschreiben und theoretisch zu begründen, die von Lehrerhandlungen ausgehen müssen. Das Vorlesen als wesentliche lesemotivierende Lehrerhandlung findet keine Erwähnung (z.B. Thüringen).

Eine auffällige Ausnahme bildet in diesem gesamten Kontext der neue Hamburger Lehrplan, der die wissenschaftliche Beratung durch eine der ausgewiesenen Grundschulpädagoginnen (Mechthild Dehn) erfuhr. Bereits die Elemente des Arbeitsbereiches ‚Lesen' – *„Lesekompetenz – Lesemotivation – Lesekultur – Mit Texten Welten erschließen – Sachtexte – verschiedene Medien"* verweisen auf ein dahinter stehendes schlüssiges Konzept, das nicht additiv die einzelnen Teile aneinanderfügt, sondern sie in ein theoretisch begründetes Bezugssystem setzt. Die Ausführungen zu den einzelnen Elementen vermitteln den Lehrern eine Fülle von Impulsen, indem sehr deutlich von Schülerinteressen und -erfahrungen ausgegangen wird und traditionelle und neuere Medien eine sinnvolle Verbindung erfahren. Die Auswahl kinderliterarischer Texte ist weit und gleicht eher einer anregenden Empfehlung als einer kanonartigen Verordnung. Nicht nur in seinen Passagen zum Lese- und Literaturunterricht offenbart dieser Lehrplan eine überzeugende Reaktion auf PISA.

In den Lehrplänen aller Bundesländer finden sich Elemente des literaturdidaktischen Konzeptes vom handlungs- und produktionsorientierten Unterricht. Mit ihnen verbunden sind auch Aspekte, die auf lesemotivierende Wirkungen zielen und die mit Worten wie ‚Neugierde wecken‘, ‚Lesefreude entwickeln‘, ‚Leseinteresse befördern‘ benannt sind. In vielen – auch neueren – Lehrplänen (Bayern, 2000; Sachsen 2004) bleibt aber die Lesemotivation eher ein äußerliches Moment, das keine Verflechtung zu dem Gesamtkonstrukt des Lehrplans aufweist. So zeigt gerade der bayerische Lehrplan eine eindeutig kognitive Orientierung in seinen Passagen zu den in Klasse 4 erreichten Bildungsstandards im Bereich „Lesen – mit Texten und Medien umgehen". Die ‚Leseecke‘ wird zur ‚Medienecke‘ verwandelt, mit deren Hilfe Lesefreude und Leseinteressen geweckt werden sollen. Mit der Forderung nach Entwicklung von ‚Lesesicherheit‘ wird das Postulat verbunden „Nur wer sicher liest, wird auch gerne lesen" (S. 24). Der Umkehrschluss wird nicht erwogen. Obwohl in diesem Lehrplan Partien zum ‚Vorlesen‘ erscheinen, sind sie nicht mit lesemotivierenden Impulsen ausgewiesen, sondern mit Lexemen, wie *Texte verstehen, Textinhalt wiedergeben* etc. verbunden.

Interessant ist vor allem, womit ‚*Lesefreude und Leseinteressen entwickeln'* im Einzelnen verbunden wird. Die Schüler sollen ihre Auswahl von Texten und ihre Leseinteressen begründen und ihre inneren Vorstellungsbilder zu Leseerfahrungen ausdrücken (vgl. Lehrplan Bayern, S. 30). Genannt werden damit Schülerhandlungen, die wichtig sind. Es fehlen aber die in diesem Feld gerade äußerst wichtigen Impulse für Lehrpersonen, die Leseinteressen, die Leseerfahrungen und Medienvorlieben ihrer Schüler in Erfahrung zu bringen – als eine wesentliche Voraussetzung zur Entwicklung erfolgreicher Methoden für einen lesemotivierenden Unterricht. Es ist vor allem problematisch, dass auch neuere Lehrpläne (Sachsen 2004) sich in manchen Aspekten in Details verlieren, aber in den Ausführungen zu Zielen und Inhalten den Lehrern zu wenig Anregungen vermitteln: Wenn sich die sächsischen Lehrer in Klasse 3 „zur Lesekultur positionieren" sollen (S. 22), sie aber dazu sowohl in den Passagen zum Lernbereich „Lesen/Mit Medien umgehen" als auch zu dem Wahlpflichtbereich „Aus der Märchenwelt" nichts Genaueres erfahren und der Wahlpflichtbereich „Der Fernseher im Kinderzimmer" keine Ergebnisse der neueren Kindheitsforschung zu erkennen gibt, dann erhalten die dringend erforderlichen Veränderungen keinen Handlungsrahmen.

Bis auf geringe Ausnahmen sind folgende Defizite in den Lehrplänen für die Grundschule sichtbar:

• Die Literaturbehandlung verbindet sich nicht mit einer schlüssigen Verflechtung der drei wichtigen Elemente: Entwicklung von Lesemotivation – literarästhetische Bildung – Integration verschiedener Medien.

• Die Lehrpläne enthalten keine Anregungen dafür, wie kindliche Erfahrungen und Fähigkeiten im Umgang mit verschiedenen auditiven und audiovisuellen Medien dafür genutzt werden können, um diese auf die Analyse und Interpretation von Literatur zu übertragen und damit bereits in der Grundschule geeignete Wege zu literarästhetischer Bildung zu finden.[3]

• Die Lehrpläne akzentuieren nicht überzeugend die Besonderheiten des Umgangs mit Literatur in der Phase des Anfangsunterrichts/des Schriftspracherwerbs mit den beiden wichtigen Aufgaben – Entwicklung von Lesefähigkeiten und -fertigkeiten und Entwicklung von Lesemotivation.

---

3 Der Transfer der ‚Fernseh- bzw. Filmlesefähigkeit' auf den Umgang mit Literatur, wie ihn Patricia Greenfield (Greenfield 1987, S. 154) beschreibt, könnte gerade für einen anspruchsvollen Literaturunterricht in der Grundschule folgenreich sein.

Teil II

Empirische Untersuchung: „Die Entwicklung von Lesemotivation bei Grundschülern. Möglichkeiten und Grenzen schulischer Einflussnahme"

1. Fragestellung, untersuchungsmethodisches Vorgehen und Anlage der Studie

1.1 Fragestellung

Der Anlage des empirischen Projekts liegt folgendes hypothetisches Modell zugrunde:

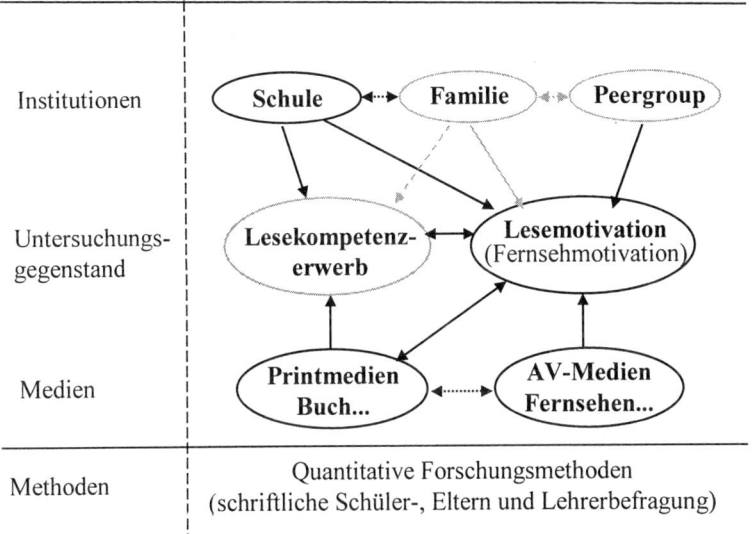

Abb. 1: Hypothetisches Modell der empirischen Studie

Im Mittelpunkt der Untersuchung steht die Lesemotivation der Kinder im Grundschulalter. Da nach empirischen Befunden und Erfahrungen davon ausgegangen werden kann, dass die Motiviertheit der Kinder zum Lesen auch in einer gewissen Abhängigkeit zu deren Fernsehverhalten steht, das Fernsehen zum Teil auch als Konkurrenzmedium angesehen wird, sind Fragen zum Fernsehinteresse und zur Fernsehmotivation ebenfalls Gegenstand der Befragung.

In allen einschlägigen empirischen Studien zur Lesemotivation wird die Gruppe der Grundschüler weitestgehend ausgeschlossen mit der Begründung, Lesemotivation könne sich erst bei einem kompetenten Leser entwickeln und die Grundschule schaffe erst diese Voraussetzungen. Unsere These ist allerdings, dass der Erwerb von Lesefähigkeiten und -fertigkeiten und die Entwicklung von Lesemotivation nicht als aufeinander folgende Prozesse in dem Sinne zu betrachten sind, dass erst nach der Ausbildung der Lesefähigkeit die Lesemotivation folgt, sondern dass beide Aspekte eng miteinander verwoben sein müssen.

Unser Hauptforschungsinteresse ist auf die Möglichkeiten der Schule bei der Entwicklung und Förderung der Lesemotivation gerichtet. Diese Akzentuierung erschien uns besonders wichtig, weil bisherige Untersuchungen zwar die Bedeutung von Familie, Schule und Peer Group für die Lesesozialisation hervorheben, aber ausschließlich der große Einfluss der Familie auf die Lesemotivation der Kinder empirisch detailliert belegt ist (vgl. Hurrelmann 1993; Wieler 1997). Diese Studien dokumentieren zugleich, dass nicht alle Familien den Raum für eine erfolgreiche Lesesozialisation bieten (auch PISA und IGLU verweisen nachdrücklich darauf). Deshalb ist wissenschaftlich zu ergründen, welche Möglichkeiten die Institution Schule hat, um diese Benachteiligungen zu kompensieren. Die Spezifik schulischer Einflüsse auf die Lesemotivation der Kinder soll in Abgrenzung insbesondere zu familiären Einflüssen, deutlicher als bislang geschehen, herausgearbeitet werden.

Folgende Fragen stehen deshalb im Mittelpunkt unseres Forschungsinteresses:

- Welche Rolle spielen die verschiedenen Medien im kindlichen Freizeitverhalten?
- Welche Faktoren in Familie, Schule und in anderen sozialen Räumen beeinflussen die Entwicklung von Lesemotivation?
- In welchem Rahmen und unter welchen Bedingungen vollziehen sich die kommunikativen Prozesse über Literatur und andere Medien?
- Welche Möglichkeiten hat die Schule, die kindliche Literatur- und Medienrezeption positiv zu beeinflussen?
- Welchen geschlechtsspezifischen Hintergrund hat die Literatur- und Medienrezeption im Grundschulalter?

Befragt wurden deshalb Schüler, deren Eltern und Lehrer. In die Schülerbefragung wurden zusätzlich Items zur Peer Group mit aufgenommen.

Um herauszufinden, welche spezifischen Wirkungen auf die Lesemotivation von den Medien selbst ausgehen, stehen Printmedien, insbesondere das Buch, und AV- Medien, vor allem das Fernsehen, im Mittelpunkt des Interesses.

1.2 Untersuchungsmethodisches Vorgehen

Zur Erfassung von Daten, die Auskunft über die uns interessierenden Forschungsfragen geben sollen, wählten wir die quantitative Forschungsmethode der schriftlichen Befragung für alle drei Probandengruppen. Die Fragebögen für Schüler, Eltern und Lehrer bestehen aus einer Kombination von offenen und geschlossenen Fragen.

Die Form der geschlossenen Frage wählten wir insbesondere zur Ermittlung von Einstellungen (wie etwa die Entscheidungsfragen zwischen Lesen und anderen Freizeitbeschäftigungen – Schülerfragebogen Frage 11, 12, 13) und zur Erfassung konkreter Verhaltensweisen der Untersuchungsteilnehmer (wie z.b. Fragen zur Häufigkeit der Nutzung von Medien – Schülerfragebogen Frage 43).

Offene Fragen wurden dann eingesetzt, wenn nicht auf sichere Erkenntnisse der Leseforschung zurückgegriffen werden konnte. Trotz des erhöhten Aufwandes bei der Auswertung dieser Fragen (zeitaufwendige Kategorisierungs- und Kodierarbeiten) wurde diese Entscheidung getroffen, um das Antwortverhalten nicht von vorn herein durch vorstrukturierte Antworten einzuschränken (so z.b. Frage 31: Was gefällt dir am Lesen besonders gut, was überhaupt nicht?). Diese Fragen zielen also eher auf Hypothesenerkundung, die neben interessanten Befunden auch Hinweise auf weiterführende Forschungen geben kann.

Für zentrale Fragen der Studie, wie z.B. die zu ‚gelesenen Büchern und bevorzugten Lektürepräferenzen', entschieden wir uns für offene und geschlossene Fragen. Die offene Variante, die die Vorgabe bestimmter Buchtitel ausschließt, wählten wir für die Frage nach dem Lieblingsbuch (Frage 21). Die geschlossene Form, in der wir bestimmte Genres bzw. Lektürekategorien vorgeben haben, fand bei der Frage ‚Welche Bücher/Geschichten liest du gern' Anwendung (Frage 15).

Der Schülerfragebogen enthält insgesamt 43 Fragen, von denen 38 in geschlossener Form und 5 in offener Form gestellt wurden. Bei der Anordnung der Items im Fragebogen wurde darauf geachtet, dass sich vermeintlich schwierige Fragen mit einfach zu beantwortenden Fragen abwechseln. Der Fragebogen setzt sich aus einer Kombination von Items, die aus Fragebögen anderer Untersuchungen übernommen (teilweise modifiziert) und Fragen, die spezifisch für die Untersuchung entwickelt wurden, zusammen.

Mögliche Probleme beim Ausfüllen des Fragebogens wurden in einem Pretest (60 Grundschüler) ermittelt; danach fand eine Überarbeitung statt.

Dem Lesen wird ein hoher gesellschaftlicher Wert zugeschrieben. Um die sich daraus ergebenden realitätsadäquaten Verzerrungen einzuschränken, wurden die Fragebögen anonym ausgefüllt. Alle Fragebögen (Schüler, Lehrer, Eltern) wurden pro Schule und Klasse fortlaufend nummeriert, wobei jeweils die Schüler und die dazugehörigen Eltern die gleichen Nummern erhielten, das Gleiche gilt für die Schüler einer Klasse und der dazugehörigen Deutschlehrerin. Ein Vergleich von Schüler- und Elternantworten sowie Schüler- und Lehrerantworten innerhalb der gemeinsamen Fragekomplexe ist auf dieser Grundlage möglich.

Unsere Studie strebt einen repräsentativen Überblick an. Sie will auch diejenigen erreichen, die dem Lesen keinen hohen Stellenwert beimessen. Deshalb wurden alle Schüler und deren Eltern aus der jeweiligen Klasse befragt. Die Entscheidung, die Befragung ausschließlich an Erfurter Grundschulen durchzuführen, basiert auf den Befunden der Vorgängerstudie (Richter/Riemann 2000), nach denen es in den zentralen Fragestellungen keine auffälligen Unterschiede zwischen verschiedenen Regionen des Landes Thüringen und zwischen Stadt und Land zu verzeichnen gab.

1.3 Anlage und Durchführung der schriftlichen Befragung

Die Befragung von Schülern (2., 3., 4. Klasse), deren Eltern und Lehrern fand im Mai/Juni 2001 an 24 Erfurter Grundschulen statt. Um einen möglichst hohen Rücklauf der standardisierten Fragebögen zu gewährleisten, wurde die Erhebung wie folgt durchgeführt:

- Schülerbefragung
  Die Schüler der 3. und 4. Klasse wurden im Klassenverband innerhalb einer Unterrichtsstunde durch die Versuchsleiter befragt und die ausgefüllten Fragebögen unmittelbar danach eingesammelt. Aufgrund der noch eingeschränkten Lesefähigkeit der Schüler des zweiten Schuljahres wurden hier etwa 45-minütige Einzelbefragungen durchgeführt (die Versuchsleiter lasen die Fragen ohne Kommentar vor).

- Elternbefragungen
  Die Eltern erhielten die Fragebögen über die Schüler. Die Rückgabe erfolgte in einem geschlossenen Briefumschlag an die Schule.

- Lehrerbefragung
  Die Fragebögen an die Deutschlehrer/innen der in die Befragung einbezogenen Klassen wurden persönlich vom Versuchsleiter übergeben und anonym an der Schule hinterlegt.

Nachfolgende Übersicht (vgl. Abb. 2) zeigt den Stichprobenumfang in allen drei Probandengruppen und die Rücklaufquote.

Die Rücklaufquote ist insbesondere bei den Eltern unerwartet hoch. Dies ist vermutlich darauf zurückzuführen, dass die Kinder ihre Eltern nachdrücklich baten, den Fragebogen auszufüllen.

Die inhaltlichen Fragebereiche beziehen sich – wie in der nachfolgenden Abbildung dargestellt – auf die individuelle und familiäre Situation, das Freizeit- und Medienverhalten der Probanden sowie auf schulische und unterrichtliche Bedingungen.

Schüler				Eltern				Lehrer			
Ges.	Kl.2	Kl.3	Kl.4	Ges.	Kl.2	Kl.3	Kl.4	Ges.	Kl.2	Kl.3	Kl.4
1188	360	408	420	907	270	316	321	52	16	18	17
81,9%*				76,5%*				72,2%*			

* Rücklaufquote

Abb. 2: Gesamtstichprobe der Untersuchung

Zudem wird deutlich, in welchen Bereichen der Befragung unmittelbare Vergleiche von Schüler-, Eltern- und Lehrerantworten möglich sind. So können Übereinstimmungen und Unterschiede in der Wahrnehmung bestimmter ‚Lesepraktiken', wie etwa das ‚Vorlesen in der Familie', herausgearbeitet werden.

Die quantitative Erhebung wurde mit dem Statistikprogramm SPSS ausgewertet. Die Analyse der Antworten auf die offenen Fragen erforderte Kategorisierungen, die bei der Darstellung der entsprechenden Ergebnisse näher erläutert und beschrieben werden.

Für die Beantwortung der Hauptfragestellungen des Forschungsprojekts wurden Pfadmodelle entwickelt, die einen Beitrag zur Erklärung der Entwicklung von Lesemotivation von Grundschülern leisten sollen. Mit Hilfe multivariater statistischer Verfahren (LISREL) erfolgte die Prüfung dieser Modelle. So können nicht nur Zusammenhänge der verschiedensten Faktoren und der Lesemotivation ermittelt, sondern auch (im Sinne von Ursache-Wirkungsbeziehung) Einflussstärken gemessen werden. Die so gefundenen Schwerpunkte werden einer differenzierten Analyse im Geschlechter- und Klassenstufenvergleich unterzogen.

Inhaltlicher Fragebereich	Schüler	Eltern	Lehrer
Individuelle & familiäre Situation			
Alter		⊗	⊗
Geschlecht	⊗	⊗	⊗
Familiengröße/-zusammensetzung		⊗	⊗
Hortbesuch		⊗	
Computer-/Internetnutzung		⊗	⊗
Technische Ausstattung		⊗		⊗
Bücherbesitz		⊗	
Abonnement Zeitung/Zeitschrift		⊗	
Selbstbestimmung der Kinder bei Mediennutzung		⊗	

Inhaltlicher Fragebereich	Schüler	Eltern	Lehrer
Kontrolle/Hilfe bei Hausaufgaben		⊗	
Wichtigkeit Lesen für Kinder		⊗	
Wichtigkeit Medien für Bildung/Ausbildung		⊗	⊗
Einfluss Fernsehen auf Lesen		⊗	⊗
Vorlesen in der Familie	⊗	⊗	
Freizeit- und Medienverhalten			
Freizeitpräferenzen allgemein	⊗		
Mitgliedschaft Bücherei	⊗	⊗	
Leseverhalten			
Gern lesen	⊗	⊗	
Lesehäufigkeit	⊗		
Lesevorlieben	⊗	⊗	⊗
Lesemotivation	⊗	⊗	
Aussagen über Lesen	⊗	⊗	⊗
Momentan gelesenes Buch	⊗	⊗	
Gelesene Zeitschriften/Comics	⊗		
Lieblingsbücher/Lieblingsgestalten	⊗		
Gespräche über Lesen mit Peer/Familie/Lehrer	⊗		
Lesen vs. Fernsehen/Spielen mit and./Spielen allein	⊗		
Interesse Lehrer/Eltern an Leseverhalten der Kinder	⊗	⊗	
Inhaltlicher Fragebereich	Schüler	Eltern	Lehrer
Fernsehverhalten			
Fernsehhäufigkeit	⊗		
Fernsehvorlieben	⊗		
Fernsehmotivation	⊗		
Gespräche über Fernsehen mit Peer/Familie/Lehrer	⊗		
Interesse Lehrer/Eltern an Fernsehverhalten	⊗	⊗	⊗
Schulische/unterrichtliche Situation			
Gefallen Deutschunterricht	⊗		
Rangfolge beliebter Schulfächer	⊗		
Einschätzung Leseleistung	⊗	⊗	⊗
Didaktische Methoden	⊗		⊗
Behandelte Bücher	⊗		⊗
Methodische/inhaltliche Absprachen mit Kollegen			⊗
Interesse Eltern am Lese-/Literaturunterricht			⊗
Aussagen zum Leseunterricht			⊗
Zeitliche Unterrichtsplanung			⊗
Kriterien für behandelte Bücher			⊗
Rolle von Illustrationen in Büchern			⊗
Berufsjahre als Lehrer			⊗
Vorliebe für Lehrplanbereiche			⊗

Abb. 3: Fragebereiche der Untersuchung

1.4 Erfahrungen zur Forschungsmethode ‚Schriftliche Befragung' von Grundschülern

Die Tatsache, dass innerhalb der Leseforschung Grundschüler kaum eine Zielgruppe schriftlicher Befragungen sind – eine Ausnahme bildet die Klassenstufe 4 (vgl. Keller 1980) – lässt auf die Problematik schließen, die mit dem Einsatz dieser Methode bei jüngeren Schulkindern verbunden ist. Vorraussetzung für das selbständige Ausfüllen eines Fragebogens ist natürlich ein gewisser Grad an Lesekompetenz, der nicht nur Lesefähigkeit und Sinnerfassung, sondern auch das Verstehen von Tabellen und Übersichten einschließt. Offensichtlich werden diese Kompetenzen Grundschülern noch nicht zugetraut.

Unsere Erfahrungen bei der Erhebung der Daten zeigen jedoch, dass diese Skepsis weitestgehend unbegründet ist. Ca. 86% aller Schüler haben die Fragebögen in der vorgegebenen Zeit selbständig ausgefüllt.

Die Annahme, dass bei sehr komplex gestellten Fragen, zu deren Beantwortung mehrere Denkschritte erforderlich sind (z.B. Frage 36), Schwierigkeiten auftreten, bestätigte sich nicht. Dagegen stellten die Kinder bei vermeintlich einfachen Fragen wie ‚Interessiert sich deine Lehrerin für das, was du in deiner Freizeit liest?' (Frage 32) zahlreiche Nachfragen. Auffällig viele Schüler meinten, sie könnten auf diese Frage keine Antwort geben, da sie ja ihre Lehrer noch nicht danach gefragt hätten. Häufig wurde in diesen Fällen der Kommentar „ich weiß es nicht" mündlich oder auch schriftlich beigefügt. Diese Probleme traten innerhalb dieser Frage bezogen auf ‚Mutter' und ‚Vater' nicht auf.

Dies ist nur ein Beispiel dafür, mit welcher Ernsthaftigkeit und Gewissenhaftigkeit die Schüler ihren Fragebogen ausfüllten. Die große Sorgfalt wird in zahlreichen schriftlichen Kommentaren zu einzelnen Fragen oder zum gesamten Fragebogen deutlich.[1]

Insgesamt kann eingeschätzt werden, dass es möglich ist, Grundschüler ab Klasse zwei schriftlich zu befragen. Die damit verbundene Vielfalt von Befunden eröffnet die Möglichkeit, fördernde und hemmende Bedingungen für das Lesen stärker als dies bislang geschehen ist, aus dem Blickwinkel der Kinder zu beschreiben.

---

1 So entschuldigt sich ein Mädchen dafür, dass sie die Fragen zum Fernsehen leider nicht beantworten könne, da sie in der Familie kein Fernsehgerät besitzen. Andere äußern zum Teil schriftlich ihr Bedauern darüber, dass sie nicht die Zeit bekommen, zu Hause noch einmal nach Autor oder genauem Titel ihres Lieblingsbuches nachzuschauen. Etliche positive Wertungen finden sich auch zum Einsatz des Fragebogens allgemein.

2. Ergebnisse

2.1 Zur Erfassung der Lesemotivation bei Grundschülern

Lesemotivation ist – wie bereits dargestellt – ein vielschichtiges Konstrukt, das sich für die empirische Erhebung nicht mit Hilfe einer einzelnen Variable instrumentalisieren lässt. Aus diesem Grund wurden in den Fragebögen mehrere Variablen aufgenommen, von denen angenommen werden kann, dass sie Teilaspekte des umfassenden und vielschichtigen Konstruktes 'Lesemotivation' sind. Beispiele für solche Variablen sind etwa: Beliebtheit des Lesens, die aufgewendete Zeit für das Lesen, Aspekte des Gefallens am Lesen, gegenwärtiges Lesen von Büchern und Geschichten und die Stellung des Lesens im Vergleich zu anderen Freizeitbeschäftigungen.

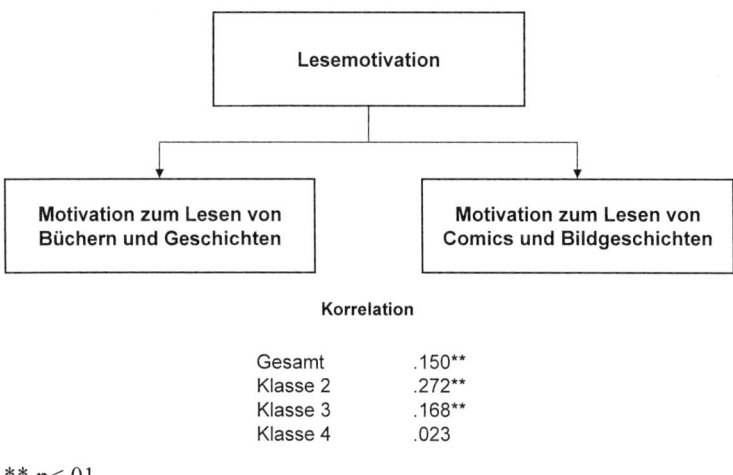

** p<.01

Abb. 4: Faktoren der Lesemotivation

In mehreren Schritten wurde versucht, diese insgesamt 59 Items aus dem Schülerfragebogen, die über den Grad und die Bereitschaft der Kinder, Texte verschiedenster Art aus eigenem Antrieb zu lesen, Auskunft geben, zu einer Variable 'Lesemotivation' zusammenzufassen. Über mehrere Analyseschritte ergaben sich – für uns unerwartet – zwei Faktoren für Lesemotivation. Der erste Faktor kennzeichnet die Motivation der Grundschüler zum

Lesen von Büchern und Geschichten, der zweite Faktor bezieht sich auf die Motivation zum Lesen von Comics, Bildgeschichten und Zeitschriften.

Diese beiden Motivationen existieren nach unseren Befunden relativ unabhängig voneinander. Bislang ging man in der wissenschaftlichen Literatur ausschließlich von einem Faktor „Lesemotivation" aus, der unabhängig von der zunächst bevorzugten Textsorte das Individuum zum Leser werden lässt. Zwar wird in zahlreichen empirischen Studien deutlich, dass Kinder und Jugendliche (insbesondere auch leistungsschwache Schüler) das Lesen von Comics und Zeitschriften bevorzugen. Selbstverständlich wird jedoch davon ausgegangen, dass dieses Lesen eine Art „Sprungbrett" bedeutet und den Übergang zum Lesen von anspruchsvollerer Literatur bieten kann (Theorie vom „Hochlesen"). Empirische Belege für diese Annahme existieren nicht. Ausschließlich in der Biographieforschung gibt es Darstellungen – aus der retrospektiven Betrachtung des erwachsenen Lesers –, die diesen Übergang (vom Comic-Leser zum Romanleser) thematisieren (vgl. Graf 1998, S. 105).

Unsere Ergebnisse sprechen innerhalb des Grundschulalters gegen derartige Auffassungen. Der in Klasse zwei noch vorhandene schwache Zusammenhang zwischen den beiden Faktoren der Lesemotivation nimmt im Verlauf der Grundschulzeit ab und ist in Klasse vier nicht mehr vorhanden.

Wenn sich diese aus den Befunden ergebende Erkenntnis als richtig erweist, dürfte das einschneidende Auswirkungen auf die Didaktik des Deutschunterrichts haben: Viele didaktische Verfahren und methodische Vorschläge gründen sich auf der Auffassung von *einer* Lesemotivation und der damit möglichen anregenden Wirkung des Umgangs mit Comics.

Im Geschlechtervergleich werden ebenfalls zentrale Unterschiede zwischen beiden Faktoren deutlich:

Bezüglich des Lesens von Büchern und Geschichten sind Mädchen höher motiviert als Jungen. Die deutlich geringere Motivation der Jungen für das Lesen von Geschichten und Büchern nimmt mit steigender Klassenstufe noch ab, die Differenz in der Lesemotivation zwischen den Geschlechtern wird von Klasse zwei bis vier größer.

Ein anderes Bild ergibt sich für die Lesemotivation bezüglich des Lesens von Comics, Zeitschriften und Bildgeschichten: Die Motivation von Jungen und Mädchen weist bereits in Klasse zwei nur eine geringe Differenz aus. Auch hier sind es jedoch die Mädchen, die etwas höher motiviert sind. Mit zunehmendem Alter werden Comics, Bildgeschichten und Zeitschriften immer lieber gelesen. Besonders die Jungen ‚holen auf', so dass am Ende der vierten Klasse kein Geschlechterunterschied (bezüglich dieser Lesemotivation) zu registrieren ist.

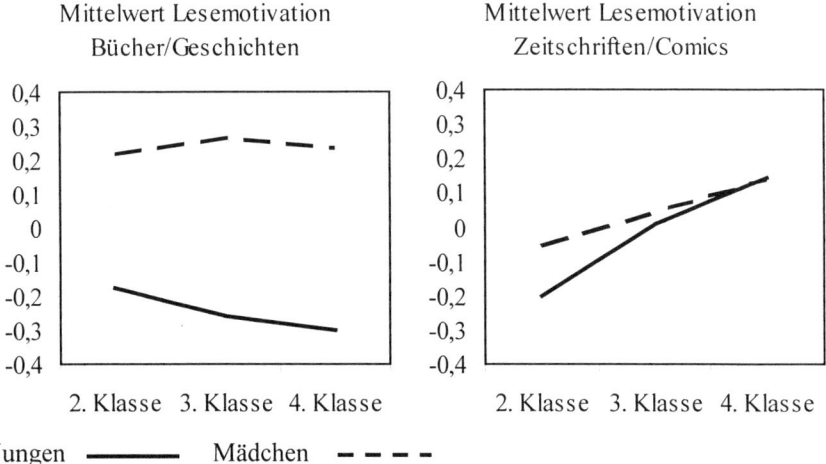

Ausgehend von diesen Befunden stellt sich die interessante Frage nach den Strukturen der Einflussfaktoren.

2.2 Einflussfaktoren bezüglich der Motivation zum Lesen von Büchern und Geschichten

Mit Blick auf die zentrale Zielstellung unseres Projektes haben wir die Vielzahl der möglichen Einflussfaktoren, die in den inhaltlichen Fragebereichen zum Ausdruck kommt, mit Hilfe komplexer methodischer Verfahren bezüglich ihres Einflusses auf die Lesemotivation untersucht. Die Lisrel-Analyse kam bezogen auf beide Lesemotivationen zu ganz unterschiedlichen Befunden: Wir können ein recht sicheres stabiles Modell bezüglich der Einflüsse auf das Lesen von Büchern und Geschichten vorstellen. Ein solches Modell der Einflüsse auf das Lesen von Comics, Bildgeschichten und Zeitschriften gibt es nicht bzw. ist über unsere Erhebung nicht nachweisbar. Offensichtlich wurden in der Befragung nicht die Bedingungen, Anregungen, Situationen erfasst, die die Motivation zum Lesen von Comics, Bildgeschichten und Zeitschriften beeinflusst.

Die Einflussfaktoren für die Motivation zum Lesen von Büchern und Geschichten stellen sich – geordnet nach den Bereichen Familie, Schule, Peer Group und individuelle Faktoren – wie folgt dar:

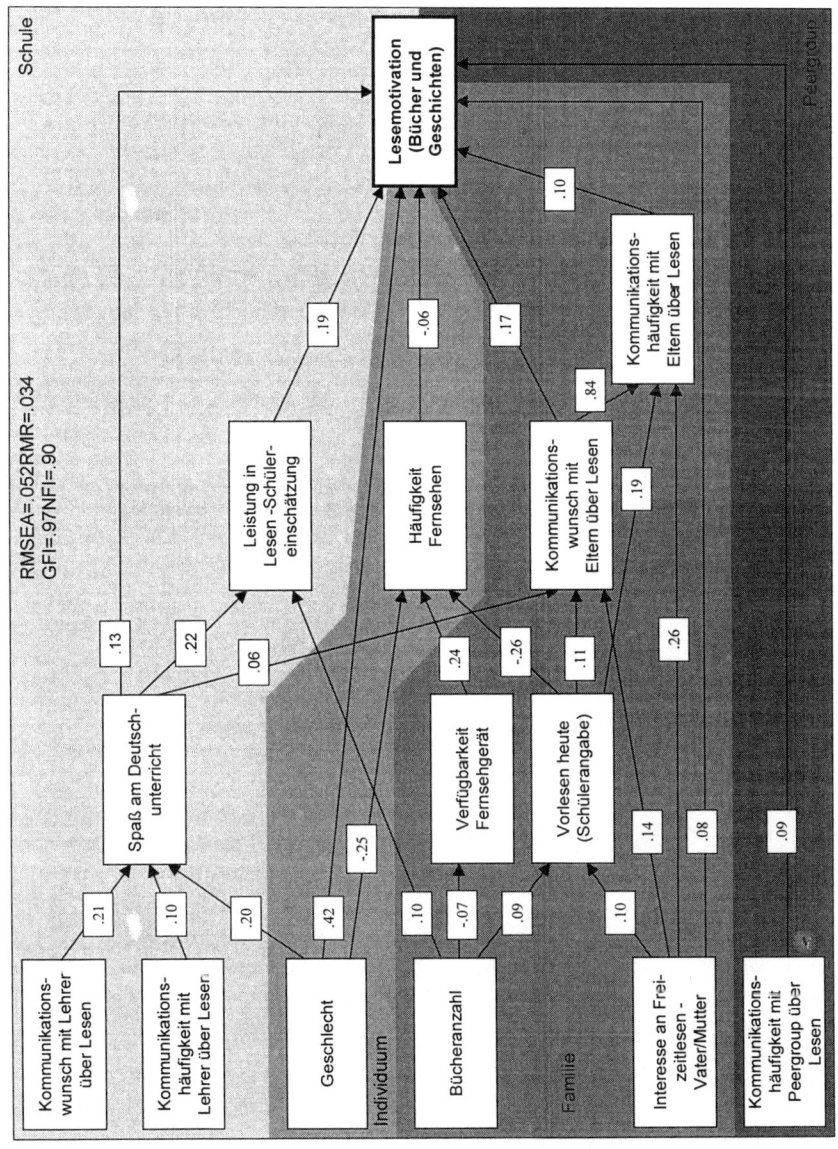

Abb. 6: Einflussfaktoren für die Lesemotivation (Bücher und Geschichten)

Bezogen auf die Anzahl der ermittelten Einflüsse bestätigt auch unsere Untersuchung die große Bedeutung der Familie für die Motivation der Kinder zum Lesen. Direkten Einfluss haben dabei der Wunsch der Kinder (.17) und die Häufigkeit (.10), mit den Eltern über Gelesenes zu reden. Sehr stark ist der ermittelte Zusammenhang zwischen Kommunikationswunsch („Wünschst du dir, mit deinen Eltern über Gelesenes zu sprechen?) und der Gesprächshäufigkeit (Wie oft sprichst du mit deinen Eltern über Gelesenes?). Über die Frage „Interessieren sich deine Eltern dafür, was du in deiner Freizeit liest?" wurde ein Zusammenhang zum Gesprächswunsch und zur -häufigkeit ermittelt. Ist in der Wahrnehmung der Kinder das Interesse der Eltern an ihrem Leseverhalten groß, dann finden Gespräche über Literatur häufiger statt (.26) und auch der Wunsch zur Anschlusskommunikation ist größer (.14). Ebenfalls bedeutsam ist das von den Schülern empfundene Interesse ihrer Eltern am Freizeitlesen auf die ‚Praxis' des Vorlesens in der Familie (.10), die wiederum mit dem Wunsch der Kinder nach Kommunikation (.11) zusammenhängt.

Über den Elternfragebogen wurde von uns der Bücherbesitz in der Familie erfragt. In zahlreichen empirischen Untersuchungen ist ein starker Zusammenhang zwischen Buchbestand der Familie und der sozialen Schicht ermittelt worden. Das heißt: Je mehr Bücher eine Familie besitzt, desto wahrscheinlicher ist ihre Bildungsnähe. Die Zusammenhänge, die wir gefunden haben, unterstützen diese These.

Je größer der Buchbesitz im Haushalt, um so häufiger wird den Kindern vorgelesen (.09) und um so weniger verfügen die Kinder über ein eigenes Fernsehgerät (-.07).

Im Bereich der Schule können wir zwei Faktoren benennen, die direkten Einfluss auf die Motiviertheit der Kinder, Bücher und Geschichten zu lesen, haben. Der Spaß am Deutschunterricht (.13) nimmt im schulischen Bereich eine zentrale Stelle ein. Er wirkt ganz unmittelbar auf die Motivation der Kinder (.13), beeinflusst sehr stark die Leseleistung (.22), die wiederum mit der Lesemotivation korrespondiert (19). Ebenso wie im familiären Bereich hat der Wunsch der Kinder nach Anschlussgesprächen mit den Lehrern (.21) und die tatsächliche Häufigkeit solcher Gespräche (.10) eine große Bedeutung für die Lesemotivation der Kinder. Beides wirkt positiv auf die Freude und den Spaß am Deutschunterricht.

Auch im Freundeskreis hat die Häufigkeit der Gespräche über Gelesenes direkten Einfluss auf die Motiviertheit der Schüler, Bücher und Geschichten zu lesen (.09).

Auf der individuellen Ebene bestätigt unsere Studie die bekannte Tatsache, dass Mädchen lieber lesen als Jungen (.42). Dies korrespondiert sehr stark mit dem Fernsehverhalten: Jungen sehen mehr fern als Mädchen (-.25). Die

Fernsehhäufigkeit hat wiederum Einfluss (wenn auch sehr gering) auf die Lesemotivation.

Dieses Modell macht deutlich, dass es zwischen dem individuellen, dem familiären und dem schulischen Bereich bezüglich der Förderung von Lesemotivation Zusammenhänge gibt. Dies ist zunächst der Bezug zwischen der Verfügbarkeit eines Fernsehers und der Häufigkeit des Fernsehens (.24): Je mehr die Kinder über ein eigenes Fernsehgerät verfügen, umso häufiger schauen sie auch fern. Häufiges Vorlesen in der Familie grenzt übermäßiges Fernsehen der Kinder offensichtlich ein (-.26).

Die Bezüge zwischen ‚Geschlecht' und ‚Spaß am Deutschunterricht' zeigen wiederum, dass Mädchen mehr Spaß am Deutschunterricht haben als Jungen. Auch erwartungsgemäß besteht ein Zusammenhang zwischen Bücheranzahl (Bildungsnähe des Elternhauses) und der Leistung der Schüler im Lesen (.10). Interessant erscheint auch der Befund, dass der Deutschunterricht Einfluss auf den Wunsch der Schüler hat, mit ihren Eltern über Gelesenes zu sprechen.

Abschließende Bemerkungen zu diesem Modell:

Geprüft wurden alle Faktoren, die über Schüler-, Eltern- und Lehrerfragebogen erfasst wurden. Manche Annahmen über den Einfluss auf die Lesemotiviertheit der Kinder wurden nicht bestätigt. Zum Beispiel hat das ‚Vorlesen früher' im Gegensatz zum gegenwärtigen Vorlesen in der Familie keinen Einfluss auf die Lesemotiviertheit der Schüler. Erstaunlich ist jedoch, dass nahezu alle Fragen nach der Kommunikation über Gelesenes im Modell präsent sind.

2.3 Die Bedeutung von Lesen und Fernsehen im Interessenspektrum von Grundschülern

Die Frage, ob Kinder und Jugendliche heute überhaupt noch mit Freude lesen angesichts der sprunghaften Entwicklung anderer medialer Möglichkeiten wie Fernsehen, Video, Computer, Handy usw. wird nicht erst seit PISA unter Pädagogen und Wissenschaftlern kontrovers diskutiert. Insbesondere das Fernsehen geriet mit der Einführung der Privatsender Anfang der 80er Jahre in das Kreuzfeuer der Kritik und wird bis heute häufig als ‚Hauptübeltäter' zur Erklärung des Rückgangs der Leselust herangezogen. Durch Inhalt und Präsentation ermögliche es ganz unmittelbar Gefühlseindrücke, die dem Heranwachsenden im Gegensatz zum Lesen wenig Kompetenz und Anstrengung abverlangen. Es sei zudem die einfachste Art, das Bedürfnis nach Unterhaltung und Information zu befriedigen und verdränge damit zunehmend den Anreiz zum Lesen (vgl. Gottberg/Mikos/Wiedemann 1997). In Fort- und Weiterbildungsveranstaltungen geäußerte Erfahrungen von Pädagogen unterstützen diese Annahme.

Auch in unserer Erhebung wird diese Ansicht von Eltern und Lehrer bestätigt. Die Frage „Verändert Ihrer Meinung nach das Fernsehen das Leseverhalten von Kindern?" wird von 94,2% aller befragten Lehrerinnen und 87,9% der befragten Eltern mit den Werten ‚stark' bzw. ‚sehr stark' bestätigt. Der Einfluss des Fernsehens wird erwartungsgemäß von ca. 80 % der befragten Lehrer und Eltern als negativ bewertet. Nach der Bedeutung der verschiedenen Medien für die Bildung und Ausbildung künftiger Generationen befragt, nimmt das Fernsehen (‚sehr wichtig') hinter den Medien ‚Computer', ‚Internet', ‚Büchern' und ‚Zeitungen und Zeitschriften' erst den fünften Rangplatz in der Elternmeinung ein. In diesem Kontext sind auch die erzieherischen Maßnahmen zu sehen, die sich in den Antworten der Eltern auf die Frage nach der Selbstbestimmung der Kinder im ‚Gebrauch der Medien' andeuten. Nur 5,6% aller Eltern geben an, dass ihr Kind frei entscheiden kann, welche Fernsehsendungen es sieht. Ca. ein Drittel der Eltern berät seine Kinder bei der Auswahl von Fernsehsendungen, mehr als die Hälfte der Eltern bestimmt nach eigenen Angaben das Fernsehverhalten ihrer Kinder ‚immer' (13,1%) oder ‚meist' (46,2%). Im Gegensatz dazu haben die Kinder bezogen auf ihr Leseverhalten sehr viel mehr Freiheiten: 38,5% aller Kinder können nach den Angaben ihrer Eltern ‚frei entscheiden', was sie lesen, 31,7% werden ‚beraten' und in 29,7% aller Fälle bestimmen die Eltern ‚immer' (2,5%) bzw. ‚meist' (27,5%) über die Auswahl der Lektüre.

An und für sich könnten diese Befunde auf ein Zurückdrängen des Fernsehkonsums im Elternhaus verweisen.

Allerdings sprechen wissenschaftliche Erhebungen eher dagegen. Dazu gehören Untersuchungen zur Nutzungsdauer bestimmter Medien. Sie zeigen, dass das Fernsehen mittlerweile zum Leitmedium der gesamten Bevölkerung geworden ist: Über alle Altersgruppen hinweg wird dafür mehr Zeit aufgewendet als für das Bücherlesen (vgl. Stiftung Lesen 2001).

Es verwundert deshalb nicht, dass unsere Untersuchung bezüglich der Mediennutzung zu ähnlichen Ergebnissen gelangt.

2.3.1 Zum zeitlichen Umfang von Fernsehen und Lesen innerhalb der Freizeitgestaltung von Grundschülern

Die Nutzungsdauer beider Medien wurde von uns über die Fragen ‚Wie oft etwa nimmst du dir in deiner Freizeit Zeit zum Lesen?' und ‚Wie oft siehst du fern?' ermittelt.

Auf einer Skala von ‚mehrmals täglich'/‚einmal am Tag'/‚mehrmals pro Woche'/‚nur am Wochenende'/‚seltener' gaben Kinder Auskunft über ihr Medienverhalten.

Ca. zwei Drittel aller Kinder sehen nach eigenen Angaben mehrere Sendungen am Tag. Dahinter lässt sich ein ‚laufendes Programm‘, also keine Auswahl von interessierenden Sendungen bzw. Filmen vermuten. Dieser tägliche Fernsehkonsum nimmt mit steigendem Alter deutlich zu (von 58,5% in Klasse 2 auf 70,4% in Klasse 4). Unter den ‚Vielsehern‘ befinden sich deutlich mehr Jungen als Mädchen.

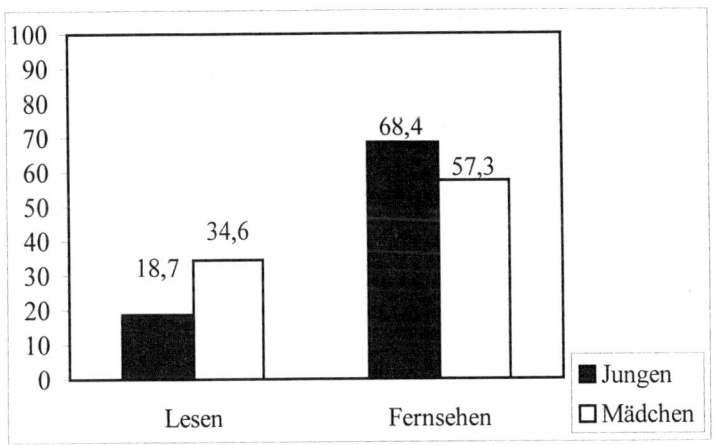

Abb. 7: Häufigkeit Lesen (‚mehrmals täglich‘) und Fernsehen (‚mehrere Sendungen am Tag‘) im Geschlechtervergleich (in Prozent)

Beim Lesen wird in nahezu allen Punkten eine gegenläufige Tendenz sichtbar: Nur ein Viertel aller Kinder greifen mehrmals am Tag zum Buch oder zur Zeitschrift. Im Klassenstufenvergleich ist ein stetiger Rückgang der Lesehäufigkeit zu verzeichnen (von 32,1% in Klasse 2 auf 21,5% in Klasse 4).

Diese Befunde zum Lesen und Fernsehen im unmittelbaren Vergleich stützen die These der gegenseitigen Beeinflussung, belegen sie aber dennoch keinesfalls. Denn immerhin befinden sich unter den ‚Vielsehern‘ (‚mehrere Sendungen am Tag‘/‚eine Sendung am Tag‘) auch 56% ‚Vielleser‘ (‚mehrmals täglich‘/‚einmal täglich‘).

Es gilt daher, nicht vorschnell in den allgemeinen Klagechor über den Verlust der Leselust durch ein Zuviel an Fernsehen einzustimmen. Zunächst ist es wichtig – neben der Häufigkeit des Fernsehens – zu ermitteln, welche Sendungen Grundschüler präferieren. Die folgende Übersicht zeigt die Ergebnisse zu der Frage nach ‚gern gesehenen‘ Sendeformaten. Mehrfachnennungen waren möglich.

Zu den beliebtesten Fernsehformaten bei Grundschülern zählen ‚Lustige Filme‘ (86,3%), Trickfilme (83,6%), Kinderfilme (71,7%) und Informationsprogramme (64,%). Interessant ist, dass sich diese ersten Rangplätze im Geschlechtervergleich auf dieser Ebene noch nicht wesentlich voneinander unterscheiden. Bedeutsame Differenzen zeigen sich bei den Formaten ‚Sportsendungen', ‚Horrorfilmen', ‚Krimis' und ‚Reportagen' – diese werden von Jungen sehr viel lieber gesehen als von Mädchen – und bei den Fernsehsendungen ‚Liebesfilme' und ‚Tägliche Serien', die von den Mädchen bevorzugt werden.

	Gesamt	Mädchen	Jungen
Nachrichten	28,1	25,0	31,2
Sportsendungen	38,2	24,2	52,0
Trickfilme	83,6	78,6	88,4
Reportagen	18,7	15,6	21,8
Tägliche Serien	58,2	63,7	52,7
Informationsprogramme (z.B. Löwenzahn, Galileo usw.)	64,6	65,1	64,0
Kinderfilme	71,4	79,1	64,0
Krimis	44,7	37,7	51,4
Lustige Filme	86,3	86,9	85,6
Liebesfilme	28,6	36,3	21,0
Horrorfilme	47,1	35,1	58,9

Abb. 8: Welche Sendungen im Fernsehen schaust du dir gern an? (in Prozent)

Diese Ergebnisse zeigen einen Reiz des Fernsehens für Kinder, der von verschiedenen Sendeformaten ausgeht. Dabei deutet sich eine Präferenz der so genannten „leichten Unterhaltung" an, wie sie schon in anderen Untersuchungen deutlich wurde (vgl. Meier 1981, S. 1427). Zusätzliche Informationen dazu geben die Befunde zur offenen Frage „Was gefällt dir am Fernsehen besonders gut/Was gar nicht?", die im Kapitel 2.4 beschrieben werden.

Das Fernsehen gilt – wie bereits skizziert – als bedeutendste konkurrierende Alternative zum Lesen. Eine differenziertere Betrachtung dieser These ist jedoch nur möglich, wenn man Lesen und Fernsehen in den Kontext anderer Freizeitinteressen der Grundschüler stellt (vgl. Groeben/Vorderer 1988, S. 36f.).

Deshalb soll die Beschäftigung der Kinder mit alten und neuen Medien in das Gesamtinteressenspektrum eingeordnet werden.

2.3.2 Beliebteste Freizeitbeschäftigungen von Grundschülern

Die Bedeutung des Freizeitlesens innerhalb der anderen Freizeitaktivitäten wurde zunächst durch eine offen gestellte Frage erfasst:

„Schreibe der Reihe nach auf, was du in deiner Freizeit am liebsten tust. Mit Freizeit ist die Zeit gemeint, in der du selbst entscheiden kannst, was du tust, also in der du nicht in der Schule bist, nicht zu Hause etwas für die Schule machst, nicht im Haushalt hilfst usw."

In dieser Fragestellung gingen wir von einem Freizeitbegriff aus, der nach Meier den Zeitraum umfasst, „der frei von fremdbestimmten Aufträgen (Arbeit) ist" und nur den Bereich betrifft, „in welchem das Individuum die freie Möglichkeit besitzt, sich mit sich selbst, mit Gegenständen (z.B. Medien) oder Menschen (z.B. informelle Gruppen, Sozialkontakte jeglicher Art) zu beschäftigen bzw. in Kommunikation zu treten" (Meier 1981, S. 1353).

Uns interessierte, welche Freizeittätigkeiten in welchen sozialen Zusammenhängen Grundschüler favorisieren. Unter diesen zwei Kriterien wurden die 4355 Angaben der Schüler analysiert und verglichen. In 10 Gruppen zusammengefasst sind die Aussagen der Schüler nachfolgend entsprechend ihrer Häufigkeit im Geschlechtervergleich in einer Rangfolge aufgelistet.

	Rangplätze	
Jungen	Gesamt	Mädchen
(1)	Sportliche Betätigung	(1)
(2)	Beschäftigung mit/am Computer, Playstation	(5)
(3)	*Fernsehen, Musik hören, CD, Video ...*	(4)
(4)	*Lesen/Anschauen von Büchern und Zeitschriften*	(2)
(6)	Musisch- künstlerische Betätigung	(3)
(8)	Beschäftigung mit Tieren	(6)
(5)	Spielen mit Karten, Puppen, Baukästen ...	(7)
(7)	Hilfe für Haushalt, Garten ...	(8)
(9)	Handwerkliche Betätigung	(9)
(10)	Nutzung von Freizeiteinrichtungen	(10)

Abb. 9: Bevorzugte Freizeitbeschäftigungen von Grundschülern im Vergleich zwischen Mädchen und Jungen (Rangreihen)

Offensichtlich favorisieren sowohl die Mädchen als auch die Jungen innerhalb ihrer Freizeitgestaltung die sportlichen Betätigungen (Rangplatz 1 in beiden Gruppen). Sicher ist es auch dem Befragungszeitraum geschuldet, dass zu den häufigsten Nennungen ‚Fahrrad fahren', ‚Inliner fahren' und ‚Fußball spielen' gehören.

Gefolgt wird diese beliebteste Freizeitbetätigung von drei Gruppen, die sich als Beschäftigung mit unterschiedlichen Medien zusammenfassen lassen. Auffällig ist dabei, dass Jungen sich den neuen Medien (Computer Rangplatz 2) und AV-Medien (Fernsehen Rangplatz 3) stärker zuwenden als den Printmedien (Rang 4).

Die Mädchen setzen andere Schwerpunkte. Das Lesen nimmt bei ihnen unmittelbar vor dem Fernsehen und weit vor der Beschäftigung mit dem Computer den 2. Platz im Reigen beliebter Freizeitinteressen ein. In der Wichtung dazwischen liegt die musisch- künstlerische Beschäftigung (Rang 3).

Die Antwort auf die Frage, ob Kinder ihre Freizeit lieber allein oder gemeinsam mit anderen verbringen, fällt eindeutig zugunsten der ‚Gemeinsamkeit‘ aus: 51,4% aller Freizeitaktivitäten finden mit anderen (meist mit Freunden) statt. Die sportlichen Tätigkeiten nehmen dabei den Hauptanteil ein. 41,5% aller Nennungen lassen sich einer Beschäftigung zuordnen, die hauptsächlich allein ausgeübt wird. Diese Gewichtung kann nicht allein der Jahreszeit geschuldet sein, sondern auch und vielleicht vor allem dem Bedürfnis der Kinder nach sozialen Kontakten, nach Kommunikation und Austausch mit Gleichaltrigen.

Diese eher allgemeine Verortung des Lesens und Fernsehens innerhalb aller Freizeitaktivitäten zeigt, dass die Beschäftigungen mit unterschiedlichen Medien in der Beliebtheitsskala von Grundschülern eng beieinander liegen. Übertroffen werden diese nur von sportlichen Tätigkeiten bzw. gemeinsamen Beschäftigungen mit Freunden.

Die Vermutung scheint nahe zu liegen, dass zwischen den Freizeittätigkeiten innerhalb einer Sozial- bzw. Kooperationsform eine stärkere ‚Konkurrenz‘ stattfindet als zwischen den Sozialformen von Freizeitbeschäftigungen. D.h. Kinder treffen zuerst die Entscheidung darüber, ob sie ihre freie Zeit allein oder mit anderen verbringen wollen. Erst danach wird wichtig, welcher Beschäftigung (auf der individuellen Ebene: etwa Fernsehen oder Lesen) sie konkret nachgehen.

Um zu differenzierten Aussagen bezüglich dieser These zu gelangen, wurden die Kinder gebeten, sich zwischen dem ‚Lesen’ auf der einen Seite und dem ‚Fernsehen’, dem ‚Spielen mit anderen’ und ‚Spielen allein’ auf der anderen Seite zu entscheiden.

2.3.3 Zur subjektiven Bedeutung von Lesen und Fernsehen bei Grundschülern

Auch die Freizeit von Grundschülern ist begrenzt. Auch sie müssen täglich Entscheidungen darüber treffen, in welcher Form sie ihre freie Zeit verbringen. Wie Kinder im Falle von zwei alternativen Vorgaben entscheiden würden, sollte mit nachfolgenden Fragen ermittelt werden. [2]

„Stell dir einmal vor, du müsstest zwischen Fernsehen und Lesen wählen – vielleicht für die ganze kommende Woche – wofür würdest du dich

---

2 Diese Fragen wurden aus der empirischen Studie „Das Leseverhalten der Kinder in der Freizeit“ (Keller 1986) übernommen, die in Hannover mit 266 Schülern der Klasse 4 durchgeführt wurde. Der Vergleich der Befunde dieser Studie mit den Ergebnissen der Viertklässler unserer Studie weist keine bedeutsamen Unterschiede auf, obwohl zwischen beiden Erhebungen ein Zeitraum von 20 Jahren liegt.

dann entscheiden? (In Wirklichkeit musst du es sicher nicht, aber stelle es dir einmal vor.)"

„Wenn du zwischen Lesen und dem Spielen mit anderen Kindern wählen müsstest, wofür entscheidest du dich dann?"

„Wenn du für deine Freizeit entscheiden müsstest, ob du lesen oder für dich allein spielen willst (Basteln, Malen usw.), was würdest du dann tun?"

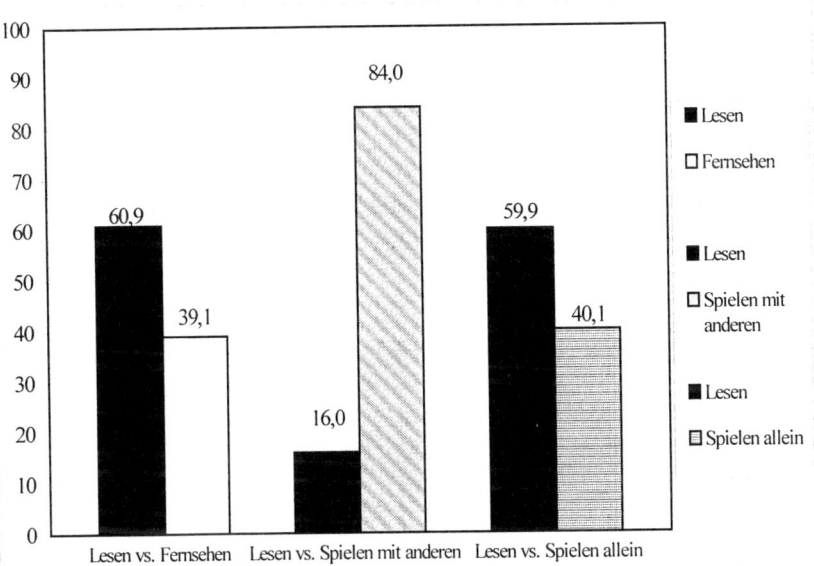

Abb. 10:   Entscheidung Lesen vs. andere Freizeitbetätigungen (in Prozent)

Die Entscheidungsfragen geben uns Auskünfte über die subjektive Bedeutung des Lesens für Grundschüler, die nicht ausschließlich aus dem Blickwinkel des ‚Fernsehens', sondern auch aus der Sicht anderer Freizeittätigkeiten betrachtet wird. Hypothetisch unterstellen die Fragen eine Konkurrenz sowohl zwischen ‚Fernsehen' und ‚Lesen', als auch zwischen ‚Spielen mit anderen Kindern' und ‚Lesen' und ‚Spielen allein' und ‚Lesen'.

Die Befunde verweisen wiederum auf die große Bedeutung der Peer Group innerhalb des Freizeitverhaltens von Grundschülern. Mehr als 80% der Probanden wählen im Entscheidungsfall das Spielen mit anderen Kindern, nur 16% das Lesen.

In Bezug zum Fernsehen und zum Spielen allein fällt die Entscheidung der Kinder knapp zugunsten des Lesens aus. Die Ergebnisse zum Lesen vs. Fernsehen sind in dieser deutlichen Ausprägung und im Vergleich zur ermittelten Nutzungsdauer sicher unerwartet. Immerhin knapp 61% aller

Kinder würden sich im Entscheidungsfall dem Lesen zuwenden. Auch in Konkurrenz zum Spielen allein schneidet das Lesen mit fast 60% besser ab.

Im Geschlechtervergleich gibt es signifikante Unterschiede: So entscheiden sich Mädchen bei allen drei Fragen signifikant häufiger für das Lesen als Jungen.

Interessant ist auch der statistisch bedeutsame Unterschied zwischen den Klassenstufen: Mit zunehmendem Alter nimmt die Entscheidung für das Fernsehen im Vergleich zum Lesen und für das Spielen mit anderen im Vergleich zum Lesen kontinuierlich zu. Die Entscheidung für das Lesen gegenüber dem Spielen allein nimmt von Klasse 2 zu Klasse 3 zu, fällt aber in Klasse 4 wieder ab. Diese Befunde geben Auskunft über die subjektive Bedeutung, die Grundschüler dem Lesen in ihrer Freizeit beimessen. Damit werden Ergebnisse aus der Leseforschung bestätigt, die bei Jugendlichen und Erwachsenen eine Diskrepanz zwischen der Bedeutung bestimmter Medien und deren Nutzungsdauer offenbaren. Auch unter den erwachsenen Viel- und Gernlesern wird das Medium Fernsehen ausgiebig genutzt (vgl. u.a. Stiftung Lesen 2001).

Eine einseitige Etikettierung des Fernsehens als Verhinderer des Lesens bei Kindern, auch das zeigen diese Befunde deutlich, ist nicht gerechtfertigt. Sehr viel stärkere ‚Zugkraft' haben Freizeitbeschäftigungen, die soziale Kontakte erfordern und die nicht per se als ‚gefährdend' eingestuft werden können. Das Abhalten von einem Zuviel an Fernsehen scheint vielleicht eine notwendige, aber längst keine hinreichende Bedingung für die Entwicklung von Lesefreude bei Grundschülern zu sein.

Die meisten der von uns befragten Kinder reduzieren Fernsehen und Lesen in der Freizeit nicht auf ein Entweder-Oder. Deshalb ist nach Bedingungen zu fragen, wie die spezifischen Möglichkeiten beider Medien für die Entwicklung der Lesemotivation genutzt werden können. Die Antworten auf die Frage nach dem Gefallen bzw. Nichtgefallen am Lesen geben uns differenziertere Hinweise darauf.

2.4 Motivationale Aspekte der Literatur- und Fernsehrezeption von Grundschülern

„Es gibt für ein durchschnittliches normales Kind eigentlich keinen Grund mehr, ein Buch in die Hand zu nehmen", schreibt Horst Heidtmann mit dem Verweis auf die Möglichkeiten des Fernsehens, Gefühlseindrücke unmittelbar zu liefern (vgl. Heidtmann 1993, S.236). Dagegen sprechen die Angaben der Probanden der Erfurter Studie: Die Kinder nennen 1319 gute Gründe, ein Buch in die Hand zu nehmen; dagegen werden nur 639 Argumente ins Feld geführt. Eine Auswahl an Beispielen soll die Vielfalt und das breite Spektrum von kindlichen Aussagen verdeutlichen:

Was gefällt dir am Lesen besonders gut? (N = 1319)	Was gefällt dir am Lesen überhaupt nicht? (N = 639)
- alles was lustig ist - beim Lesen kann man sich entspannen und ausruhen - da erfährt man was über die ganze Welt - dass das Lesen immer anders ist - dass man alles um sich herum vergisst - dass meine Mutti mir was vorliest - dass schwierige Wörter dabei sind - dass die Guten immer gewinnen - es ist schön ruhig	- alte Geschichten, die man nicht versteht - dass die guten Bücher immer Meilen weit lang sind - dass man die Figuren nicht sieht - dass man sich anstrengt - dass es gar nicht wahr ist - dass ich lesen muss - dass manche Bücher so langweilig sind - dass sich die Schriftsteller so kompliziert ausdrücken

Abb. 11: Gründe für Gefallen/Nichtgefallen am Lesen (Beispiele)

Um einen Vergleich zum Fernsehen zu ermöglichen, stellten wir dazu identische Fragen:

Was gefällt dir am Fernsehen besonders gut? (N = 1023)	Was gefällt dir am Fernsehen überhaupt nicht? (N = 715)
- da sind so schöne Bilder - dass es die Zeit vertreibt - dass man gerade Wichtiges über die Erde erfahren kann - dass Sendungen für Kinder kommen - dass es eine Fernbedienung gibt und ich liegen bleiben kann - dass ich meistens raussuchen kann, was wir gucken - gruselige, spannende Filme	- dass meistens an spannenden Stellen Werbung kommt - da tun manchmal die Augen weh - das erwachsene Zeug - dass die anderen immer was sehen wollen, was ich nicht will - dass es manche Sendungen gibt, wo nur geschossen wird - wenn der Böse gewinnt - zu viel Quatsch

Abb. 12: Gründe für Gefallen/Nichtgefallen am Fernsehen (Beispiele)

Nachfolgend sollen ausgewählte empirische Befunde zu diesem Fragenkomplex vorgestellt werden. Dabei geht es vor allem um die von den Kindern benannten Anreize und Aktivierungsmomente, die das Lesen oder Fernsehen förderlich oder auch hemmend beeinflussen.

2.4.1 Anreize zum Lesen und Fernsehen im Überblick

Zunächst wurde die Vielzahl der Antworten durch Gruppenbildung in eine überschaubare Ordnung gebracht. Dazu erfolgte die Zuordnung aller gegebenen Antworten zu bestimmten Kategorien, die jeweils spezifische Aspekte des Lesens bzw. des Fernsehens hervorheben:

Rang	Lesen (N)	Motivationale Aspekte (Gruppen)	Fern-sehen (N)	Rang
1	580	Emotionale Aspekte	307	2
2	252	Technisch- formale Aspekte	146	4
3	215	Stimmung/Stimmungslagen	35	9
4	184	Unterhaltung/Zeitvertreib/Langeweile	141	5
5	174	Inhaltliche Nennungen	722	1
6	147	Selbstbestimmung/Fremdbestimmung	184	3
7	144	Bildungs- und Informationsaspekte	84	6
8	124	Phantasie und Vorstellungskraft	14	10
9	94	Aspekte der Lese- und Fernsehfähigkeit	39	8
10	31	Soziale Aspekte	12	11
11	13	Gesundheitliche Aspekte	72	7

Abb. 13: Gruppierung motivationaler Aspekte zum Lesen und Fernsehen (Rangfolge)

Dargestellt sind hier die absoluten Häufigkeiten und die Rangplätze innerhalb der Gruppen bezogen auf Lesen und Fernsehen.

Die Auszählung und Gruppierung der Antworten ermöglicht somit einen direkten Vergleich der Motive, die Kinder zum Lesen bzw. zum Fernsehen anregen. Die Erläuterung der einzelnen Gruppen geschieht in der Reihenfolge der Präferenzen für das Lesen.

Die meisten Antworten – im Hinblick auf die Motivation zum Lesen – fielen in die Gruppe der *Emotionalen Aspekte*. In diese Kategorie wurden alle Äußerungen der Kinder aufgenommen, die sich auf solche Inhalte von Literatur und Fernsehen beziehen, die offensichtlich Auslöser von Emotionen sind, wie zum Beispiel: *„Es ist oft sehr traurig, wenn jemand stirbt"*.

Das Adjektiv *„spannend"* war eine der häufigsten Einzelnennungen zur Beschreibung eines guten Buches (289 Nennungen). Grundschüler mögen *„spannende Bücher, wo immer etwas Spannendes passiert"*, selbst auf die Gefahr hin, *„dass mir viel das Herz klopft, weil die Bücher so abenteuerlich sind"*. Lesen ist für viele Kinder einfach ein *„schönes Gefühl"*. Beim Fernsehen nehmen die emotionalen Aspekte den zweiten Rangplatz ein, auch hier scheint es also von großer Wichtigkeit zu sein, dass die gesehenen Sendungen fesselnd und emotional mitreißend sind.

Die zweite von uns gebildete Gruppe von Antworten kann unter dem Label *‚Technisch – formale Aspekte'* zusammengefasst werden. Dazu zählen Äußerungen, die sich auf folgende Aspekte beziehen: auf das Schriftbild, den Umfang von Texten, das Vorhandensein und die Anordnung von Bildern wie z.b. *„dass da Bilder drin sind"*, *„wenn die Schrift so klein ist"* (Buch) und auf die Schnittgeschwindigkeit, Länge von Sendungen, das Zusammenspiel von Bild und Ton beim Fernsehen wie z.b. *„dass man was in Zeitlupe sehen kann"* (Fernsehen). Diese Aspekte spielen für die Kinder bezüglich des Lesens eine nicht zu unterschätzende Rolle für den Zugang zur Literatur. Besonders wichtig für die Erstleser scheint ein großes Schriftbild und eine geringe Seitenzahl zu sein. Bezüglich des Vorhandenseins von Bildern gibt es unterschiedliche Meinungen. Während für einen großen Teil der Kinder, vermutlich insbesondere für die Jüngeren, Illustrationen von großer Bedeutung sind, betont ein kleinerer Teil, dass zu viele Bilder eher nachteilig seien.

An dritter Stelle weisen die Kinder auf äußere Rahmenbedingungen hin, die in der Gruppe *‚Stimmungen/Stimmungslagen'* zusammengefasst wurden, wie z.b.: *„dass es dabei immer so schön ruhig ist"*, *„wenn jemand in der Klasse immer dazwischen quatscht"* oder *„dass man sich so schön einkuscheln kann"*. Große Differenzen zeigen sich diesbezüglich zwischen Lesen und Fernsehen. Während Rahmenbedingungen für das Fernsehen nur selten von den Kindern thematisiert werden, scheint die Schaffung einer gemütlichen Atmosphäre fast schon Vorraussetzung für das Lesen zu sein.

Die Gruppe *‚Unterhaltung/Zeitvertreib/Langeweile'* beinhaltet Aussagen der Kinder, wie z.b.: *„wenn ich nicht weiß, was ich sonst tun soll"*, *„dass man sich abends nicht langweilt"*, oder *„dass man sich schön unterhalten lässt"*.

Dass diese Gruppe beim Fernsehen nur den fünften, beim Lesen hingegen den vierten Rang einnimmt, überrascht. Offensichtlich führen fehlende Alternativen der Freizeitbeschäftigungen nicht nur (wie häufig angenommen) zum Einschalten des Fernsehgerätes, sondern auch zum Griff zu Buch oder Zeitschrift.

Obwohl wir die Kinder gebeten hatten, nicht mit konkreten Buchtiteln und Sendungen zu antworten, finden sich insbesondere beim Fernsehen (Rangplatz 1) eine große Zahl solcher *‚inhaltlicher Nennungen'*. Dies lässt die Vermutung zu, dass Kinder im Grundschulalter nicht so gut in der Lage sind, über ihr Fernsehverhalten allgemein zu reflektieren. Was ihnen am Fernsehen gefällt bzw. nicht gefällt, ist sehr stark von konkreten Sendungen abhängig, die dann – quasi stellvertretend für allgemeine Argumente – benannt werden. Neben konkreten Buch- und Fernsehtiteln fielen in diese Kategorie auch die vielfachen Aufzählungen allgemeiner Inhalte wie *„Kinderfilme"* oder *„Tiergeschichten"*.

In der nächsten Gruppe wurden jene Antworten der Kinder aufgenommen, die den Grad der *‚Selbstbestimmung'* von Lesen und Fernsehen thematisieren, wie z.b.: *„dass man überall lesen kann"*, *„weil ich nicht alles lesen* *darf".* Bezüglich des Fernsehens werden Selbst- und Fremdbestimmungsaspekte von den Kindern häufiger angesprochen als beim Lesen.

„Dass man da viel lernen kann", „dass ich etwas über andere Leute erfahre" und *„dass ich viel über die Welt erfahre",* sind Aussagen der Kinder, die auf einen *‚Bildungs- und Informationsaspekt'* der Medien hinweisen. Interessant ist dabei, dass sich diese Argumente inhaltlich bezüglich der beiden Medien kaum voneinander unterscheiden; in der absoluten Häufigkeit sind sie jedoch stärker in der Rubrik Lesen zu finden.

„Dass ich in der Welt der Bücher bin", „dass ich mich in das Buch reinversetzen kann, als sei es Wirklichkeit" sind Argumente, die schon darauf hinweisen, dass die Förderung von *‚Phantasie und Vorstellungskraft'* fast ausschließlich dem Lesen zugesprochen wird. Darauf soll an späterer Stelle noch differenzierter eingegangen werden.

Die Gruppe *‚Lese- und Fernsehfähigkeit'* umfasst die von den Kindern benannten Schwierigkeiten beim Erwerb von Lesefähigkeiten, die Freude über die allmähliche Überwindung dieser Schwierigkeiten, wie z.B.: *„dass ich noch nicht alle Buchstaben kann", „dass man neue Wörter lernt".* Ebenfalls in diese Kategorie fielen Äußerungen der Schüler, die das Lesen und das Fernsehen direkt gegenüberstellen bspw. *„dass man nicht lesen muss, da muss man nur hören".*

Eher selten, dafür aber überwiegend positiv, thematisierten die Probanden soziale Aspekte der Lese- und Fernsehmotivation. Unter dem Begriff *‚Soziale Aspekte'* wurden alle die Äußerungen zusammengefasst, die besonders betonen, dass mit jemandem zusammen ferngesehen oder gelesen wird, oder sich aus dem Lesen oder Fernsehen Stoff für gemeinsame Gespräche ergibt: *„wenn Mutti vorliest", „mit Vati Fußball sehen".*

‚Gesundheitliche Aspekte' wurden beim Lesen so gut wie gar nicht erwähnt, dafür aber beim Fernsehen immerhin 72 Mal. Ungeklärt bleibt dabei, ob Äußerungen wie, *„dass man Kopfschmerzen bekommt, wenn man zuviel fernsieht",* tatsächlich auf eigenen Erfahrungen oder doch eher auf Ermahnungen von Älteren beruhen. Antworten wie, *„dass ich vom Fernsehen Migräne bekomme",* oder dass man *„viereckige Augen bekommt",* spiegeln deutlich die Sprache der Eltern wider.

Auf drei der genannten Motivgruppen soll nachfolgend aus unterschiedlichen Gründen näher eingegangen werden: auf die Gruppen *‚Stimmung/Stimmungslagen',* und *‚Phantasie und Vorstellungskraft',* da sich hier besondere Unterschiede in der Bedeutungszumessung des Lesens und des Fernsehens abzeichnen sowie auf die Gruppe *‚Selbstbestimmung/Fremdbestimmung',* da die Annahme nahe liegt, dass hier insbesondere Erziehungsvorstellungen der Eltern zum Ausdruck kommen.

2.4.2 Aussagen zur Kategorie Stimmung/Stimmungslagen: „Ich kann mich zum Beispiel von einer Krankheit oder Mathearbeit erholen"

Stimmungen und Stimmungslagen haben für die Schüler offensichtlich einen hohen Anteil an der Motivation, zum Buch zu greifen. 215 diesbezügliche Aussagen zum Lesen stehen 35 Äußerungen zum Fernsehen gegenüber. Betrachtet man dieses Verhältnis differenzierter unter dem Aspekt des Gefallens und Nichtgefallens, so wird deutlich, dass 77% aller Äußerungen zu Stimmung/Stimmungslagen positiv sind (vgl. Abb. 14).

Kinder schätzen beim Lesen besonders die Entspannung (120 Nennungen), die Ruhe (40 Nennungen), die Möglichkeit des ,Einkuschelns' (19 Nennungen) und die Gemütlichkeit (18 Nennungen). „Dass man es sich immer so gemütlich machen kann z.b. auf der Hängematte" oder „ich kann es in Ruhe auf mich wirken lassen" sind zwei von vielen Antworten, die dieser Rubrik zugeordnet werden können.

Besonders auffällig ist die häufige Nennung des Begriffs „Entspannung". Offensichtlich wird dem Lesen eher eine beruhigende Wirkung zugeordnet als dem Fernsehen. Auch bei der Beschreibung der Motivation, fern zu sehen, fallen Begriffe wie „ausruhen" oder „gemütlich machen", aber sie werden wesentlich seltener genannt. Die 21 Nennungen, die unter die Kategorie ,Nichtgefallen am Lesen' fielen, waren im Wesentlichen Negationen der oben genannten Gefühlsmomente: „wenn es so laut ist" oder „wenn die Lage nicht bequem ist". Gleiches gilt für die 31 Aussagen bei der Kategorie Nichtgefallen beim Fernsehen.

	Gesamt	Gefallen	Nichtgefallen
Lesen	215	194	21
Fernsehen	35	31	4

Abb. 14: Stimmung/Stimmungslagen beim Lesen/Fernsehen (Anzahl der Nennungen)

2.4.3 Aussagen zur Selbst- und Fremdbestimmung: „Weil gucken kann man, was man will"

Der Grad an Selbstbestimmung bei der Nutzung der Medien Buch und Fernsehen ist für die Kinder von nicht zu unterschätzender Bedeutung. Insgesamt entfielen auf diese Kategorie 147 Aussagen zum Lesen und 184 Anmerkungen zum Fernsehen. Offensichtlich werden die Grenzen, die durch Fremdbestimmung (ob durch andere Personen oder durch das Medium selbst) gesetzt werden, vom Kind als negativ empfunden, denn Aspekte der Fremdbestimmung werden ausschließlich dem ,Nichtgefallen' zugeordnet. Entgegengesetzt verhält es sich mit der Kategorie Selbstbestimmung (vgl. Abb. 15), diese finden wir ausschließlich in der Rubrik ‚Gefallen'. Dies gilt sowohl für das Lesen als auch für das Fernsehen.

Interessant ist jedoch, dass Kinder in diesem Zusammenhang nicht nur andere Personen und deren einschränkendes oder beförderndes Verhalten (meist Geschwister oder Eltern) ansprechen, sondern auch spezifische Merkmale der Medien selbst benennen, die den selbst bestimmten Umgang mit ihnen ermöglichen oder auch eingrenzen.

So beziehen sich die Aussagen beim Lesen 125 Mal auf Personen, die Mehrzahl davon betreffen Störungen bzw. Unterbrechungen wie z.B.: *„dass Mutti sagt: Jetzt wird aber geschlafen!"* oder *„dass meine Schwester immer rumbrüllt, wenn ich es mir gemütlich gemacht habe und lesen möchte"*.

Bei den positiven Wertungen in dieser Rubrik werden andere Personen meist indirekt angesprochen, wie *„dass ich selber bestimmen darf, was ich lese"*.

In 19 Fällen benennen die Kinder Kriterien zur Selbst- und Fremdbestimmung, die vom Buch selbst ausgehen: *„dass ich lesen kann, wann ich will und wo ich will"*, *„dass man Bücher überall mit hinnehmen kann"*, *„Ich kann aufhören, wenn ich will und dann auch weiter lesen, wenn ich Zeit habe"*.

	Gesamt	Selbstbestimmung/ Gefallen		Fremdbestimmung/ Nichtgefallen	
Le-sen	174	12 durch Medium	25 durch Personen	7 durch Medium	100 durch Person

Abb. 15: Selbst- und Fremdbestimmung beim Lesen (Anzahl der Nennungen)

Während beim Lesen das ‚Nichtgefallen' vor allem durch Störungen bzw. Unterbrechungen von Personen ausgeht, beziehen sich die negativ wahrgenommenen Einschränkungen bezüglich des Fernsehens sehr viel stärker auf das Medium selbst (95 Aussagen), zum Beispiel, wenn beliebte Sendungen durch Werbeblöcke unterbrochen werden oder Filme erst zu späten Sendezeiten ausgestrahlt werden. Fremdbestimmung durch Personen, meistens durch die Eltern, aber auch durch Geschwister wird ebenfalls benannt (40 Nennungen): *„wenn sich meine Brüder hässliche Sendungen ansehen"* oder *„wenn Mutti den Fernseher ausmacht"*.

Die Vielfalt der Sender und die Möglichkeit der Auswahl werden bei der Selbstbestimmung durch das Medium hervorgehoben (32 Nennungen). Selbstbestimmung (18 Aussagen) wird beim Fernsehen dahingehend thematisiert, dass – ähnlich wie beim Lesen – das Kind selbst wählen darf, was und wann ferngesehen wird.

	Gesamt	Selbstbestimmung/ Gefallen		Fremdbestimmung/ Nichtgefallen	
Fern-sehen	187	32 durch Medium	18 durch Person	95 durch Medium	40 durch Person

Abb. 16: Selbst- und Fremdbestimmung beim Fernsehen
(Anzahl der Nennungen)

Auffällig ist, dass sowohl beim Lesen als auch beim Fernsehen hauptsächlich Aspekte der Fremdbestimmung benannt werden. Interessanterweise überwiegt beim Fernsehen aber die Fremdbestimmung durch das Medium, was darauf hinweist, dass das Medium Fernsehen durch Programm und Werbeunterbrechungen die Möglichkeiten der Nutzung zum Teil selbst reguliert. Die jeweils spezifischen unterschiedlichen Möglichkeiten des Zugangs zu diesen beiden Medien werden bereits von Grundschülern wahrgenommen und thematisiert. Dass sich dieses Wissen um Unterschiede nicht nur auf formale Gesichtspunkte bezieht, zeigen die Befunde, die auf einer Analyse der Schüleraussagen zur *,Phantasie und Vorstellungskraft'* basieren.

2.4.4 Aussagen zu Phantasie und Vorstellungskraft: *„Lesen ist für mich wie atmen"*

Auffällig ist, dass Äußerungen, die der Kategorie ,Phantasie und Vorstellungskraft' zuzuordnen sind, wesentlich häufiger bei der Bewertung des Lesens gemacht werden als bei der Bewertung des Fernsehens (124 Äußerungen zum Lesen/14 Äußerungen zum Fernsehen). Eine besondere Eigenart von Büchern scheint darin zu liegen, dass man durch die Augen der handelnden Figur sehen und praktisch *„in die Geschichte abtauchen kann"*. Kinder erkennen diese Möglichkeit des Mediums durchaus; allein die Begriffe *„abtauchen"*, *„einsteigen"*, *„hineinversetzen"* oder *„mitspielen in Geschichten"* wurden 53 Mal benannt.

Der Erziehungswissenschaftler Werner Graf spricht in seinem Aufsatz „Das Schicksal der Leselust" sogar vom *„freiwilligen Ausliefern an die Macht fiktionaler Texte"* (Graf 1998, S. 102). Das völlige Versenken in die Geschichte scheint besonders gut bei phantastischen, realitätsfernen Stoffen zu gelingen. Mit Bezug auf psychoanalytische Auffassungen schreibt er, dass ein literarischer Stoff dann anziehend sei, wenn sich sein latenter Gehalt mit den altersspezifischen Tagträumen und Phantasien deckt. Wenn Texte die vorhandenen Wunschphantasien dagegen abweisen, werden sie als „langweilig" empfunden (vgl. Graf 1998, S. 102). Graf spricht vom Leseerlebnis als einem intensiven Gefühlserlebnis, das die jungen Leser mit ihren Figuren teilen, indem sie mitfühlen, fühlen sie sich selbst. Die Intensität der emotionalen Beteiligung des lesenden Kindes sei vergleichbar mit den Empfindungen des wirklichen Lebens. Das ,Verschmelzen' der eigenen Person mit dem Helden macht es möglich, *„aufregende Dinge zu erleben"*, *„in andere Welten einzureisen"* oder – wie es ein Kind formuliert – *„bei Harry Potter denke ich manchmal, dass ich selber zaubern kann"*. Lesen kann also auch zur Identitätsfindung beitragen. Tatsächlich weist sogar ein großer Anteil der Bewertungen des Lesens in diese Richtung: Vom Lesen *„kriegt man Ideen"*, bekommt *„selten sogar Tipps fürs Leben"*, man findet *„in den Geschichten viele Freunde"* und bekommt schließlich *„von schönen Geschichten schöne Träume"*.

Von den 124 Äußerungen zu Phantasie und Vorstellungskraft fielen nur 2 Äußerungen in die Kategorie ‚Nichtgefallen am Lesen'. Ein Kind bemerkt, *„dass es manchmal Bücher gibt, die für Kinder sind, aber die Kinder verstehen sie noch nicht, oder es ist so schlimm, dass sie davon träumen"* und ein anderes bedauert, *„dass ich die Geschichten nicht wahr machen kann"*.

Es besteht also offensichtlich bei Kindern im Grundschulalter ein besonderes Bedürfnis nach phantastischer Literatur. Die in der Untersuchung ebenfalls befragten Grundschullehrer betonten bei der Frage nach den Kriterien der Auswahl eines guten Buch für den Deutschunterricht aber vor allem die realistisch-lebensnahen Inhalte. „Altersgerechte, realitätsnahe" Stoffe wurden mehr als doppelt so oft favorisiert wie phantastische Stoffe.

Auch beim Fernsehen gibt es Kinder, die sich in den Film *„richtig schön rein vertiefen"* können, aber die Mehrzahl findet eher, dass man Fernsehen *„gut nachspielen"* kann oder findet es besonders interessant, *„wie die Figuren so aussehen"*. Im Unterschied zum Lesen scheinen Kinder beim Fernsehen also eher passive Betrachter zu sein: die Figuren und ihre Handlungen werden als interessant wahrgenommen, aber doch eindeutig als die Erlebnisse anderer begriffen. Erst durch den zweiten Schritt des Nachspielens gelingt eine Identifikation und ein Mitfühlen mit der Figur. Einige Kinder bemängeln daher auch, *„dass einem die Phantasie genommen wird"* und man *„sich nichts mehr vorstellen kann"*. Ein Kind fasst radikal zusammen: *„Fernsehen macht die Phantasie kaputt."* Diese verhältnismäßig wenigen Äußerungen sind natürlich nicht repräsentativ für den Großteil der Kinder, sondern zeigen eine Anschauung, die ausschließlich für die Gegenüberstellung Lesen versus Fernsehen im Bereich ‚Phantasie und Vorstellungskraft' gilt. Sie zeigen aber deutlich eine höhere Wertschätzung des Lesens in diesem Teilbereich.

Auffallende geschlechtsspezifische Unterschiede lassen die Befunde zu dieser Frage nicht erkennen. Beide Geschlechter benennen an erster Stelle emotionale Aspekte als zentrales Lesemotiv. *„Spannend"*, *„aufregend"*, *„lustig"* aber auch *„traurig"* oder *„gruselig"* sollen gute Bücher nach Ansicht der Schüler sein. Welche unterschiedlichen Inhalte damit jedoch verbunden sind, belegen allerdings erst die Analysen zu den bevorzugten Genres und zur Lieblingslektüre von Grundschülern im nachfolgenden Kapitel.

2.5 Lektürepräferenzen und Lieblingslektüre von Grundschülern und die Literaturauswahl der Lehrer für den Unterricht

2.5.1 Lektürepräferenzen nach Textsorten/Genres

Neben den bereits ausführlich dargestellten Komplexen zum Gefallen/Nichtgefallen des Lesens und zur Stellung des Lesens im Freizeitspektrum stellten wir folgende Fragen, um die Lektürepräferenzen und die Lieblingslektüre der Kinder zu erfassen:

* Frage 15: *Welche Bücher/Geschichten liest du gern?*
* Frage 21: *Hast du ein Lieblingsbuch/eine Lieblingsgeschichte?*

Mit der Frage „Welche Bücher/Geschichten liest du gern?" sollten die von den Kindern bevorzugten Textsorten/Genres ermittelt werden. Nach verschiedenen Voruntersuchungen entschieden wir uns – auch auf der Grundlage der Ergebnisse der Thüringer Studie zum Lesen und Fernsehen von 1999 (vgl. Richter/Riemann 2000) – für nachstehende Formulierungen:

Ich lese gern Texte,

* *die über bestimmte Dinge informieren (Tiere, Autos, Sport usw.), z.B.*

* *in denen Abenteuer erzählt werden, z.B.*

* *in denen Märchen, Sagen und Phantasiegeschichten erzählt werden, z.B.*

* *in denen Tiergeschichten erzählt werden, z.B.*

* *in denen wahre Geschichten erzählt werden, z.B.*

* *in denen es um Fernsehsendungen oder Fernsehfilme geht, z.B.*

Die Schwierigkeit, wissenschaftlich exakte Textkategorien zu wählen und zugleich zu garantieren, dass die Probandengruppe die Frage versteht, lag vor allem darin, eine Textfassung zu finden, die bereits von Achtjährigen ohne Erläuterungen verstanden werden konnte. Die Voruntersuchungen hatten gezeigt, dass die größten Verständigungsprobleme mit der ‚Textsorte' *realistische Literatur* verbunden waren. Nach mehreren Pretests entschieden wir uns für den Terminus ‚*Wahre Geschichten*', obwohl uns die Problematik dieser Entscheidung bewusst war.

Wegen der Überprüfbarkeit der richtigen Zuordnung baten wir die Probanden, ein konkretes literarisches Beispiel zu jeder Textsorte zu nennen.

Um ein detailliertes Bild des kindlichen Lektürespektrums zu erhalten, waren Mehrfachnennungen erlaubt. Diese Entscheidung, die den Spielraum der Probanden vergrößerte, gestaltete in diesem speziellen Fall die Auswertung schwieriger, weil damit Überschneidungen unvermeidbar waren. Die Richtigkeit der Entscheidung zeigte sich darin,

- dass wir auf diese Weise zu begründeten Aussagen über die von Grundschülern bevorzugten Genres/Textsorten gelangen konnten,

- dass durch die Beispielnennungen ein exakter Überblick über die von dieser Altersgruppe bevorzugten literarischen Texte gewonnen werden konnte und

- dass zudem auch die geschlechtsspezifischen Besonderheiten der Genre- und Titelwahl erkennbar wurden.

Das Antwortverhalten zeigte in allen Klassenstufen – wie die angefügten Beispiele belegen – eine beachtliche Sorgfalt der Kinder. Probleme gab es ausschließlich in der Zuordnung zu den *Wahren Geschichten*.

Ein Blick in die von Kindern genannten literarischen Beispiele offenbart – wie noch zu zeigen sein wird –, dass Grundschüler keineswegs banale Geschichten bevorzugen. Ihre Präferenzen richten sich vielmehr auf bestimmte Genres, mit denen sich nicht per se eine bestimmte Niveaustufe ästhetischer Qualität verbindet.

Ich lese gern Texte, ...	Gesamt	Klassenstufe			Geschlecht	
		2	3	4	Ju	Mä
... die über bestimmte Dinge informieren	55,9	61,5	58,3	48,9	59,0	52,9
... in denen Abenteuer erzählt werden	64,4	69,0	60,1	64,5	63,7	65,1
... in denen Märchen, Sagen und Phantasiegeschichten erzählt werden	45,0	58,3	41,2	37,2	35,0	55,1
... in denen Tiergeschichten erzählt werden	45,4	67,0	41,9	29,7	31,7	59,0
... in denen wahre Geschichten erzählt werden	25,0	38,4	19,6	18,6	25,0	25,1
... in denen es um Fernsehsendungen oder Fernsehfilme geht	27,1	37,7	25,9	18,9	28,6	25,6

Abb. 17: Welche Bücher/Geschichten liest du gern? (in Prozent)

Im Folgenden wird dargestellt, welche Angaben die Kinder zu der Frage machten „*Welche Bücher/Geschichten liest du gern?*" und welche Titel sie als ihre Lieblingslektüre bezeichneten.

Die Antworten zeigen die Dominanz der Literatur, die Abenteuer erzählt. Erkennbar ist, dass diese Präferenz die größte Konstante innerhalb der Gesamtangaben auf diese Frage aufweist. Es existieren hier kaum Unterschiede zwischen den Klassenstufen und den Geschlechtern. Der Vergleich mit den anderen vier Rubriken hebt noch einmal die besondere Stellung dieser Konstante hervor.

Dass das Lesen von Sachtexten den zweiten Rang einnimmt und bei Jungen und Mädchen prozentual keine beachtlichen Unterschiede aufweist, scheint auf die Breite im kindlichen Interessenspektrum zu verweisen. Der Rückgang des Interesses an Märchen und Sagen sowie an Tiergeschichten im Laufe der Schuljahre bedarf noch einer genaueren Analyse und Interpretation. Deutlich wird vor allem der geschlechtsspezifische Hintergrund dieses Rückganges. Das nachlassende Interesse der Jungen an diesen Genres und Erzählinhalten ist nicht mit einem Anstieg anderer ‚innerliterarischer‘ Interessen verbunden.

Bestätigt werden damit durchaus bekannte Trends, auch wenn einzelne, zum Teil auch grundlegende Details neue Sichten eröffnen können.

Interessant und für uns unerwartet ist die geringe Präsenz der *Wahren Geschichten* im Lesespektrum der Kinder, die bei einer Analyse der literarischen Beispiele, die die Probanden in dieser Rubrik angaben, noch deutlicher wird: Von den 58 Nennungen beziehen sich 25 auf märchenhafte und phantastische Texte, 20 auf die Darstellung authentischer Ereignisse, 8 auf religiöse Themen und nur wenige Beispiele stimmen mit dem überein, was unter realistischer Literatur verstanden wird, wie etwa die Kinderromane „Ben liebt Anna“ von Peter Härtling sowie „Emil und die Detektive“ und „Pünktchen und Anton“ von Erich Kästner. Bei keiner anderen Genreeinteilung zeigen sich eine derartige Heterogenität und ein so deutlicher Widerspruch zur allgemeinen Vorstellung über bestimmte Textsorten.

Beispiele zu den einzelnen ‚Textsorten‘
Die folgenden Beispiele zu den einzelnen Textsorten/Genres sind in einer Weise systematisiert worden, dass das Interessenspektrum der Kinder erkennbar wird. Die Abweichung von einer üblichen literaturwissenschaftlichen Kategorisierung erfolgt bewusst, um das Antwortverhalten der Probanden überschaubar zu machen, es nicht zu verfälschen und auch die Spezifika der kindlichen Lektürepräferenzen zu erhellen.

Abenteuerbücher und -geschichten (‚Texte, in denen Abenteuer erzählt werden‘)
Der eindeutige Favorit innerhalb der Textsorten wird mit 389 Beispielangaben näher charakterisiert, so dass es möglich wird, das Interessenspektrum der Grundschüler genauer zu erkennen:

J.K. Rowling „Harry Potter“	158 Nennungen
Ritter/Piraten/Räuber/Indianer	59 Nennungen
Krimis/Detektivgeschichten	39 Nennungen
Comics/Bildgeschichten	38 Nennungen

Grusel/Monster/Horror/Hexen	36 Nennungen
Texte von Astrid Lindgren	15 Nennungen
Texte von Erich Kästner	10 Nennungen
Texte von Mark Twain	10 Nennungen
Texte von Michael Ende	9 Nennungen
Daniel Defoe „Robinson Crusoe"	8 Nennungen
Texte von Alexander Wolkow	5 Nennungen
Gerhard Holtz-Baumert „Alfons Zitterbacke"	2 Nennungen
Charles Dickens „Oliver Twist"	1 Nennung.

Das Verständnis der Kinder von „Abenteuergeschichten" zeichnet sich durch eine große Variationsbreite aus. Dem Begriffsinhalt folgend werden sowohl in phantastischen als auch in realistischen Welten spielende Abenteuer erfasst, wobei die phantastischen Handlungsräume eindeutig überwiegen.

Einige Titelnennungen scheinen wegen ihrer Spezifik auf den Einfluss der Eltern bei der Lektürewahl zu deuten: Alexander Wolkows märchenhaft-phantastische Geschichten waren in der DDR beliebt; ihre Nachauflagen nach der Wende fanden vor allem im Osten ein erwachsenes Lesepublikum, das sich auf diese Weise der Kindheitslektüre erinnerte. Gerhard Holtz-Baumerts „Alfons Zitterbacke" kann als der Kinderliteraturklassiker der DDR bezeichnet werden.

Ansonsten verweisen die Titel ebenso wie die Nennung der Figuren-Handlungs-Modelle (z.B. Geschichten von Räubern und Piraten) auf keine spezifische östliche Lektürewahl, die ein Weiterwirken der Kinderbücher der Eltern zu erkennen geben könnte.

Die geschlechtsspezifische Auswertung ergibt folgendes Bild: „Harry Potter" wird von Mädchen und Jungen gleichermaßen favorisiert. Im Geschlechtervergleich (71 Angaben der Jungen; 87 Angaben der Mädchen) gibt es keinen signifikanten Unterschied. Das Gleiche gilt für Krimis und Detektivgeschichten (19 Nennungen der Jungen stehen 20 Angaben der Mädchen gegenüber) sowie für Texte von Michael Ende (5 Nennungen durch Jungen und 4 durch Mädchen). Die besonderen Interessen der Jungen zeigen sich in der Kategorie ‚Ritter/Piraten/Räuber/Indianer' (41 von 59 Nennungen erfolgen durch sie). Ebenso auffällig ist die männliche Dominanz bei Comics und Bildgeschichten (41 von 59 Nennungen) sowie bei Texten von Mark Twain (8 von 10 Nennungen) und Daniel Defoes „Robinson Crusoe" (7 von 8 Angaben). Mädchen – und das erstaunt zunächst – haben ein deutliches ‚Übergewicht' in der Rubrik ‚Grusel/Monster/Horror/Hexen' (32 von 36 Nennungen). Allerdings überwiegen in dieser Rubrik eindeutig die Hexengeschichten und erklären damit die weibliche Dominanz. Texte von Astrid Lindgren und Erich Kästner werden weitaus stärker von Mädchen als von Jungen gewählt.

Sachbücher (‚Texte, in denen über bestimmte Dinge informiert wird')
Die Antworten der Kinder bezogen sich bei dieser Frage weniger auf Titel als auf spezifische Sachthemen bzw. Interessengebiete. Insgesamt wurden 536 Beispiele genannt, die bestimmten Sach- und Inhaltsgebieten zugeordnet waren:

Bücher über Tiere	242 Nennungen
Bücher über Sport	69 Nennungen
Sachbücher allgemein	63 Nennungen
Bücher über Fahrzeuge	61 Nennungen
Bücher zu Geographie/Geschichte/Menschen	49 Nennungen
Zeitschriften	36 Nennungen
Bücher zu Technik und Wissenschaft	12 Nennungen
Bücher über Mystik	3 Nennungen
Bücher über Religion	1 Nennung.

Dass sich etwa die Hälfte der genannten Beispiele auf verschiedene literarische Darstellungen zu Tieren bezog, bestätigt unser Wissen um die Stellung dieses Gebietes im Interessenspektrum der Grundschüler. Die weiteren Sachgebiete deuten auf die Breite dieses Interessenspektrums. Qualitative Erhebungen könnten sicher belegen, inwieweit diese Breite auch durch andere Medien (Fernsehen, Internet) beeinflusst wird.[3]

Der Geschlechtervergleich belegt gravierende Interessenunterschiede zwischen Jungen und Mädchen. Jungen favorisieren Sachtexte zum Thema ‚Sport' (52 von 69 Nennungen) und Sachbücher zu Fahrzeugen (59 von 61 Nennungen), wobei das Auto eindeutig im Mittelpunkt des Interesses steht und nicht selten eine Verbindung zum Thema ‚Sport' (Formel 1) erkennbar wird. 9 von 12 Nennungen zur Rubrik ‚Technik und Wissenschaft' erfolgen durch Jungen. Dagegen überwiegen bei den Mädchen die Themen ‚Tiere' (153 von 242 Nennungen), ‚Geographie/Geschichte/Menschen' (42 von 49 Nennungen) sowie die Nutzung von Zeitschriften (26 von 36 Angaben).

Märchen, Sagen, Phantasiegeschichten
Insgesamt wurden als Beleg für das Lesen von Märchen, Sagen und Phantasiegeschichten 304 Beispiele angeführt. Sie vermitteln ein interessantes Bild der kindlichen Lektüre, auch wenn nicht immer deutlich wird, inwie-

---

3 Die geplante Erweiterung der Untersuchung durch Interviews mit Kindern konnte nicht erfolgen, da von der Deutschen Forschungsgemeinschaft keine entsprechenden Mittel dafür bereitgestellt wurden.

weit die genannten Texte eine Verbindung zu anderen Medien aufweisen bzw. ihre Wahl durch Filme und Fernsehsendungen angeregt wurde.

Die folgende Kategorisierung wurde gewählt, um die kindlichen Vorlieben möglichst deutlich zu kennzeichnen:

Märchen der Brüder Grimm	140 Nennungen
Rowling „Harry Potter"	64 Nennungen
Texte von Michael Ende	23 Nennungen
Kinderliteraturklassiker	15 Nennungen
Sagen	15 Nennungen
Märchen von Hans Christian Andersen	13 Nennungen
Texte von Alexander Wolkow	9 Nennungen
Texte, die auf ‚Filmverbuchungen' beruhen	9 Nennungen
Märchen aus 1001 Nacht	8 Nennungen
Einzelne Texte phantastischen Inhalts	8 Nennungen.

Auffallend ist, dass etwa die Hälfte der Nennungen sich auf Märchen der Gebrüder Grimm bezieht, dabei dominieren „Schneewittchen", „Rotkäppchen", „Dornröschen", „Aschenputtel", „Hänsel und Gretel".

Die aus dem Antwortverhalten zu anderen Rubriken bereits bekannte Bevorzugung von „Harry Potter" wird auch in diesem Komplex deutlich. Die häufige Nennung von Michael Ende (allein „Die Unendliche Geschichte" wird 22 Mal benannt) ist unseres Erachtens damit erklärbar, dass die große Wirkung von „Harry Potter" auch zur ‚Wiederbelebung' phantastischer Texte führte, die bereits in den Hintergrund gedrängt waren.

Die Anregung zur Lektüre von Kinderliteraturklassikern („Alice im Wunderland"; „Pinocchio") scheint ebenso von Film- und Fernsehformaten auszugehen, wie die Lektüre von ‚Filmverbuchungen'. Dieser Begriff zielt auf literarische Texte, die auf Fernsehvorlagen basieren, wie die von unseren Probanden genannten Beispiele „Die Schöne und das Biest" oder „Cinderella".

Neben einer nicht spezifizierten Nennung des Begriffes Sagen (6) erfolgen für dieses Genre ausschließlich Einzelnennungen, die sowohl die Geschichten aus der griechischen Mythologie als auch regionale Sagen einschließen.

Die Notierung von Wolkow-Texten basiert auf dem bereits unter der Rubrik Abenteuergeschichten genannten Hintergrund.

Der Geschlechtervergleich bestätigt die Erkenntnis, dass Mädchen Märchen weitaus deutlicher bevorzugen als die Jungen: 101 Nennungen zu den Grimmschen Märchen erfolgen durch sie; 9 der 13 Angaben zu den Märchen von Hans Christian Andersen belegen die Präferenzen der Mädchen in diesem Genre ebenso wie die Nennungen der Märchen aus 1001 Nacht (alle

8 Notierungen haben einen weiblichen Hintergrund). Ausgeglichen sind dagegen die Angaben zu „Harry Potter" (31 der 64 Nennungen erfolgen durch Jungen), zu den Sagen (die Jungen notieren 9 der insgesamt 15 Angaben) sowie zu den Filmverbuchungen (5 von 9 Angaben erfolgen durch Jungen). Allerdings offenbaren die Titelangaben bei Sagen und ‚Filmverbuchungen' ebenfalls deutliche geschlechtsspezifische Unterschiede.

Tierbücher und -geschichten
(‚Texte, in denen Tiergeschichten erzählt werden')

Die folgende Zuordnung kennzeichnet einzelne Häufigkeiten und kindliche Vorlieben, vor allem bezogen auf verschiedene Tierarten. Die Angaben der Kinder lassen erkennen, dass fiktive Geschichten gegenüber Sachtexten bzw. lexikonartigen Darstellungen überwiegen:

Bildgeschichten, die zumeist auf einer filmischen Präsentation beruhen	47 Nennungen
Pferde-Geschichten	47 Nennungen
Tiergeschichten allgemeine Angabe	44 Nennungen
Hunde-Geschichten	25 Nennungen
Katzen-Geschichten	20 Nennungen
Hasen-Geschichten	15 Nennungen
Dino-Geschichten	11 Nennungen
Märchen und Fabeln mit Tierfiguren	11 Nennungen.

Bei den Bildgeschichten, die auf einen filmischen Hintergrund (zumeist im Disney-Stil) verweisen, werden am häufigsten „König der Löwen" und das „Dschungelbuch" genannt.

Die Pferde-Geschichten widerspiegeln nicht zuletzt das besondere Interesse der Mädchen an Erzählungen über diese spezifische Kind-Tier-Beziehung.

In der Rubrik ‚Tiergeschichten allgemein' dominieren solche Texte wie „Tiere des Waldes", „Lustige Tiergeschichten", „Die schönsten Tiergeschichten", „Kunterbunte Tiergeschichten".

Bei Geschichten über Hunde, Katzen und Hasen erfolgen vor allem allgemeine Angaben, ohne konkrete Titelnennung.

Interessant erschien uns, dass auch Märchen mit Tierfiguren („Die Bremer Stadtmusikanten", „Der Hase und der Igel", „Die sieben Geißlein") den Tierbüchern und Tiergeschichten zugeordnet wurden.

Gerade im Genre Tiergeschichten zeigen sich die großen Unterschiede zwischen Jungen und Mädchen in der Lektürewahl. Von den insgesamt 226 Beispielen entfallen nur 53 Nennungen auf die Jungen. Häufungen gibt es in folgenden Rubriken: Dino-Geschichten (11) werden ausschließlich von Jungen genannt, während innerhalb der ‚Sparte' Pferde-Geschichten von 47

Nennungen nur 2 Angaben auf Jungen entfallen. Dagegen erhalten Hunde-Geschichten und Bildgeschichten („Der König der Löwen"; „Das Dschungelbuch") jeweils 9 Notierungen von Jungen.

Die Kenntnis dieser spezifischen Lektüreinteressen ist insofern bedeutsam, als es auf den ersten Blick so erscheint, als gäbe es in diesem Genre durchaus partielle Übereinstimmungen zwischen Jungen und Mädchen. Die Schlussfolgerung für den Unterricht könnte dann darin bestehen, dass man bei der Wahl derartiger Texte die Interessen beider Geschlechter trifft. Analysiert man jedoch die Beispielnennungen der Jungen und Mädchen, dann wird erkennbar, dass es kaum Berührungen in diesen Lektürepräferenzen gibt.

Wahre Geschichten
(‚Texte, in denen wahre Geschichten erzählt werden')
Die Problematik der Zuordnung zu dieser Rubrik wurde bereits skizziert. Insgesamt nannten die Probanden 61 Titel bzw. ‚Erzählgegenstände'. Kinder ordneten hier Titel aus nahezu allen Genres zu. Märchen werden genauso angeführt wie historische Literatur (Geschichten von früher). Erstaunlich selten wird die realistische Literatur genannt. Eine Einzelstudie soll in der Folgezeit das Phänomen dieser Zuordnung durch die Altersgruppe der Grundschüler genauer untersuchen. Unzweifelhaft steht allerdings die geringe Bevorzugung der realistischen Literatur fest, zumal die Beispiele die Zuordnung zu den Wahren Geschichten noch einmal deutlich verringern.

Folgende Gruppierung der kindlichen Beispiele soll die Problematik der Zuordnung veranschaulichen:

Einzeltitel (Phantastische Literatur, Abenteuer)	16 Nennungen
Märchen	12 Nennungen
Bücher über Forschungen, Entdeckungen und Katastrophen	12 Nennungen
Historische Darstellungen	8 Nennungen
Bücher über Gott und Religionen	8 Nennungen
Einzeltitel aus der realistischen Literatur	5 Nennungen.

Insbesondere die dritte und vierte Rubrik bestätigt die bereits bei anderen Textsorten/Genres erkennbare Breite der kindlichen Interessen und ein partiell beachtliches Niveau der Ansprüche, so werden beispielsweise Geschichten über die Genforschung und den Weltraum ebenso genannt wie Erzählungen über das alte Ägypten und das „Tagebuch der Anne Frank".

Die Einzeltitel zur realistischen Literatur beziehen sich auf Texte von Erich Kästner und Peter Härtling.

Der Geschlechtervergleich belegt auch in dieser Kategorie die gravierenden Unterschiede in den Interessen und Präferenzen der Geschlechter. Die Titel zu Forschungen, Entdeckungen und Katastrophen werden ausschließlich von Jungen genannt. In den Angaben zu historischen Darstellungen überwiegen die männlichen Notierungen (5 von 8), während die Themen ‚Religion und Gott' eindeutig von den Angaben der Mädchen geprägt sind (6 von 8). In der Rubrik ‚Märchen' sind weitaus mehr Notierungen von Mädchen als von Jungen zu finden (10 von 12); während alle Nennungen zur realistischen Literatur durch Mädchen erfolgen.

Fernsehbegleitliteratur
(‚Texte, in denen es um Fernsehsendungen oder Fernsehfilme geht')
In der folgenden Übersicht werden nur die Titel herausgehoben, die mehrfach genannt wurden. Daneben gab es unter den insgesamt 166 angeführten Beispielen eine ganze Reihe von Einzelnennungen. Es fällt auf, dass die täglich ausgestrahlten Serien und Soaps auch in ihrer Begleitliteratur die größte Beachtung bei den Grundschülern finden:

Digimon/Pokemon	72 Nennungen
Gute Zeiten, schlechte Zeiten	16 Nennungen
Fernsehzeitschriften	10 Nennungen
Dragonball	9 Nennungen
Monster Rangers	4 Nennungen
Unser Charly	4 Nennungen
Sabrina total verhext	4 Nennungen
Löwenzahn	4 Nennungen
Schloß Einstein	3 Nennungen
Aladin	3 Nennungen
Sailer Moon	3 Nennungen
Arielle	3 Nennungen
Starwars	3 Nennungen
Das Dschungelbuch	3 Nennungen
Unter uns	3 Nennungen
Titanic	2 Nennungen
Buffy im Banne der Dämonen	2 Nennungen
Die Sendung mit der Maus	2 Nennungen
Emil und die Detektive	2 Nennungen
Pippi Langstrumpf	2 Nennungen.

Unter den Beispielen der Kinder fallen auch einzelne Titel auf, die keine ‚Filmverbuchungen' darstellen, sondern die als literarische Vorlage für Verfilmungen fungierten: „Emil und die Detektive"; „Pippi Langstrumpf"; „Die unendliche Geschichte"; „Der kleine Vampir".

Eine differenzierte geschlechtsspezifische Analyse der Titelangaben zeigt, dass Jungen eher Begleitliteratur in Form von Comics zu Trickfilmen wie „Pokemon" und „Digimon" (52 von 72 Nennungen), „Dragonball" (8 von 9 Nennungen) und „Monster Rangers" (4 von 4 Nennungen) wählen. Mädchen bevorzugen dagegen Begleitliteratur zu Soaps und Spielfilmen, wie „Gute Zeiten, schlechte Zeiten" (15 von 16 Nennungen), „Sabrina total verhext" (4 von 4 Nennungen) oder „Titanic" (2 von 2 Nennungen).

2.5.2 Lieblingslektüre von Kindern

Die Antworten auf die Frage nach dem Lieblingsbuch bestätigen die wenig ausgeprägte Bevorzugung der ‚wahren Geschichten', d.h. von fiktiven Texten ‚in den Formen des Lebens'.

Es stellte keine Überraschung dar, dass eine große Anzahl von Kindern „Harry Potter" als Lieblingslektüre angab (174 Probanden). Erstaunlich ist allerdings, dass bereits in der 2.Klasse 26 Schüler „Harry Potter" als ihr Lieblingsbuch bezeichnen und in der 3.Klasse 59 Kinder dieses Buch favorisieren. Dabei ist zu berücksichtigen, dass zum Zeitpunkt der Befragung ausschließlich das literarische Original vorlag und noch keine Filmversion existierte. Auch bei der Auswertung dieser Frage bestätigt sich, dass Jungen und Mädchen diesen Text gleichermaßen bevorzugen: Von 174 Nennungen entfallen 84 auf Jungen und 90 auf Mädchen.

Über 70 Nennungen bezogen sich auf die sogenannte Fernsehbegleitliteratur, wobei „Pokemon" mit 38 Notierungen dominiert. In diesem Fall ist der Geschlechtervergleich ebenfalls interessant und entspricht den Angaben in der Genre-Rubrik ‚Texte, in denen es um Fernsehsendungen und Fernsehfilme geht': von 38 Nennungen entfallen 33 auf Jungen.

69 Mal wurden Tiergeschichten unterschiedlicher Anlage und Genrespezifik genannt. Die Dominanz der Mädchen ist in dieser Rubrik auffällig. 50 Nennungen erfolgen durch sie; die 19 Angaben der Jungen beziehen sich vorwiegend auf ‚Dinos'.

Comics und Bildgeschichten waren mit 28 Titeln vertreten, die bis auf 5 Nennungen ausschließlich auf den Angaben der Jungen basieren.

Ebenso viele Nennungen erhielten verschiedene Kinderromane von Astrid Lindgren. Diese Wahl erfolgt nahezu ausschließlich durch Mädchen: von den 28 Nennungen entfallen nur 5 auf Jungen. Während sich deren Angaben nur auf zwei Titel („Pippi Langstrumpf" und „Michel") beziehen, ist das Spektrum der Mädchen breiter: Sie nennen in folgender Rangfolge Titel von Astrid Lindgren: „Pippi Langstrumpf" (12), „Ronja Räubertochter" (8), „Michel" (1), „Karlsson" (1), „Bullerbü" (1).

Neben den Texten dieser Autorin und der – natürlich konkurrenzlosen – Harry-Potter-Schöpferin J. K. Rowling erhalten nur noch wenige Autoren eine auffällige Resonanz bei den befragten Grundschülern: Erich Kästner (24 Nennungen/davon 5 von Jungen); Otfried Preußler (14 Nennungen/davon nur 1 Angabe von Jungen); Michael Ende (11 Nennungen; davon beziehen sich 9 auf die „Unendliche Geschichte"/5 von diesen gehen auf die Angaben von Jungen zurück). Diese gleichsam ausgeglichene Bilanz deutet darauf hin, dass die phantastischen Strukturen, wie sie durch Rowling und partiell auch durch Ende gewählt werden, die größten Chancen für die Möglichkeit geschlechtsübergreifender Präferenzen in sich bergen. Das heißt auch, dass ihre Berücksichtigung im Unterricht den Interessen beider Geschlechter entsprechen würde.

Häufungen sind im Bereich der Kinderliteraturklassiker[4] erkennbar (insgesamt 63 Nennungen) sowie in den Angaben zu Märchen und Sagen (51 Nennungen). Diese Nennungen basieren im Wesentlichen auf weiblichen Lektürevorlieben.

Versucht man – auch mit Blick auf die Fülle der Einzelnennungen – zu einem Fazit über die kindliche Lieblingslektüre zu gelangen, dann bestätigen sich die Angaben zu den favorisierten Genres noch einmal auf eindrucksvolle Weise. Es dominiert eindeutig die Literatur, die sich mit märchenhaften und phantastischen Strukturen verbindet, die auf Spannungsmomente setzt und abenteuerliche Vorgänge erzählt.

Die Auswertung sowohl zu der Frage nach den bevorzugten Genres/Textsorten als auch zu der nach der Lieblingslektüre hat die Bedeutsamkeit der Vorgabe, literarische Beispiele zu nennen, belegt. Auf diese Weise wurden nicht nur tiefere Einblicke in die kindlichen Lektürepräferenzen möglich, sondern es erfolgte zugleich eine Überprüfung der Sicherheit der einzelnen Ergebnisse. Erkennbar wird das zum Beispiel in der Nennung „Harry Potters" innerhalb verschiedener Bereiche der Befragung (Abenteuerliteratur; Märchen/Sagen/Phantasiegeschichten; Lieblingslektüre). Die Überschneidungen verdeutlichen die Zuverlässigkeit der kindlichen Angaben und belegen, dass die Grundschüler nicht zufällig und oberflächlich zuordneten.

Eine Analyse der Angaben von Jungen und Mädchen sowohl im Bereich der bevorzugten Genres als auch in der Entscheidung für das Lieblingsbuch offenbart nicht nur, dass Mädchen mehr lesen als Jungen, sondern dass sie auch eine weitaus größere Breite in ihrem Lektürespektrum erreichen. Das zeigt sich in den Angaben zu den verschiedenen Genres ebenso wie in der Nennung des Lieblingsbuches. Während sich die Jungen scheinbar ohne Mühe für einen Titel entscheiden konnten, nannten die Mädchen öfter zwei Lieblingsbücher.

---

4 Ich lege hier die Auffassung und Zuordnung zugrunde, die Bettina Hurrelmann in ihrem Band „Klassiker der Kinder- und Jugendliteratur" (1995) vertritt.

Die kindlichen Titelangaben verweisen darauf, dass die Auffassung von einer trivialen kindlichen Lektüre ebenso falsch ist wie die Ansicht, dass die Kinder – verführt durch das Fernsehen – nur oberflächliche Action-Szenarien bevorzugen. Bereits die „Harry Potter"-Rezeption durch Kinder im Grundschulalter hat kenntlich gemacht, dass viele Urteile über das kindliche Lesen zu hinterfragen sind. Auch jüngere Kinder sind durchaus in der Lage, komplizierte literarische Gebilde zu rezipieren, wenn diese künstlerische Elemente aufweisen, die sie in starker Weise zum Lesen motivieren (vgl. dazu Richter 2001, S. 228-231). Unter dieser Voraussetzung sind sie sogar dazu bereit, mit einer Kunstwelt in einer Weise zu kommunizieren, wie es in der Schule oft nur mit Schwierigkeiten erreicht wird. Die Bereitschaft der Kinder, zu „Harry Potter" aus eigenem Antrieb Listen der handelnden Personen zu erstellen, Wörterverzeichnisse anzulegen, Kostüme und Kulissen für das Spielen von Szenen anzufertigen und sich mit anderen Harry-Potter-Fans zu treffen, um gemeinsam über jenen Helden und seine Welt zu sprechen, überrascht schon. Es lohnt sich gewiss, derartiges Verhalten der Kinder genauer zu untersuchen, um etwas von diesem Engagement in den Schulunterricht ‚zu holen'.

Das heißt zugleich danach zu fragen, wo sich die schulischen Barrieren befinden, die einen solchen Umgang mit Literatur behindern. In diesem Kontext ist auch zu berücksichtigen, dass das Lesen – zumal von künstlerischer Literatur – einen intimen Vorgang darstellt, der im Unterricht auf unterschiedliche Weise verfremdet und gebrochen wird. Unter welcher Voraussetzung ist diese Verfremdung lesemotivierend und wie kann sie zu einer vertieften Rezeptionsfähigkeit betragen, muss deshalb eine zentrale Frage lauten.

Die Besonderheiten der Rezeption von künstlerischer Literatur erfordern eine äußerst subtile Analyse der kommunikativen Prozesse, die im Umgang mit Literatur im schulischen Raum erfolgen (siehe dazu auch Teil I sowie Teil II/2.8).

2.6 Der Deutschunterricht und die Literaturauswahl durch die Lehrer

2.6.1 Die Einstellung der Kinder zum Deutschunterricht

Die Untersuchung belegt nicht nur die Problematik des Umgangs mit dem Lesen in der Schule. Sie bestätigt auch die bekannte Tatsache, dass die Familie den entscheidenden Einfluss auf die Einstellung zum Lesen hat. Dennoch konnten Faktoren ermittelt werden, die auch der Schule Wege zur Ausprägung einer Lesemotivation ermöglichen. Ein derartiger Faktor ist eine positive Einstellung zum Deutschunterricht.

Die Darstellung (vgl. Abb. 18) lässt erkennen, dass in Klasse 2 der Anteil der Schüler, der bekundet, dass ihm der Deutschunterricht Spaß bereitet, relativ hoch ist. Diese Erscheinung dürfte damit in Verbindung stehen, dass zu diesem Zeitpunkt die Lesefähigkeiten und -fertigkeiten soweit ausgebildet sind, dass Texte selbst gelesen werden können und eine positive Erwartung mit der nun möglichen Anwendung/Umsetzung dieser Fähigkeit verbunden ist.

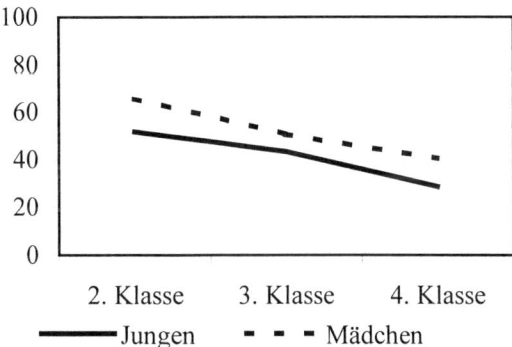

Abb. 18: Macht dir der Deutschunterricht Spaß?
          (Zustimmung in Prozent)

Unsere Vorgängerstudie von 1999 legte bereits die Vermutung nahe, dass die Klassenstufe 3 eine Art Umschlagpunkt darstellt. D.h., dass es darauf anzukommen scheint, ob Kinder nach dem Erwerb grundlegender Lesefähigkeiten den persönlichen Wert des Lesens tatsächlich erfahren.

Die Grafik zeigt deutlich, dass der Spaß am Deutschunterricht bei den von uns befragten Probanden von Klasse 2 bis Klasse 4 kontinuierlich abnimmt – und zwar bei Jungen und bei Mädchen.

Die von uns erhobenen Daten verweisen auf verschiedene Ursachen für diesen Rückgang.

2.6.2 Die Literaturauswahl der Lehrer

Mit einer an die 52 Lehrerinnen gestellten Frage – *„Welche Literatur (außer Lesebuchtexte) haben Sie im Deutschunterricht in diesem Schuljahr schon behandelt?"* – sollte ermittelt werden, inwieweit das Lektüreangebot der Schule dem kindlichen Interessenspektrum entspricht bzw. von ihm abweicht und in welcher Weise die Breite der Literatur im Grundschulunterricht zum Ausdruck kommt. Der Zeitraum der Untersuchung am Ende des Schuljahres ermöglichte einen guten Überblick über das Literaturangebot, das Schüler der Grundschule durch ihren Deutschunterricht erhalten.

Anzahl behandelter „Literatur"	Gesamt	Kl. 2	Kl. 3	Kl. 4
0	13	2	6	5
1	13	4	8	1
2	8	3	2	3
3	7	4	1	2
4	11	3	2	6

Abb. 19: Welche Literatur (außer Lesebuchtexte) haben Sie im Deutschunterricht in diesem Schuljahr schon behandelt? (Anzahl der Angaben)

Die Übersicht zeigt deutlich die Probleme, die im gegenwärtigen Literaturunterricht in der Grundschule Thüringens bestehen:

- 13 von 52 Lehrerinnen haben während des gesamten Schuljahres nicht ein einziges Buch behandelt. Das betrifft nicht nur die zweite Klasse (wo noch Argumente für diese Beschränkung auf Grund der Lesefähigkeiten und -fertigkeiten der Kinder ‚greifen' könnten) – im Gegenteil: das Defizit betrifft die 3. und 4. Klasse weitaus deutlicher als die 2. Klasse.

- Auch bei den 13 Lehrerinnen, die nur ein Buch im Laufe des Schuljahres ‚angeboten' haben, zeigt ein Vergleich zwischen Klasse 2 und 3, dass dieser Tatsache kein pädagogisches Kalkül zugrunde zu liegen scheint.

- Selbst die letzte Spalte, die Angaben von Lehrerinnen enthält, die der Behandlung von Literatur im Unterricht größere Bedeutung zuzumessen scheinen, zeigt nicht eine kontinuierliche Steigerung von Klasse 2 bis 4, wie sie angesichts pädagogischer Erfahrungen zu erwarten wäre.

Wie steht es nun um das schulische Angebot an Literatur – im Vergleich zu den bevorzugten Lektüreinteressen der Kinder? Zunächst fällt auf, dass die Rubrik, die im kindlichen Lesespektrum den letzten Platz einnimmt, in den Angaben der befragten Lehrerinnen den ersten Platz beansprucht.

Die Lehrerinnen geben insgesamt 89 Titel an. Diese entfallen auf die bei den Kindern erfassten Genreangaben wie folgt:

1. Wahre Geschichten   43 Titel
2. Märchen/Sagen   15 Titel
3. Abenteuerliteratur   14 Titel
4. Sachliteratur   11 Titel
5. Tiergeschichten   6 Titel
6. Bücher zum Film/Fernsehen 0 Titel.

Die Gegenüberstellung von kindlichen Interessen und schulischem Angebot verweist auf die Crux der Behandlung von Literatur in der Schule überhaupt. Die immer wieder erwähnte Argumentation, dass Schule eine andere Literatur bieten müsse als die bevorzugten Texte junger Menschen, um nicht in das private Refugium der Heranwachsenden einzudringen, scheint eine problematische Sicht zu sein. Befunde der empirischen Erhebung als auch die Äußerungen von Studierenden über ihre Erinnerung an die Literaturbehandlung in der Schule, die von uns zumeist zur Studienaufnahme erhoben wird, deuten daraufhin, dass der Deutschunterricht wenig Folgen für den Aufbau einer Lesemotivation hat, weil die Literaturauswahl und die Art der Literaturbehandlung an den Interessen junger Menschen vorbeigeht.

An wenigen literarischen Beispielen sei im Folgenden die Problematik der schulischen Literaturauswahl in einzelnen Details skizziert.

Während mehrere Lehrerinnen mit der Wahl von *Peter Härtlings „Oma",* *Astrid Lindgrens „Pippi Langstrumpf", Mirjam Presslers „Nickel Vogel-* *pfeifer", Michael Endes „Momo" und „Jim Knopf", Irina Korschunows* *„Hanno malt sich einen Drachen" oder auch Joanne K. Rowlings „Harry* *Potter" und Maria Lobes „Das kleine Ich bin ich"* sowohl kindlichen Vorlieben als auch literarischen Qualitäten entsprechen, fallen verschiedene problematische Entscheidungen auf, die sicher mit der besten pädagogischen Absicht getroffen wurden.

Die Auswahl etwa von *Eveline Haslers „Buchstabenvogel"* in einer 2. Klasse stellt nicht nur eine Unterforderung dar, sondern der Text – der die Nähe zu kindlichem Erleben vorgibt und zudem noch phantastische Elemente besitzt – erweist sich am Ende als eine ziemlich flache Geschichte, die kaum auf ein Weitererzählen und Ausmalen der Szenerie insistieren kann, sondern eher zum Ausfüllen der Buchstabenlücken verführt.

Auch *Ingrid Kötters* Geschichte von der *„Kopftuchklasse",* die in einer 4. Klasse behandelt wurde, offenbart sich bei genauerer Analyse als ein Text, der das wichtige Thema interkultureller Begegnung im schulischen Rahmen zwar bedient, aber nicht überzeugend zu gestalten weiß. Er enthält kaum ästhetische Elemente, die Kinder zu einer tieferen Diskussion über Toleranz, den Umgang mit Fremden und über freundschaftliche Kontakte anregen könnten. Die Erzählung bleibt in der Erfassung des Umgangs mit dem Fremden und der interkulturellen Problematik nicht nur völlig oberflächlich, sondern sie gewinnt auch keine poetische Dichte, findet keine überzeugende Figurendarstellung, enthält keinen tiefer gehenden Konflikt, der Spannungsmomente auslösen und den Leser sowohl auf der kognitiven als auch emotionalen Ebene an der Konfliktlösung beteiligen könnte. Der Text weist Züge einer Problemliteratur auf, die sich keiner Mittel des psychologischen Kinderromans bedient und dadurch zur ästhetischen Verflachung neigt. Bekanntermaßen wird aber gerade derartige Literatur in der Schule nicht selten bevorzugt, weil ein Thema, ein Problem und die dazugehörenden Protagonisten und Gegenspieler schnell zu erkennen sind und auf diese Weise ein ‚Sachgespräch' möglich wird. Derartige Verfahrensweisen gehen allerdings an der Spezifik künstlerischer Literatur und ihrer Wirkungsmöglichkeiten vorbei. Eine ganze Reihe der 55 nur einmal genannten Titel folgt ähnlichen Strukturen.

Ein weiteres Beispiel für die Diskrepanz zwischen vorgegebener Phantasie und in der Geschichte tatsächlich eingelöstem Abenteuer stellt *Edward Parkers „Insel der 1000 Gefahren"* dar, das in Klasse 3 und 4 mehrfach als Unterrichtslektüre gewählt wurde. Parkers Abenteuergeschichte ist allerdings nicht nur platt erzählt, sondern der erweckte Schein von interaktivem Potential – indem der Leser immer wieder zwischen verschiedenen Lösungsvarianten entscheiden muss – zielt am Ende ins Leere, weil auf Grund der Anlage der Handlung die Spannung sehr schnell verflachen muss und der anfängliche Reiz verebbt. Der Leser kann bei diesem Text – indem er in die Rolle eines Schiffsbrüchigen schlüpft – auswählen zwischen verschiedenen Wegen, die er auf der Insel beschreiten möchte. Wenn er den ‚richtigen' Weg wählt, ist er bereits auf Seite 36 am Ende der Geschichte angelangt, obwohl das Buch mehr als doppelt so viele Seiten hat.

Abbildung 20 erfasst die Titel, die mehrfach als Unterrichtslektüre gewählt wurden. Es dominieren mit 55 Titeln allerdings die Einzelnennungen.

Vier der genannten Titel von *Holtz-Baumert, Pludra, Shaw und Storm* gehen auf den Lehrplan der DDR zurück. Die Titel von *Härtling, Lindgren, Pressler* basieren auf Empfehlungen des neuen Thüringer Lehrplans für die Grundschule.

Unverkennbar ist an den Angaben der Lehrer zu ihrer Literaturauswahl das Bemühen um eine literarische Vielfalt. Zugleich wird deutlich, dass in nicht wenigen Fällen Fehlentscheidungen getroffen wurden (gerade auch bei den Einzelnennungen wird das ersichtlich). Ein Hintergrund dafür kann in der geringen Kenntnis der Texte aus dem Bereich der historischen wie zeitgenössischen Kinder- und Jugendliteratur liegen. Weitere Aufschlüsse über die Ursachen sind aus den Antworten der Lehrerinnen zu den Kriterien für ihre Auswahl der Unterrichtslektüre ersichtlich.

Autor/Titel	Gesamt	Kl. 2	Kl. 3	Kl. 4
Peter Härtling „Oma"	8		2	6
Theodor Storm „Der kleine Häwelmann"	5	5		
Benno Pludra „Bootsmann auf der Scholle"	4	3	1	
Elizabeth Shaw „Der kleine Angsthase"	3	3		
Edward Parker „Insel der 1000 Gefahren"	3		1	2
Gerhard Holtz-Baumert „Ein bißchen Angst"	2	1	1	
Ursula Wölfel „Fliegender Stern"	2			2
Tilde Michels „Igel komm, ich nehm dich mit"	2	1	1	
Mirjam Pressler „Nickel Vogelpfeifer"	2			2
Astrid Lindgren „Karlsson vom Dach"	2	2		
Astrid Lindgren „Pippi Langstrumpf"	2		1	1

Abb. 20: Unterrichtslektüre (Mehrfachnennungen)

2.6.3 Kriterien für die Auswahl der Lektüre für den Unterricht

Unmittelbar auf die Frage nach der im Deutschunterricht des laufenden Schuljahres behandelten Literatur (außer Lesebuchtexte) folgte im Lehrerfragebogen das Item, mit dem die Kriterien für die Auswahl der Unterrichtslektüre ermittelt werden sollten: *„Welche Kriterien muss ein Buch erfüllen, das Sie im Unterricht behandeln?"*

Mit 203 Angaben kennzeichneten die Lehrerinnen ihre Kriterien für die unterrichtliche Lektüreauswahl. Es erweist sich als schwierig, die Breite, Vielfalt und auch Heterogenität der Antworten in ein schlüssiges Kategoriensystem einzuordnen. Der folgende Versuch einer Kategorisierung wird mit einer Reihe von Einzelaussagen ergänzt, um das Antwortspektrum der Probanden nicht zu verfälschen:

Inhaltliche und ästhetische Kriterien	97 Nennungen
Technisch-formale Kriterien	58 Nennungen
Pädagogische Kriterien und Erziehungsziele	48 Nennungen.

Innerhalb der sehr heterogenen Aussagen zu inhaltlichen und ästhetischen Kriterien werden vor allem Bezüge zur kindlichen Lebenswelt genannt (20 Nennungen) oder auch die Auswahl des Inhalts entsprechend dem Lernalter angegeben (11 Nennungen). Daneben erscheinen den Lehrern Spannung (17 Nennungen), Humor (10 Nennungen) und das Ansprechen von Gefühlen (5 Nennungen) als wichtige Auswahlkriterien. Phantasie und phantastische Strukturen werden 10 Mal genannt.

Dass sich ein Viertel der Angaben ausschließlich auf technisch-formale Aspekte bezieht, hat natürlich eine wichtige Ursache in der Spezifik der Literaturbehandlung im Primarbereich. Allerdings bestätigt sich damit auch der im ersten Teil der vorliegenden Publikation kritisierte Umstand, dass die Wege zur Entwicklung von Literarität und Literalität in der Grundschule – die Entwicklung von Lesefähigkeiten und -fertigkeiten auf der einen und von Lesemotivation auf der anderen Seite – einseitig zugunsten der ersteren beschritten werden. Das zeigt sich auch darin, dass die Lesemotivation als Kriterium für die Literaturauswahl insgesamt nur in 5 Nennungen explizit zum Ausdruck kommt.

Die Angaben zur Textgestaltung wie zur optischen Ausstattung sind äußerst vielgestaltig und deuten in vielen Fällen auf eine Überbetonung dieser Aspekte bei der Auswahl der literarischen Texte, wie die folgenden konkreten Beispiele belegen: *Umfang dem Lesealter entsprechend* (9); *Gliederung in Abschnitten* (4); *kindgerechte Sprache* (13); *altersgerechte Schrift* (6); *kindgerechte und ansprechende Illustrationen* (20).

Viele dieser Kriterien der Textauswahl sind natürlich vage und unterschiedlich interpretierbar. Es fällt allerdings auf, dass die Tendenz zur einfachen Geschichte, die selbst erlesen werden kann, zu überwiegen scheint. Das bestätigt sich auch in der Literaturauswahl für den Unterricht, wie insbesondere in verschiedenen Einzelnennungen ersichtlich wird. Einzelne Texte stellen eindeutig eine intellektuelle Unterforderung für Grundschüler der zweiten bis vierten Klasse dar (z.b. *„Vom Jörg, der Zahnweh hatte"/Künzel* oder *„Die kleine Raupe Nimmersatt"/Carle)*.

An keiner Stelle verweisen die Angaben auf eine Literatur, die zum Vorlesen ausgewählt wird, um den Leseanfängern zur Motivation ästhetisch anspruchsvolle und reizvolle Texte präsentieren zu können. Auch in diesem Kontext bietet sich ein Verweis zur „Harry Potter"-Rezeption an, weil davon ausgegangen werden kann, dass die nahezu 100 Nennungen von Kindern der zweiten und dritten Klasse, die den Text als ihr Lieblingsbuch bezeichnen, nicht in allen Fällen auf eigenem Erlesen beruhen, sondern auf Vorleseaktivitäten in der Familie deuten.

Im Bereich der pädagogischen Kriterien für die Textauswahl sind vor allem in folgenden Aspekten Häufungen erkennbar: *lehrreich, Wissen vermitteln und zum Denken anregen* (15); *Vermittlung ethischer Werte* (8).

Die Angaben insgesamt widerspiegeln sowohl die Vielfalt der Kriterien für die Textauswahl als auch Einseitigkeiten, die sich in allen drei Gruppen finden lassen, insbesondere aber im Bereich der technisch-formalen Kriterien auffällig sind.

Der Widerspruch zwischen den kindlichen Lektürepräferenzen und der Literaturauswahl durch die Lehrerinnen wird durch die von uns ermittelten Daten erkennbar. Für seine Erklärung sind allerdings noch weitere Fakten in den Blick zu rücken.

In einem acht Aspekte umfassenden Aussagespektrum zum kindlichen Lesen baten wir im Lehrerfragebogen die Probanden um die Kennzeichnung ihrer Meinung in einer vierstufigen Skalierung (‚trifft zu' bis ‚trifft nicht zu'). Die Aussage *„Es ist für den Deutschlehrer wichtig zu wissen, was seine Schüler in ihrer Freizeit lesen"* wurde von 92,3 Prozent der Lehrerinnen bejaht. Zudem bestätigen 89,8 Prozent von ihnen die Aussage *„Die Bücher, die ich bevorzugt lese, sollen spannend sein, mich packen und faszinieren"*. Bringt man beide Aussagen der Lehrpersonen in einen Kontext, dann müssten an und für sich gute Voraussetzungen für die richtige Literaturauswahl in der Grundschule gegeben sein.

Doch vielleicht verstellt zuweilen eine vordergründige pädagogische Orientierung auf den ‚Nutzen' von Literatur den Blick auf die Besonderheit dieses Mediums und seiner Wirkungsweise. Ein Dilemma der Auswahl von Unterrichtslektüre scheint auch darin zu liegen, dass mancher Text, der sich pädagogisch wertvoll präsentiert und sogar kindliche Vorlieben zu berücksichtigen scheint, sich am Ende als ästhetisch äußerst dürftig erweist.

In einer Auswertung unserer Erhebung, die vom Erfurter Schulamt und uns gemeinsam mit Erfurter Grundschullehrerinnen veranstaltet wurde, rückten gerade diese Fragen ins Zentrum. Die Frage, mit welchen Zielstellungen wird poetische Literatur in einen pädagogischen Kontext gestellt, verdient eine vertiefte Diskussion, weil nicht wenigen Lehrern diese Problematik nicht bewusst ist. Andererseits zeigten sich die beteiligten Lehrerinnen sehr aufgeschlossen für eine weitere Debatte einer Frage, die sich ihnen bis zu diesem Zeitpunkt gar nicht gestellt hatte.

2.7 Kommunikation über Literatur und Fernsehen – kindliche Wünsche – schulische und außerschulische Realitäten

Die Ergebnisse unserer Studie dokumentieren, dass soziale Formen der Freizeitgestaltung – also Beschäftigungen mit anderen – eine herausragende Rolle im kindlichen Leben einnehmen (vgl. Kap.2.3). Die im Zentrum der Untersuchung stehenden Tätigkeiten des Lesens als auch des Fernsehens sind der Form nach allerdings zunächst eher „unsoziale" Tätigkeiten in dem Sinne, dass sie überwiegend allein ausgeübt werden. Durch die Kommunikation über das Gesehene oder Gelesene mit unterschiedlichen Partnern wie Eltern, Freunden, Geschwistern oder auch Lehrern können sie aber eine besondere Bedeutung im Austausch mit anderen gewinnen. Dies scheint angesichts des großen Gewichts sozialer Kontakte für die Freizeitbeschäftigungen von Grundschülern ein wesentlicher Aspekt zu sein, wenn es darum geht, was Kinder zur Ausübung dieser Tätigkeiten motiviert.

Um die Kommunikation der Grundschüler über Freizeitlektüre und Fernsehrezeption zu erfassen, wurden die Probanden einerseits gefragt, ob sie sich wünschen, mit verschiedenen Partnern über Gesehenes und Gelesenes zu sprechen. Andererseits wurde ermittelt, wie häufig diese Gespräche mit den unterschiedlichen Kommunikationspartnern tatsächlich zustande kommen.

2.7.1 Der Wunsch von Grundschülern, mit Anderen über Gelesenes und Gesehenes zu sprechen

Die Grafik (vgl. Abb. 21) lässt erkennen, dass sowohl der Wunsch, sich über interessante Bücher und Geschichten zu unterhalten als auch der Wunsch, über interessante Filme und Sendungen ins Gespräch zu kommen, insgesamt sehr hoch ist. Für das Bedürfnis der Kinder nach Kommunikation ist weniger das Medium selbst (Buch oder Fernsehen) als vielmehr der jeweilige Gesprächspartner ausschlaggebend. Für Grundschüler scheint es also im allgemeinen wichtiger zu sein, mit wem geredet wird als worüber gesprochen wird.

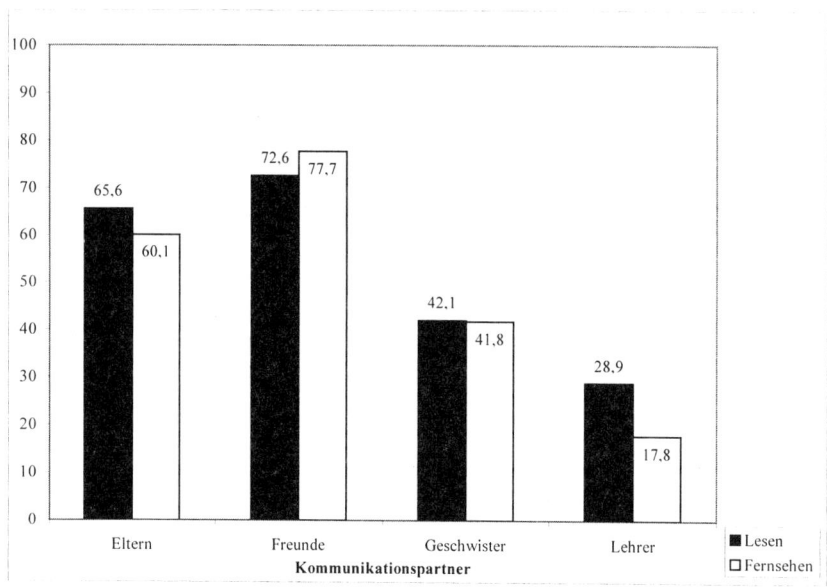

Abb. 21: Wünschst du dir, mit anderen über spannende und interessante Bücher und Geschichten/spannende und interessante Filme und Sendungen zu sprechen? (in Prozent)

Dies lässt sich mit Ergebnissen unserer Untersuchung belegen:

Der Wunsch nach Kommunikation über beide Medien ist am stärksten in Bezug auf die Freunde ausgeprägt. Ca. drei Viertel aller befragten Schüler wünschen sich, mit Freunden über interessante Bücher/Geschichten bzw. Filme/Sendungen zu sprechen. Aber auch die Eltern sind von den Grundschülern häufig gewünschte Gesprächspartner. Immerhin ca. zwei Drittel wünschen Gespräche über Gelesenes oder Gesehenes mit ihnen. Diese Ergebnisse deuten auf die hinlänglich aus der Literatur bekannte große Bedeutung der Familie und der Peer Group für die Mediensozialisation und damit auch für die Lesemotivation hin.

Am schwächsten ist der Wunsch nach Kommunikation mit den Lehrern ausgeprägt: Nur 28,9% der Schüler wünschen sich, mit ihren Lehrern über Gelesenes und sogar nur 17,8% über Gesehenes zu reden.

Der Blick auf den Klassenstufenvergleich zeigt ebenfalls ein bedenkliches Bild für den schulischen Bereich: Während der Anteil der Grundschüler mit Wunsch nach Kommunikation über Gesehenes bzw. Gelesenes mit der Familie und den Freunden von Klasse 2 bis 4 relativ stabil bleibt oder sogar leicht steigt, nimmt das Bedürfnis nach Anschlusskommunikation mit den Lehrkräften von Klasse 2 bis 4 kontinuierlich ab. In Bezug auf das Lesen ist die Abnahme besonders gravierend. In Klasse 2 wünschen sich noch 39,1% der Grundschüler Gespräche über spannende und interessante Bücher und

Geschichten mit ihren Lehrern und in Klasse 4 sind es mit 20,8% nur noch etwa halb so viele.

Es scheint den Lehrern nicht zu gelingen, das für die Lesemotivation der Grundschüler wichtige Interesse an Kommunikation über ihre Freizeitlektüre wahrzunehmen und produktiv im Unterricht umzusetzen. Gestützt wird diese Vermutung durch die Diskrepanz zwischen den von den Schülern genannten gern gelesenen Textsorten und den im Unterricht behandelten Textsorten (vgl. Kap. 2.5 und 2.6). In der Überwindung dieser Divergenz – verbunden mit der Nutzung der zu Beginn der Schulzeit durchaus vorhandenen kindlichen Kommunikationsbereitschaft mit Lehrern, über ihre Freizeitlektüre und ihre Fernsehinteressen zu sprechen, dürfte ein großes Potential zur Verbesserung des Literaturunterrichts und zur Entwicklung der Lesemotivation liegen.

Da sich erfahrungsgemäß die Peergroup-Beziehungen im Grundschulalter vor allem im schulischen Kontext entfalten, könnte das große Bedürfnis der Schüler nach Kommunikation über Gelesenes und Gesehenes mit den Freunden für den Unterricht genutzt und partiell auch gesteuert werden. Eine wesentliche Voraussetzung dafür dürfte darin bestehen, dass sich der Lehrer für die Freizeitaktivitäten und die entsprechenden Gespräche in der Peer Group tatsächlich interessiert.

2.7.2 Die Häufigkeit der Kommunikation von Grundschülern über Gelesenes und Gesehenes

Die Übersicht (vgl. Abb. 22) lässt bezogen auf alle Gesprächspartner eine Diskrepanz zwischen gewünschter und tatsächlicher Kommunikation erkennen. Auffällig ist besonders, dass der ohnehin äußerst gering ausgeprägte Gesprächsbedarf der Grundschüler gegenüber den Lehrkräften von der tatsächlichen Häufigkeit noch unterschritten wird. Nur noch 15,7% der Grundschüler reden ‚oft' oder ‚sehr oft' mit ihren Lehrern über interessante und spannende Bücher. Das dürfte einer der Gründe für den Rückgang des Wunsches nach Gedankenaustausch mit dem Lehrer im Verlauf der Grundschulzeit sein. Zumindest in der subjektiven Wahrnehmung der Kinder finden sehr selten Gespräche über Bücher und Fernsehsendungen statt, auch wenn die über 90%ige Zustimmung der befragten Lehrer auf die Aussage: *„Es ist für einen Deutschlehrer wichtig zu wissen, was seine Schüler in ihrer Freizeit lesen"* dagegen zu sprechen scheint.

Der Klassenstufenvergleich zeigt ähnliche Ergebnisse wie beim ‚Wunsch nach Kommunikation'. Während die Gesprächshäufigkeit mit Eltern über die Klassenstufen hinweg stabil bleibt und sich bezogen auf den Freundeskreis sogar leicht erhöht, sinkt sie bezüglich der Gruppe der Lehrer von Klassenstufe zu Klassenstufe rapide ab.

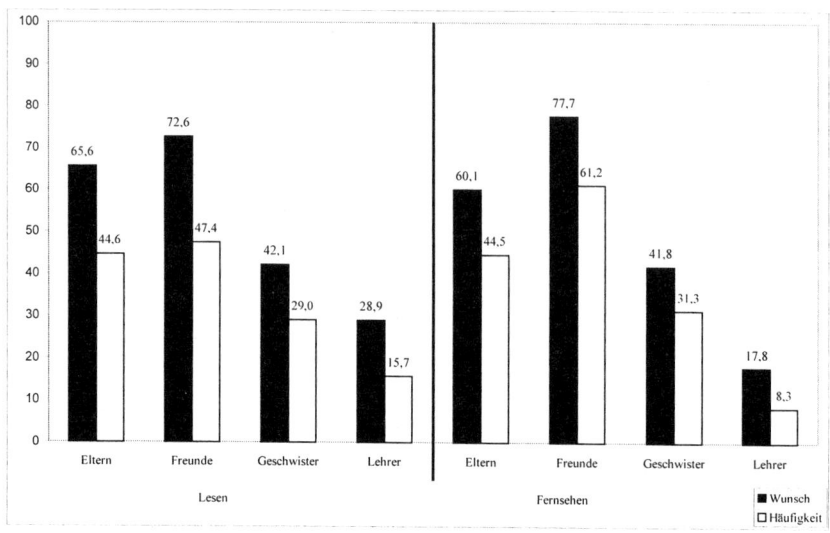

Abb. 22: Wünschst du dir, mit anderen über spannende und interessante Bücher und Geschichten/spannende und interessante Filme und Sendungen zu sprechen? (in Prozent) Wie oft sprichst du mit anderen über spannende und interessante Bücher und Geschichten/spannende und interessante Filme und Sendungen? (oft und sehr oft in Prozent)

Die Befunde lassen vermuten, dass die Äußerungen der Lehrerinnen (bezogen auf die Bedeutung des Wissens um die kindliche Freizeitlektüre) eher Absichtsbekundungen darstellen als der gelebten Unterrichtspraxis entsprechen. Die tatsächlichen Unterschiede ließen sich erst über den Einsatz qualitativer Methoden ermitteln.

Dies wird ebenfalls durch die Ergebnisse der Fragen *„Interessieren sich deine Eltern und dein Deutschlehrer/deine Deutschlehrerin für das, was du in deiner Freizeit liest?"* und *„Interessieren sich deine Eltern und dein Deutschlehrer/deine Deutschlehrerin für das, was du in deiner Freizeit im Fernsehen siehst?"* gestützt. Das Interesse der Lehrer am Freizeitlesen und -fernsehen wird von den Grundschülern insgesamt als gering eingeschätzt und nimmt bezüglich des Freizeitlesens von Klasse 2 zu Klasse 4 sogar noch ab (vgl. Abb. 23). Das bedeutet, dass die Schüler im allgemeinen eher nicht das Gefühl haben, dass sich ihre Lehrer für ihre Lese- und Fernsehinteressen interessieren. Folglich verringert sich auch der Wunsch, mit den Lehrkräften über Gesehenes oder Gelesenes zu reden. Dass sich dahinter nicht das Problem eines generellen Rückgangs des Gesprächsbedürfnisses mit Erwachsenen verbirgt, zeigt sich daran, dass im Gegensatz dazu das Interesse von Vater und Mutter am Lese- und Fernsehstoff von den Grundschülern als etwa durchschnittlich bewertet und in allen drei untersuchten Klassenstufen etwa gleich stark ist.

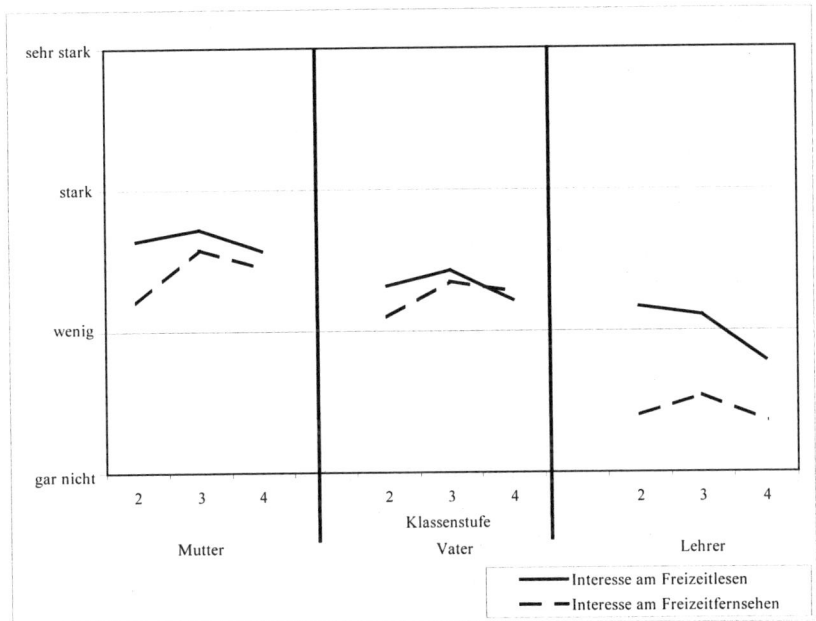

Abb. 23: Interessieren sich deine Eltern und dein Deutschlehrer/deine Deutschlehrerin für das, was du in deiner Freizeit liest? Interessieren sich deine Eltern und dein Deutschlehrer/deine Deutschlehrerin für das, was du in deiner Freizeit im Fernsehen siehst? (Mittelwerte nach Klassenstufe)

Die Berechnung von Korrelationen zur Untersuchung des Zusammenhangs zwischen Wunsch nach und Häufigkeit von Anschlusskommunikation über Gelesenes einerseits und der Motivation zum Lesen von Büchern und Geschichten andererseits bestätigt die eingangs geäußerte Vermutung, dass die Anschlusskommunikation als soziale Tätigkeit einen starken Einfluss auf die Ausprägung der Lesemotivation der Grundschüler hat. Für alle Gesprächspartner ergaben sich sowohl für den Wunsch als auch für die Häufigkeit der Kommunikation über Gelesenes deutlich positive Zusammenhänge mit der Lesemotivation: Je deutlicher der Wunsch nach Anschlusskommunikation geäußert wird beziehungsweise je häufiger diese stattfindet, desto größer ist die Motivation zum Lesen von Büchern und Geschichten. Dies trifft auch für die Kommunikation mit den Lehrern zu. Diese Möglichkeit der Einflussnahme auf die Entwicklung von Leseinteresse und Lesefreude wird – zumindest nach den Daten unserer Untersuchung zu urteilen – von Lehrern offensichtlich noch nicht ausreichend genutzt.

2.8 Kindliches Lesen und familiales Umfeld

Unsere Studie richtete – wie bereits ausführlich dargestellt – den Fokus auf den Umgang von Grundschülern mit Literatur im schulischen Kontext. Dennoch bildete den entscheidenden Hintergrund der Untersuchung die Auffassung, dass eine ‚Diagnose der Lesekultur' im Kontext des kindlichen Medienverhaltens allgemein sowohl die Familie, die Schule als auch die Peergroup im Blick haben muss. Eine isolierte Betrachtung nur einer dieser Institutionen bzw. Kommunikationspartner kann nicht zu weit reichenden Antworten auf die Fragen der kindlichen Lesesozialisation und zur Überwindung der ermittelten Defizite führen.

Die Erkenntnis, dass die Familie die früheste und wichtigste Instanz der Lesesozialisation ist (vgl. Hurrelmann u.a. 1993, S. 11), erfährt auch durch die Erfurter Befunde eine Bestätigung. Nachweislich ist der starke Zusammenhang zwischen dem Sozialstatus der Eltern (Buchbesitz) und der Lesemotivation der Kinder (vgl. Kap. 2.2). Auch der Tatbestand, dass sich vor allem Mütter für die Lesesozialisation der Kinder verantwortlich fühlen, wird durch verschiedene Befunde belegt (so haben zum Beispiel 84,1% der Mütter den Fragebogen ausgefüllt und nur in 15% aller Fälle erfolgte diese Aktivität durch die Väter).

Von gravierender Bedeutung erscheinen uns die Angaben der Kinder und Eltern zur Vorlesepraxis in der Familie – und dabei insbesondere die Widersprüche zwischen den Aussagen der Eltern und der Kinder. Da das Vorlesen in der Familie zu den Einflussfaktoren auf die Entwicklung von Lesemotivation bei Grundschülern zählt (vgl. Kap. 2.2), wird dieser Aspekt aus der Fülle der ermittelten Daten zum Verhältnis Lesen – Familie für eine ausführliche Darstellung ausgewählt.

Die Antworten der Kinder und der Eltern auf die Fragen nach der Vorlesepraxis in der Familie sollen im Folgenden skizziert und im Zusammenhang betrachtet werden.

2.8.1 Vorlesepraxis ‚früher' und ‚heute'

	Vorlesen – früher		Vorlesen – heute	
	Schüler	Eltern	Schüler	Eltern
gar nicht	10,4	1,1	65,0	25,3
manchmal	56,1	14,5	29,7	49,8
oft	33,5	84,4	5,3	24,9

Abb. 24: Schülerfragebogen: Haben dir deine Eltern oder ältere Geschwister früher Geschichten vorgelesen? Tun sie es jetzt noch?
Elternfragebogen: Wie oft haben Sie Ihrem Kind im Vorschulalter vorgelesen? Lesen Sie Ihrem Kind heute noch vor?

Die Aussagen der Kinder und der Eltern zu der familialen Vorlesepraxis in der Vorschulzeit offenbaren signifikante Unterschiede. Während 84,4 % der Eltern meinen, ihren Kinder ‚oft' vorgelesen zu haben, sind nur 33,5% der Kinder dieser Ansicht.

Auch in dem Antwortverhalten auf die Frage nach der gegenwärtigen Vorlesepraxis gibt es gravierende Unterschiede zwischen den Aussagen der Eltern und der Kinder. Weit mehr als die Hälfte der Kinder (65,0%) erklären, dass ihnen ‚gar nicht' vorgelesen wird, dagegen äußern nur ein Viertel der Eltern (25,3 %) ‚gar nicht' mehr vorzulesen.

Die genannten Differenzen betreffen sowohl beim ‚Vorlesen früher' als beim ‚Vorlesen heute' alle Untergruppen (Geschlecht und Klassenstufe).

Die Interpretation dieser auffälligen Divergenzen ist von inhaltlicher und methodischer Bedeutung: Eine Interpretation setzt die Antwort auf die Frage voraus, welche Probandengruppe bei der Beantwortung dieser Fragen zuverlässiger (im Hinblick auf die tatsächliche Vorlesepraxis) ist.

Selbst wenn einschränkend behauptet werden könnte, dass sich Grundschüler nicht mehr genau an die Vorlesepraxis im Vorschulalter erinnern, so dürfte dieser Einwand für die Gegenwart nicht zutreffen. Beide Zeiträume erbringen aber faktisch ein ähnliches Ergebnis im Eltern-Schüler-Vergleich.

Wir neigen eher dazu, dem Antwortverhalten der Kinder zu folgen und die Angaben der Eltern auch unter dem Aspekt der sozialen Erwünschtheit zu betrachten. Wir folgen damit einer Interpretation von Bettina Hurrelmann im Rahmen der Kölner Studie, in der sie die Auskünfte der Eltern zum Vorlesen ähnlich deutet (vgl. Hurrelmann 1993, S. 41).

Kinder, die angeben, dass ihnen ‚heute' zu Hause ‚oft' vorgelesen wird, haben statistisch signifikant eine höhere Lesemotivation (Bücher und Geschichten) als Kinder, die angeben, dass ihnen zu Hause ‚nie' vorgelesen wird. Im Gegensatz dazu zeigen sich zwischen den Angaben der Eltern zur Vorlesehäufigkeit und der Lesemotivation ihrer Kinder nur ganz schwache Zusammenhänge.

Die Ergebnisse lassen die begründete Vermutung zu, dass das Vorlesen in der Familie einen hohen Einfluss auf die Entwicklung der Lesemotivation der Kinder hat. Allerdings scheint dieser Einfluss nur über die Wahrnehmung der Kinder selbst zu ermitteln zu sein. Das könnte bedeuten, dass nicht die Angaben der Eltern zur Häufigkeit des Vorlesens in der Familie ausschlaggebend sind, sondern die Empfindung und Wahrnehmung der Kinder. Damit fände auch ein Befund aus der Kölner Untersuchung eine Erklärung. Bettina Hurrelmann hebt hervor, dass die berichteten Förderbemühungen der Eltern (Vorlesen) nur in einem schwachen Zusammenhang zum Leseverhalten der Kinder stehen. In dieser Untersuchung war die Vorlesepraxis nur aus der Sicht der Eltern erfasst worden. Das könnte bedeuten, dass erst die von den Kindern erlebte und wahrgenommene Vorlesepraxis in der Familie von tatsächlicher Bedeutung für die kindliche Lesesozialisation und insbesondere für die Entwicklung einer Lesemotivation ist.

2.8.2 Vorlesepraxis in der Familie und soziale Schicht

Der erwartete Zusammenhang zwischen sozialem Status der Eltern und der Vorlesehäufigkeit lässt sich statistisch belegen. Sowohl die Korrelation zwischen Elternangaben (Vorlesen heute) und Buchbesitz als auch die Korrelation zwischen Schüleraussagen (Vorlesen heute) und Buchbesitz zeigen einen signifikanten Zusammenhang, der sich wie folgt darstellt: Je höher der Buchbestand in der Familie, umso häufiger wird (nach den Angaben von Eltern und Schülern) vorgelesen und umgekehrt: In Familien mit einem geringen Buchbestand wird auch weniger vorgelesen. Dass dieser Zusammenhang bei den Elternangaben deutlicher ausfällt als bei den Schülerangaben, ist vermutlich darauf zurückzuführen, dass bei den Angaben der Eltern zum tatsächlichen Vorleseverhalten noch deren Einstellung zum Vorlesen hinzukommt. Aber auch die Angaben der Schüler zum Vorlesen in der Familie korrelieren deutlich mit dem Buchbesitz.

Bezogen auf die hauptsächlich vorlesende Person kann festgestellt werden: In der Gruppe der Familien, die angeben, dass sie 0-10 Bücher besitzen, wird insgesamt nur äußerst selten vorgelesen und wenn, dann hauptsächlich von den Müttern (69%). Bereits in der ‚Gruppe 11-40 Bücher' erhöht sich der Anteil der vorlesenden Mütter auf 90% und bleibt bis zur letzten Kategorie (mehr als 500 Bücher) gleich hoch. Bezogen auf die Geschwister und die Großeltern als vorlesende Personen zeigt sich ein ähnliches Ergebnis. Das heißt, die Tatsache, wer in der Familie vorliest, steht zunächst nicht im Zusammenhang mit dem sozialen Status.

Es gibt allerdings eine auffällige Ausnahme: das sind die Väter. Hier ist der Zusammenhang statistisch gesehen hoch signifikant: Der Anteil der vorlesenden Väter steigt kontinuierlich von 23,6% (bei einem Buchbesitz von 0-10) auf 62,1% (bei einem Buchbesitz von mehr als 500) an.

Insgesamt betrachtet lassen unsere Befunde erkennen, dass in allen sozialen Schichten die Mütter diejenigen sind, die vorlesen. Je niedriger die soziale Schicht ist, desto weniger lesen die Väter vor.

Hier liegt – wie auch Arbeiten von Christine Garbe nahe legen (vgl. Garbe 2003) – ein möglicher Grund für die Problemgruppe Jungen, deren Defizite im Bereich der Lesekompetenz auch in den internationalen Vergleichsuntersuchungen ermittelt wurden (vgl. Baumert u.a. 2002, S. 241, 250). Der Zusammenhang ‚niedrige soziale Schicht' – ‚männliches Geschlecht' – ‚mangelnde Lesekompetenz' ist ebenso unverkennbar wie die Orientierung der Jungen am Vorbild des Vaters. Die Persönlichkeitsentwicklung der Jungen mit einer Orientierung am väterlichen Vorbild scheint in sozial niedrigen Schichten zwangsläufig zu einer Entfernung von der Lese- und Buchkultur zu führen.

2.8.3 Die Wünsche von Kindern nach einer Intensivierung des Vorlesens

Im Schülerfragebogen wurde als drittes Element zum Vorlesen danach gefragt, ob sich Kinder eine Intensivierung des Vorlesens wünschen:

Die kindlichen Antworten ergeben folgendes Bild:

Ges.	Mädchen	Jungen	Klasse 2	Klasse 3	Klasse 4
37,9	43,1	32,7	51,8	37,8	25,8

Abb. 25: Würdest du dir wünschen, dass deine Eltern dir öfter etwas vorlesen?

Interessant ist das Ergebnis, dass sich immerhin weit mehr als ein Viertel der Kinder häufigeres Vorlesen wünschen (37,9 %). Es verwundert nicht, dass dieser Wunsch von Mädchen signifikant häufiger geäußert wird und dass sich der Wunsch mit der Zunahme eigener Lesekompetenz verringert.

Äußerst interessante Ergebnisse erbringt eine Korrelation zwischen den Angaben der Kinder zu ‚Vorlesen heute' und dem ‚Vorlese-Wunsch': 72,1% aller Schüler, die angeben, dass ihnen ‚oft' vorgelesen wird, äußern den Wunsch nach einer Intensivierung des Vorlesens. Nur 27,3% der Schüler, die meinen, dass ihnen ‚gar nicht' vorgelesen wird, äußern dagegen den Wunsch nach häufigerem Vorlesen. Der Zusammenhang sagt noch nichts über die Ursache-Wirkungs-Beziehung aus. Dennoch kann unseres Erachtens davon ausgegangen werden, dass der Wunsch nach Vorlesen auf einer Erfahrung mit dem Vorlesen basiert. Das heißt zugleich, Kinder, die den Reiz des Vorlesens im familialen Rahmen nicht erfahren haben, kennen dieses Erlebnis nicht und bilden deshalb auch nicht entsprechende grundlegende Bedürfnisse aus. Diese Erkenntnis bedeutet, dass Kinder, die diese wichtige Erfahrung in der Familie nicht erleben können, entsprechender Leseimpulse in der Schule und im öffentlichen Raum bedürfen. Die PISA-Studie hat besonders kritisch darauf aufmerksam gemacht, dass die deutsche Schule sich nicht in der Lage zeigt, die soziale Benachteiligung von Kindern aus bildungsfernen Familien und Familien mit Migrationshintergrund auszugleichen. Im Unterschied zu anderen Ländern sind in Deutschland die Bildungschancen eng an die soziale Herkunft gebunden – das trifft auf das Verhältnis zu Lesen und Literatur in besonderer Weise zu. Vor diesem Hintergrund stellt sich die Frage, inwieweit defizitäre Situationen in der Familie durch andere Institutionen ausgeglichen werden können. Bezogen auf das Vorlesen als nicht zu überschätzende Anregung zum Lesen bedeutet das, dass diesem Element in der Schule und in der Öffentlichkeit eine große Bedeutung zukommt. Die Ergebnisse der IGLU-Studie verweisen diesbezüglich auf ein nicht zufrieden stellendes Bild. „Deutschen

*Schülerinnen und Schülern wird im internationalen Vergleich deutlich sel-
tener von ihren Lehrkräften vorgelesen als Kindern anderer Staaten: In keinem Land sind es mehr als 20% der Kinder, denen täglich vorgelesen wird,
.... Die untersuchten Länder der Bundesrepublik unterscheiden sich hier
kaum"* (Bos et al 2004, S.36). Unsere Ergebnisse zur schulischen Vorlesepraxis sagen aus, dass Vorlesen zu besonderen Anlässen und sporadisch
(54,4%) gegenüber dem ‚häufigen' Vorlesen (45,6%) (wobei ‚häufig' noch
nicht ‚täglich' heißen muss) leicht dominiert.

Das Item im Schülerfragebogen *„Unser(e) Lehrer(in) hat uns Geschichten
vorgelesen"* wird immerhin von 86,9% der kindlichen Probanden bejaht
und 65,6% geben an, dass ihnen das Vorlesen gefallen hat. Bezogen auf die
Bewertung verschiedener, im Fragebogen vorgegebener Unterrichtsmetho-
den und -verfahren erhält das Vorlesen im Unterricht die höchste Zustimmung von den Schülern.

Betrachtet man die Größe der Stichprobe von 1188 Schülern, dann ist allerdings mit 13,1% der Anteil der Kinder, die angeben, das Vorlesen im Unterricht nicht erlebt zu haben, beträchtlich hoch.

Auch unsere empirischen Erfahrungen in Verbindung mit Unterrichtsbeob-
achtungen offenbaren eine eher begrenzte Ansicht der Lehrerinnen zur
Funktion des Vorlesens im Unterricht. Die Ausführungen im Teil I konnten
zeigen, dass selbst die Lehrpläne und Rahmenrichtlinien in dieser Frage den
Lehrern keine grundlegenden Anregungen geben, die deutlich machen, wie
wesentlich es ist, das Vorlesen als lesemotivierenden Impuls zu begreifen.

2.8.4 Vorlesen in öffentlichen Räumen – Funktion und Möglichkeiten

Einzelne Institutionen und Medien haben allerdings diese wesentliche
Funktion des Vorlesens erkannt und deutschlandweite wie regionale Initiativen zum Vorlesen ins Leben gerufen. Die von der Körber-Stiftung getra-
gene Initiative „Deutschland liest vor" fördert das Vorlesen im öffentlichen
Raum, um Kinder zu erreichen, die eher in literaturfernen familialen Situationen aufwachsen. Die Aktion „Wir lesen vor – überall & jederzeit" wird
getragen von der „ZEIT" und der Stiftung Lesen und fördert in ähnlicher
Weise Vorleseaktivitäten, die Kinder erreichen sollen, die in ihrem engeren
sozialen Raum derartige Erlebnisse kaum wahrnehmen. Die Ergebnisse unserer Untersuchungen deuten darauf hin, dass Initiativen dieser Art für Kinder aus lesefernen Elternhäusern unerlässlich sind, wenn sie Wege zum Lesen finden sollen. In Verbindung mit den beiden deutschlandweiten Initiativen wird den Jungen und den Kindern aus lesefernen Umgebungen eine besondere Aufmerksamkeit geschenkt. Dabei spielen männliche Vorleser
(Sport-Idole, Politiker, bekannte Männer aus der Medienbranche) eine besondere Rolle, um gegen den Trend der Bindung von Lesen und frühkindli-

cher Bildung an das weibliche Geschlecht zu wirken. Wie notwendig auf diesem breiten Feld der Bildung in Vorschule und Grundschule grundlegende Veränderungen gerade unter geschlechtsspezifischen Aspekten sind, darauf verweisen auch die Arbeiten der englischen Literacy-Forscherin Marian Whitehead (vgl. Whitehead 2004).

Insofern können derartige Initiativen, die sich als Reaktion auf die PISA-Ergebnisse verstehen, Impulse für Veränderungen vermitteln, allerdings geben gerade die Befunde unserer Studie zu erkennen, dass die Einstellung von Eltern und Lehrern zur Bedeutsamkeit des Lesens allein keine Wirkung auf die Lesemotivation von Kindern hat, sondern dass ausschließlich die erlebte (tägliche) Praxis im Umgang mit dem Buch das entscheidende Kriterium für die Entwicklung kindlicher Leser darstellt.

Nicht zuletzt aus diesem Grunde werden in den Unterrichtsmodellen im Teil III der vorliegenden Publikation Vorlese-Momente besonders akzentuiert und in ihren unterschiedlichen Funktionen beschrieben.

2.9 Resümee

Mit dem Einsatz der Methode der schriftlichen Befragung, die eine große Stichprobe ermöglicht, wurden Daten zum Leseverhalten, zu Leseinteressen, zu Lesemotiven und Hemmschwellen für das Lesen aus der Sicht von Grundschülern, deren Eltern und Deutschlehrern erfasst, die uns Auskunft über Einflussfaktoren auf die Lesemotivation der Kinder geben. Dass mit dieser Methode bereits Meinungen und Ansichten zum Lesen bei Schülern zweiter und dritter Klassen erhoben wurden, stellt ein Novum innerhalb der empirischen Leseforschung dar. Erkenntnisse zur Lesemotivation von Kindern dieser Altersstufe wurden bislang fast ausschließlich über die Aussagen von erwachsenen ‚Experten' (Eltern und Lehrer) gewonnen (vgl. dazu Kap. 2.1/2.8). Die Befunde unserer Erhebung – insbesondere die der Schülerbefragung – offenbaren jedoch die Notwendigkeit und vor allem die Möglichkeit eines solchen Vorgehens. Sie verweisen auf unser geringes Wissen über kindliche Wahrnehmungen von Literatur. Die These, dass Kinder erst das Lesen erlernen müssen, bevor ein anspruchsvoller Literaturunterricht durchgeführt werden kann, verstellt – auch das ist ein zentrales Ergebnis der Studie – zumeist den Blick auf ihre bereits vorhandenen literarischen Kompetenzen und Potentiale (vgl. dazu auch Kap. 2.4). Die Folge daraus ist nicht selten Unterforderung oder purer Aktionismus. Der Tatbestand, dass Schule im Gesamtspektrum der Einflüsse auf die Motivation der Kinder zum Lesen einen wichtigen Platz einnimmt (vgl. Kap. 2.3), verweist auf die große Bedeutung der Literaturdidaktik und -methodik. Die Erkenntnisse zur Auswahl der Literatur für den Unterricht durch die Lehrkräfte verweisen auf *einen* Problembereich des Literaturunterrichts in der Grundschule. Umfassende Aussagen zur didaktisch-methodischen Praxis im gegenwärtigen Literaturunterricht der Grundschule können wir auf der Grundlage unserer Daten nicht treffen. Hier zeigen sich deutlich die *Grenzen der Methode der schriftlichen Befragung.* Nachfolgende wissenschaftliche Untersuchungen sollten deshalb in einer Kombination von quantitativen und qualitativen Forschungsmethoden diese Erkenntnislücken schließen. Bei der Interpretation der Befunde wurden deshalb auch die Fragen gekennzeichnet, die einer differenzierteren Untersuchung mit qualitativen Instrumentarien bedürfen.

Teil III
Konsequenzen für den Lese- und Literaturunterricht in der Grundschule an praktischen Beispielen

Ein wesentlicher Impuls für die Entscheidung, der Publikation einen dritten Teil mit konkreten Anregungen für den Literaturunterricht in der Grundschule und mit konkreten Unterrichtsmodellen anzufügen, erwuchs aus Reaktionen auf unsere Studie zur Lesemotivation. Die Fragen danach, warum das Interesse an literarischen Geschichten immer geringer werde, warum vor allem Jungen sich von der Buchkultur abwenden und welche Antwort unsere Studie darauf gebe, führte bei uns zunächst zu einer Irritation. In unseren eigenen und den von uns angeleiteten Unterrichtsprojekten konnten wir weder das nachlassende Interesse an poetischen Geschichten noch eine auffällige Distanz von Jungen gegenüber den literarischen Unterrichtsstoffen erkennen. Allerdings spielten bei der Auswahl der Stoffe und der Anlage des Unterrichts gerade diese Aspekte – zuweilen uns gar nicht direkt bewusst – eine herausragende Rolle.

In den folgenden Unterrichtsanregungen versuchen wir diese Elemente besonders zu akzentuieren.

Die Verbindung – *Entwurf eines Unterrichtsmodells – Bericht über Erfahrungen in dessen Umsetzung – Anregungen zu weiteren Varianten/Schritten* wurde gewählt, um unterschiedlichen Interessen von Praktikern und Theoretikern zu entsprechen, wie es bei diesem spezifischen Gegenstand sinnvoll erscheint.

1. Die Bilderbuchgeschichte im Literaturunterricht der Grundschule: Wolf Erlbruch „Die fürchterlichen Fünf"

1.1 Voraussetzungen/Intentionen

Das Genre „Bilderbuchgeschichte" hat in den letzten Jahren sowohl in Deutschland als auch in Europa insgesamt gravierende Veränderungen erfahren. Während das traditionelle Bilderbuch mit Massenauflagen eine platte bunte Bilderwelt mit trivialen Textmustern bietet, finden in modernen Text-Bild-Geschichten eine Fülle von Themen durch anspruchsvolle Künstler ihre Gestaltung, die zugleich auf einen breiten Adressatenkreis unterschiedlichen Alters zielen. Auffällig ist an den Neuerscheinungen dieser Art nicht nur die Vielfalt der künstlerischen Handschriften, sondern auch eine Verschiebung im ‚Lese'-Alter. Die ‚Erzähler' von Bild und Text haben immer deutlicher Erwachsene, Jugendliche und ältere Kinder im Blick; jüngere Kinder im Vorschulalter sind kaum noch die eingeschriebenen Adressaten. Diese Entwicklung hat durchaus auch problematische Seiten (vgl. Thiele 2004), aber für einen anspruchsvollen, lesemotivierenden Unterricht in der Grundschule stellen viele Erscheinungen dieser Art eine geradezu ideale ‚Lektüre' dar: der Textanteil ist geringer als in Erzählungen für das Erstlesealter; die Verflechtung von Text und Bild bietet aber einen hohen geistigen Anspruch. Das bedeutet, mit der Wahl von Bilderbuchgeschichten als Unterrichtsgegenstand wird gleichsam auf das zentrale Problem des Lese- und Literaturunterrichts in der Grundschule reagiert, den Erwerb von Lesefähigkeiten und -fertigkeiten und die Entwicklung von Lesemotivation in einer Weise zu verbinden, dass das Interesse am Umgang mit dem Buch entwickelt und wachgehalten wird und die verschiedenen Elemente des ‚Textverstehens' gefördert werden.

In diesem Zusammenhang kommt anspruchsvollen Bilderbuchgeschichten eine besondere Stellung im Anfangsunterricht zu, weil der Zugang zur Geschichte über die Illustration erfolgen kann. Kinder sind auf diese Weise in der Lage, ihre ganz individuellen Wege zur Geschichte zu finden, Gespräche zwischen Kindern und Lehrern vermögen die Neugier auf die Bild-Erzählung zu wecken, die schließlich auch den Wunsch zum eigenen Erlesen befördern dürfte. Das bedeutet zugleich, die Lesemotivation wird aufgebaut, die Geschichte kann sich als komplexes Gebilde in ihrer Vielschichtigkeit entfalten, ehe Barrieren im Textverständnis spürbar werden, weil die Lesefähigkeiten und -fertigkeiten nicht genügend ausgebildet sind. Die Kinder können ihre Fähigkeiten in der Decodierung der Bildsprache (‚television literacy') entfalten und über diesen (Um-)Weg die Text-Bild-Geschichte insgesamt erschließen (vgl. Greenfield 1987, S. 154).

1.2 Didaktische Überlegungen

Wolf Erlbruch, der 2003 für sein Gesamtwerk mit dem Deutschen Jugendliteraturpreis als Illustrator ausgezeichnet wurde, hat in den vergangenen 15 Jahren mit seiner innovativen Bildsprache den modernen Bilderbuchmarkt wesentlich geprägt. Seine Bild-Text-Geschichten provozieren und führten zu äußerst gegensätzlichen Reaktionen der offiziellen Kritik. Während sein „Maulwurf" bei vielen Erwachsenen einen Kultstatus erreichte und „Frau Meyer, die Amsel" mit Vergnügen aufgenommen wurde, hat die Veröffentlichung von Valerie Dayres „Menschenfresserin" mit Wolf Erlbruchs Illustrationen eher eine heftige Ablehnung hervorgerufen, die sich mit pädagogischen Bedenken verband.

In seinem Bilderbuch „Die fürchterlichen Fünf" bietet Erlbruch keine niedliche Tierwelt, wie sie im Bilderbuch für die Kleinen immer noch zu Hause ist; seine Figuren befremden zunächst und Erwachsene vermissen einen kindgerechten Zuschnitt. Aber gerade dadurch, dass Erlbruch diesen Zuschnitt meidet, weckt er – nach unseren Erfahrungen und Beobachtungen – kindliche Neugier und Entdeckerlust.

Erlbruchs Bilder verführen geradezu zum genauen Hinsehen, zum Nachsinnen über die Bildszenerie in ihren ständigen Wandlungen. Damit eröffnet die Kunstwelt vielfältige Möglichkeiten der Entdeckung in einem anspruchsvollen Unterricht, der für Lehrer und Kinder eine Herausforderung sein kann: Kinder entschlüsseln die Bilder, erzählen ihre Geschichten, und Erwachsene erhalten dabei Einblicke in kindliche Wahrnehmungsfähigkeit, in kindliches Denken und Empfinden.

Wir konnten bei unseren studentischen Unterrichtsversuchen nicht selten eine große Skepsis der Lehrer gegenüber dieser modernen Bilderwelt beobachten, die auch mit der Annahme verbunden war, Kinder dieser Altersstufe wüssten mit diesen Geschichten nichts anzufangen. Insofern waren zumeist die Reaktionen der Kinder gegenüber dem Erzählen von Erlbruch in Bild und Text auch eine Fundgrube für Lehrer, die ihnen Einblicke in bisher nicht vermutete Gedanken und Fähigkeiten ihrer Schüler bot.

1.3 Anmerkungen zu Inhalt und Sinnpotential

„Die fürchterlichen Fünf" – das sind eine Kröte, eine Ratte, eine Fledermaus, eine Spinne und eine Hyäne. Alle haben das gleiche Problem: Sie fühlen sich fürchterlich, weil sie von der Umwelt als eklig, hässlich und schmutzig wahrgenommen werden. Jeder Einzelne verarbeitet das Problem auf unterschiedliche Weise: Die Kröte jammert und ertrinkt im Selbstmitleid, die Ratte tut so, als sei ihr die Reaktion der anderen nicht wichtig, die Spinne ist beleidigt, die Fledermaus ‚zickig'. Gegenseitige Toleranz oder gar Akzeptanz scheint nicht möglich zu sein, bis die Hyäne auf der Bildfläche erscheint. Mit den Worten: „Ob andere meinen, man sei hässlich oder schön, ist vollkommen unwichtig. ..." und dem Spielen auf einem Saxophon leitet sie einen Stimmungswechsel ein, der nicht nur im Text, sondern auch im Bild deutlich wird: Die vier Anderen sitzen beisammen und lauschen andächtig der Musik. Nun wird die Ratte aktiv, holt eine kleine Ukulele hervor und beginnt, ein Liedchen zu zupfen. Die Spinne singt und die Fledermaus pfeift zur Begleitung. Endlich meldet sich auch die Kröte zu Wort: „Und ich, ich kann Pfannkuchen backen!" Die Hyäne hat eine Idee: „Daraus lässt sich etwas machen", sagt sie „ ... so eine Art Pfannkuchenbude mit Musik." Aufgeregt, erwartungsfroh und mit großem Eifer gehen alle an die Umsetzung ihres Planes. Am Ende findet ein tolles Fest mit vielen Gästen statt. Bis dahin haben die fürchterlichen Fünf jedoch noch einige Barrieren zu überwinden.

Erlbruch führt jede seiner Figuren mit großflächigen Illustrationen in die Geschichte ein. Der Vorgang erweckt zunächst den Eindruck einer Vorstellungsrunde. Nach der Kröte, der Ratte, der Spinne und der Fledermaus tritt zuletzt die Hyäne ins Bild. Während die ersten vier Figuren auf einer Seite platziert sind, erhält die Hyäne bei ihrem ‚Auftritt' eine ganze Seite – und mit ihr wird auch der Umschlagpunkt in der Geschichte gesetzt. Die Hyäne verändert die Situation: Sie verweist auf die Notwendigkeit von Taten, die es letztlich unwichtig erscheinen lassen, ob andere meinen, man sei schön oder hässlich. Das Saxophon-Spiel der Hyäne, dem – wie im Bild deutlich dargestellt – die anderen Vier lauschen, führt zu einer anderen Haltung aller Figuren. Es ist wie eine Erlösung, die viele Impulse auslöst: Alle entwickeln jetzt eine Idee zur Änderung ihrer Lage. Aufbruch und optimistische Grundstimmung dokumentieren diesen Sinneswandel. Im Bild wird wiederum die besondere Stellung der Hyäne akzentuiert: Sie blickt zu den anderen, als verfolge sie erstaunt die Veränderung, die sich mit ihnen vollzieht.

Nach dem Aufbruch erfolgt die Enttäuschung, weil ihre Idee nicht dazu führte, andere als Gäste begrüßen zu können. Auch in dieser Situation geht der entscheidende Impuls wieder von der Hyäne aus. Aus der Vorbereitung eines Festes für andere wird ein Fest für die ‚fürchterlichen Fünf'. Und erst dieses Fest lockt die anderen an, die nun in Scharen zu den ‚fürchterlichen Fünf' stoßen.

Die Begeisterung der anderen über das Fest erweckt den Wunsch nach Wiederholung und führt zu dem Versprechen, fortan jeden Abend zur Begegnung mit den gewonnenen Freunden einzuladen.

In der Text-Bild-Geschichte werden ganz verschiedene grundlegende Themen berührt, die auf unterschiedliche Weise im Grundschulunterricht verschiedener Klassen in verschiedenen Fächern oder in einem Fächer verbindenden Unterricht aufgeschlossen werden können:

- Das Problem des Schönen und Hässlichen
- Die Empfindung eigener Schwächen und mangelnden Selbstwertgefühls als Barriere in Beziehungen zu anderen
- Die selbst gewählten tauglichen und untauglichen Wege, mit eigenen Schwächen und Problemen zurechtzukommen
- Die Wege, um Freunde, Akzeptanz und Anerkennung zu gewinnen.

1.4 Didaktisch-methodische Wege

Die Vielschichtigkeit der Text-Bild-Geschichte ermöglicht eine Fülle von Zugängen und methodischen Varianten in der Umsetzung für den Unterricht.

Wir stellen eingangs ein von uns mehrfach erprobtes Modell ausführlich vor, das inzwischen in einem Medien-Paket (Bilderbuch, Dia-Reihe, Hörspiel, Noten für das auf der Hörkassette enthaltene Lied, Arbeitsblätter, Schablonen für Spielfiguren) erschienen ist (Hierl 2004). Im zweiten Teil werden verschiedene Unterrichtssequenzen beschrieben, die sich als eigene kleinere Unterrichtseinheiten eignen oder sich zu größeren Unterrichtsmodellen bis hin zum Projekt ausbauen lassen.

Entscheidende Gesichtspunkte für die didaktisch-methodischen Wege sind

- Entwicklung vielfältiger Verfahren zur Texterschließung
- Einsatz und Kombination verschiedener Medien
- Handlungs- und produktionsorientierte Zugänge.

1.4.1 Der Weg vom Bild zum Text – ein Vorschlag für Klasse 1 und 2

Einstimmung
Die Nennung des Buchtitels (als große Applikation an der Tafel) dient dazu, eine Einstimmung auf die Geschichte zu erreichen und Neugier sowie Spannung zu wecken. Die Kinder können zunächst frei über den vermeintlichen Inhalt des Buches assoziieren und Gedanken über die Hauptfiguren äußern.

Mögliche Fragen und Impulse:

- Worum könnte es in diesem Buch gehen?
- Wen oder was würdet ihr als ‚fürchterlich' bezeichnen?

- Kann man auch etwas ‚Fürchterliches' tun?
- Kann man sich auch ‚fürchterlich' fühlen?

Abb. 1: Titelbild

Das Gespräch leitet zur Vorstellung der Hauptfiguren über.

Erfahrungen aus Unterrichtsversuchen zeigen, dass die Figuren nicht als fürchterlich empfunden werden. Diese Diskrepanz zwischen Titel und Bild kann als Anlass zum weiteren Unterrichtsgespräch dienen, das Spannung und Erwartung vertieft.

Mögliche Fragen und Impulse:

- Wenn ihr der Meinung seid, dass diese Tiere nicht fürchterlich sind, warum wurde dann dem Buch dieser Titel gegeben?
- Könnten diese Tiere vielleicht etwas Fürchterliches tun?
- Fühlen sie sich (vielleicht) fürchterlich?

Inhaltserschließung mit besonderer Akzentuierung der Bildebene
Mögliche Fragen und Impulse:

- Schaut euch mal die Kröte etwas genauer an. Was fällt euch auf? Was tut sie?
- Glaubt ihr, dass es ihr gefällt, was sie im Spiegel sieht?
- Was meint ihr, wie fühlt sie sich?

(Vor)lesen des dazugehörigen Textes „Die Kröte glotzte … einfach fürchterlich."

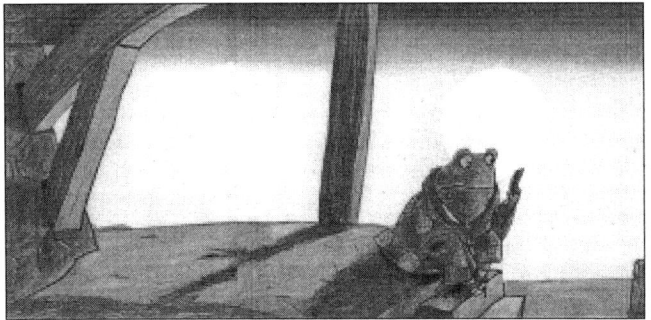

Abb. 2[1]

Mögliche Fragen und Impulse:

- Wie wird das Aussehen und das Empfinden der Kröte beschrieben?
- Woran erkennt man diese Empfindungen im Bild?

Abb. 3

Mögliche Fragen und Impulse:

- Jetzt kommen Ratte und Fledermaus hinzu. Betrachtet das Bild genau. Was fällt euch auf? (alter abgewetzter Mantel, Sonnenbrille, kaputte Büchse als Hut, schleichender Gang, ...)
- Was meint ihr, welche Beziehungen die drei zueinander haben?

(Vor)lesen des Textes „ Tja, wir werden ... gehörig zum Wackeln." Gleichzeitiges Vorführen von Abbildung 4.

---

1 Wir verwendeten für die folgenden Unterrichtsschritte entweder großflächige Farbkopien oder selbstgefertigte Dias. Inzwischen liegt eine Dia-Reihe im Media Nova Verlag vor.

Abb. 4

Mögliche Fragen und Impulse:

- Woran kann man im Text erkennen, dass die Vier sich gar nicht mögen? (Schimpfwörter)
- Wie bezeichnet die Fledermaus die Ratte? (Müllfresser), wie die Ratte die Fledermaus? (alter Regenschirm). Wie wird die Spinne von der Fledermaus angesprochen? (achtbeinige Jungfrau).

Abb. 5

Bild zeigen und Text dazu (vor)lesen „Seid mal still … und da hatte sie recht."

Abb. 6

Betrachten der Szenerie, als die Hyäne ins Bild tritt.

Mögliche Fragen und Impulse:

• Wenn ihr euch die Hyäne näher betrachtet, passt sie eigentlich zu den Anderen?

• Was ist allen gemeinsam? Was unterscheidet sie voneinander?

(Vor)lesen des Textes „Was seid ihr … hässlich und eklig finden."

Abb. 7

Dieses Bild beschreibt sehr deutlich einen Wandel, deshalb ist es wichtig, spontane Äußerungen und Meinungen der Kinder abzuwarten. Die Erfahrungen zeigen, dass Kinder bei diesem Bild sofort reagieren wie: „Jetzt haben sie sich wieder lieb." Oder „Was ist denn jetzt los?"

Mögliche Fragen und Impulse:

• Beschreibe, was du auf dem Bild siehst.

• Was machen die einzelnen Figuren?

• Wie ist die Stimmung? (eventuell Vergleich mit Bild 5)

• Was hat sich verändert?

• Warum glaubt ihr, dass es ihnen gut geht?

(Vor)lesen des Textes „Die Hyäne stutzte … gefühlvolle Begleitung."

Beim Übergang zu Bild 8 (Abb.) wird der dazu gehörige Text ab „Die Ratte hatte verstanden …" vorgelesen.

Abb. 8

Mögliche Fragen und Impulse:

• Die Hyäne spielt Saxophon, die Ratte Ukulele, die Spinne singt und die Fledermaus pfeift. Was glaubt ihr, kann die Kröte tun? (Kinder äußern ihre Vermutungen).

In Verbindung mit den Bildern 9, 10 und 11 erzählt der Lehrer – dem Text folgend – die dazugehörige Geschichte.

Abb. 9

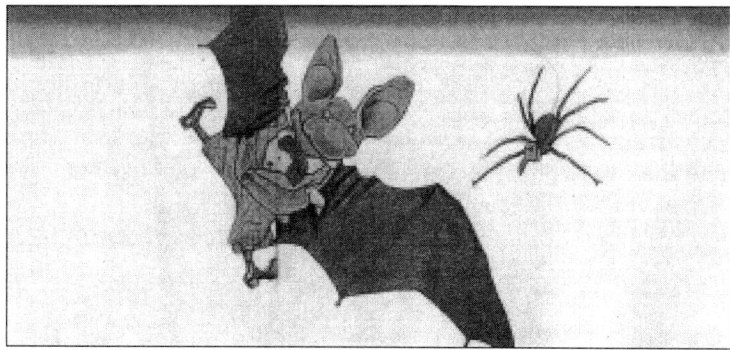

Abb. 10

Abb. 11

Mit dem Zeigen des Bildes 11 können sich folgende Fragen verbinden:

• Was sieht man auf dem Bild?
• Was meint ihr, wohin die Fünf schauen? Warum?
• Was tun sie offensichtlich?

Abb. 12

Mögliche Fragen und Impulse:

• Die Vorbereitungen für das Fest sind in vollem Gange. Woran kann man erkennen, dass sich die Fünf auf viele Gäste freuen? (Blumen auf dem Tisch, viele Teller, ein Stapel von Pfannkuchen, fröhliche, lachende Gesichter, ...).
• Jetzt können die Gäste kommen ... !? Was meint ihr, was jetzt geschieht?

Bei der Bildbetrachtung sollten spontane Äußerungen und Meinungen der Kinder abgewartet werden. Erfahrungen zeigen, dass der Stimmungswechsel sofort deutlich wird. Die Kinder äußern ihre Enttäuschung und sind mit den Protagonisten traurig über die offensichtlich ausbleibenden Gäste.

Abb. 13

Mögliche Fragen und Impulse:

- Warum sind sie jetzt wieder traurig?
- Die Kröte schaut auf die Uhr. Was könnte das bedeuten?
- Warum könnten die Gäste ausbleiben?

Lesen des Textes „Jetzt wird's wohl ... Zug um den Mund" durch die Schüler.

Mögliche Fragen und Impulse:

- Was würdet ihr denn jetzt tun?
- Sammelt Ideen und gebt Kröte, Ratte, Spinne, Fledermaus und Hyäne einen Rat.

Die Kinder können nun in Gruppen- oder Partnerarbeit ihre Ideen und Vorschläge besprechen und auf einem Arbeitsblatt notieren. Die Texte werden im Anschluss der Klasse vorgelesen.

Nach dem Gespräch über die Vorschläge der Kinder wird mit dem Impuls – ‚Wir wollen nun sehen, ob auch Wolf Erlbruch ähnliche Ideen wie ihr hattet' – zur Betrachtung der drei Bilder übergeleitet. Erst nach deren intensiver Betrachtung – verbunden mit Äußerungen der Kinder zum Bildinhalt – wird der Text vorgelesen.

Abb. 14

Abb. 15

Abb. 16

Ausklang

Den Abschluss der Unterrichtseinheit kann das Herstellen eines kleinen Buches mit vorbereiteten Textkopien bilden. Auf dem Deckblatt erscheinen Titel und Autor der Geschichte, die Lieblingsfigur kann gemalt oder mit Hilfe von vorbereiteten Schablonen abgemalt werden.

Im Sinne eines differenzierenden Unterrichts wird Kindern der Impuls gegeben, die Geschichte weiter zu denken, indem sie eine Fortsetzung zu dem Thema „Wie die Geschichte weitergeht" schreiben oder malen. Entsprechende Titel oder Geschichtenanfänge sollten eventuell als Hilfe geboten werden: Am nächsten Tag/Ein Jahr später/Das Osterfest/Weihnachtsfest der Tiere.

1.4.2 Weitere Möglichkeiten der didaktischen Umsetzung

Als weitere Varianten der Behandlung der Text-Bild-Geschichte, die in einzelnen Unterrichtssequenzen umgesetzt werden können oder sich zu Modellen erweitern lassen, sind folgende Wege empfehlenswert.

Das Bilderbuchkino

Ohne Vorinformationen zur Geschichte oder zum Künstler erfolgt die Einstimmung auf die Situation des Bilderbuchkinos: Die Kinder sehen in einem abgedunkelten Raum eine Dia-Folge (s. Material), die ihnen – wie in der Stummfilmzeit (eventuell vermittelt der Lehrer Fakten dazu) – eine Geschichte in Bildern erzählt. Die Kinder erhalten die Anregung, sich völlig auf die Bilderwelt zu konzentrieren, um nach dem Ansehen aller Dias ‚ihre' Geschichte zu erzählen.

Danach bieten sich verschiedene Möglichkeiten der Behandlung an:

• Jedes Kind schreibt – ohne vorherigen Austausch mit anderen – ‚seine' Geschichte auf.

• Die Kinder erzählen sich gegenseitig ‚ihre' Geschichte und verständigen sich im Unterrichtsgespräch darüber.

• Die Geschichte wird gemeinsam mündlich erarbeitet, dabei werden erneut einzelne Dias ‚eingeblendet' und mit einer Bildinterpretation verbunden.

• Nach dem Anschauen der Dias schreiben die Kinder in Gruppen ‚ihre' Geschichte. Die verschiedenen Interpretationen der Kinder werden im Klassenverband diskutiert und erörtert. (Dies gilt auch für die anderen Varianten.)

Erst danach liest der Lehrer den Text vor. Daran schließt sich ein intensives Unterrichtsgespräch an, in dem der Bezug zwischen den Fabulaten der Kinder und dem literarischen Original besonders akzentuiert wird.

Erzählen zu Bildern

• Der Lehrer teilt der Klasse mit, dass jedes Kind ein Bild aus einem 15-seitigen Bilderbuch erhält, zu dem es eine Geschichte erfinden soll.

• Die Kinder erfahren zudem, dass sie danach die ‚richtige' Abfolge der Bilder als Applikationen an der Tafel zusammenstellen sollen.

• Nach dem Schreiben der Geschichte und dem Ordnen der Bilder lesen die Kinder im Sitzkreis vor der Tafel ihre jeweilige Textpassage zum passenden Bild vor. Dieser Unterrichtsschritt muss so erfolgen, dass viel Raum für die ‚Würdigung' der kindlichen Geschichten bleibt. Nach dem intensiven Austausch über die kindlichen Fabulate bietet der Lehrer den Originaltext.

• Der folgende Vergleich von Kindertext und Autortext steht nicht unter dem Zeichen ‚richtig' oder ‚falsch', sondern die Erkundung der Hintergründe für die kindlichen Erzählungen und die Entscheidung für die Reihenfolge der Bilder bilden das Zentrum des Unterrichtsgesprächs.

• Der Vergleich zwischen Autor- und Kindertext wird mit der Interpretation der Text-Bild-Geschichte verbunden.

Die Bilderbuchgeschichte als Hörspielfassung

„Die fürchterlichen Fünf" liegen auch als Hörspielfassung (auf CD und MC) vor, die auf Grund ihrer ästhetischen Qualität und ihrer Attraktivität für Kinder im Unterricht vielseitig eingesetzt werden kann.

Die Wahrnehmung und Analyse des Hörspiels lässt sich dabei mit Aspekten und Aufgabenstellungen unterschiedlicher Lernbereiche verbinden:

- Hören und Verstehen mündlicher Texte, Erkennen von Monolog und Dialog;
- Analyse von Figurensprache in Verbindung mit der Funktion und Wirkung spezifischer sprachlicher Mittel;
- Funktion von Geräuschen und Musik in verschiedenen dramatischen Genres;
- Vergleich der Hörspielfassung mit der Text-Bild-Geschichte unter intermedialen und medienpädagogischen Gesichtspunkten (Erkennen der Spezifik von Genres und Formaten).

Der Klassenstufe angemessen (der Einsatz des Hörspiels ist in allen Klassenstufen der Grundschule mit unterschiedlicher Schwerpunktsetzung möglich) sollte sich die Analyse des Hörspiels mit folgenden Elementen verbinden:

- Erkennen des Handlungsortes und seiner Atmosphäre;
- Erschließen des Figurenensembles und Charakterisierung der einzelnen Figuren;
- Erfassen des Handlungsverlaufs mit seinen Einschnitten und Wandlungen;
- Wahrnehmen von stimmlichen und sprachlichen Mitteln, die der Kennzeichnung von Atmosphäre, von typischen Eigenschaften und von Charakteren dienen;
- Erschließen des Zusammenhanges von Handlungselementen und des Einsatzes von Musik.

Als grundlegende Voraussetzung für den erfolgreichen Einsatz der Hörfassung gilt, dass alle analytischen Schritte den Hörgenuss und das ästhetische Erlebnis nicht beeinträchtigen dürfen.

Folgende Stundenschritte bieten sich für die Behandlung im Einzelnen an:

- An die Tafel werden die fünf Figuren geheftet (zunächst ohne Angabe des Buchtitels). Es erfolgt eine knappe Einstimmung auf das Hörerlebnis durch die Mitteilung, dass den Kindern in einem Hörspiel die Geschichte dieser fünf Tiere erzählt wird. Es empfiehlt sich in jedem Fall, das Hörspiel nicht sofort als Ganzes wahrzunehmen, sondern – dem Alter und der Konzentrationsfähigkeit der Kinder entsprechend – in Segmente zu teilen, die auch der Aufbau des Textes nahe legt. Nach unseren Erfahrungen hat es sich bewährt, vor dem ersten Anhören der Kassette auf detaillierte

Aufgabenstellungen zu verzichten und nur einen Impuls zu geben, der bei den Kindern Spannung weckt und zum intensiven Zuhören führt.

- Als erste Hörsequenz bietet es sich an, das Hörspiel bis zu der Stelle wahrzunehmen, als die Hyäne nach den Klagen aller Figuren über ihre Hässlichkeit zu Taten auffordert. Nach dem entsprechenden Lied der Hyäne („Es gibt nichts Gutes, außer man tut es …") erfolgt zunächst eine Verständigung über den ersten Teil der Geschichte und die Situation der Figuren. Dann wird – mit direktem Bezug zum Text – danach gefragt, welche Taten die Hyäne meinen könnte. Die Antwort auf die Frage „Was können die Tiere tun?" kann dabei auf unterschiedlichen Wegen erfolgen: als Gespräch im Klassenverband; als in der Gruppe erarbeitete mündliche ‚Fortsetzungsgeschichte'; als individueller schriftlicher Erzähltext oder als Text-Bild-Geschichte (eventuell in Comic-Form) jedes einzelnen Schülers.

- Nach der Auswertung dieser ‚Vorausschau' erfolgt das Anhören der nächsten Sequenz bis zu der Stelle, als nach der großen Vorbereitung des Festes die Gäste zunächst ausbleiben. (einschließlich Lied: Es ist alles meine Schuld …").

- Danach kann der Lehrer eine ‚Ideenbörse' in Gesprächsform eröffnen oder den Kindern empfehlen, einen Brief an die Tiere (oder an eines der Tiere) zu schreiben, um ihnen einen Rat zu geben.

- Nach der Auswertung der Ideen der Kinder wird die letzte Sequenz des Hörspiels wahrgenommen.

- In dem anschließenden Gespräch sollte den Kindern möglichst viel Gelegenheit gegeben werden, sich über die Fürchterlichen Fünf und deren Geschichte zu verständigen. In diesem Kontext kann den Kindern auch der Titel der Geschichte mitgeteilt werden – eventuell mit einer vorausgegangenen Suche nach einer geeigneten ‚Überschrift' für die Erzählung. Das Gespräch über den Titel und über die Situation der Tierfiguren lässt sich sehr gut im Sinne eines ‚Philosophierens mit Kindern' realisieren. Bei Unterrichtshospitationen fällt nicht selten auf, wie schwer die Suche nach geeigneten Themen für diese anspruchsvolle Form des Grundschulunterrichts ist. Schließlich gilt es, drei Aspekte miteinander zu verbinden: Verständlichkeit für das Kind, intellektueller Anspruch und fachwissenschaftliche Korrektheit. Die eingangs skizzierten Themen, die das Sinnpotential verdeutlichen, können dabei als Orientierung dienen.

Die Fragen nach dem Schönen und Hässlichen in ihrer philosophischen und kunsttheoretischen Dimension können durch die Einfachheit der Text-Bild-Geschichte einen Zugang für Kinder bieten:

- Warum empfinden wir etwas als schön oder hässlich?

- Woher kommen diese Wertungen?

- Entstehen sie in uns selbst oder resultieren sie aus einem Wertgefüge, das wir im Verlauf unserer Sozialisation erfahren?

- Verbinden sich mit ‚schön' und ‚hässlich' zeitlose oder zeitlich gebundene Wertungen?
- Haben Menschen anderer Kulturräume andere Wertesysteme?

Der Blick auf Erlbruchs Kunstwelt kann helfen, der Antwort auf diese Fragen näher zu kommen und Kinder zum Nachdenken zu ‚verführen'. Das betrifft auch weitere Fragen, die mit der Selbst- und Fremdbildproblematik im Kontext stehen und die durch diese Text-Bild-Geschichte für Kinder verständlich werden können:

- Warum fühle ich mich manchmal schwach und anderen unterlegen?
- Aus welchem Grund habe ich dann Probleme im Umgang mit anderen?
- Wie kann ich diese Schwächen überwinden?
- Wie finde ich Freunde, die mir dabei helfen?
- Auf welche Weise gelingt es eigentlich der Hyäne, die Situation zu verändern?
- Warum nimmt sie zunächst keiner der anderen als hässlich wahr?

Die letzten beiden Fragen verweisen auch darauf, dass es darauf ankommt, nahe am Text zu bleiben und nicht vorschnell die in der Kunstwelt gespiegelten Probleme auf die Welt der Kinder zu übertragen. Eine zu unvermittelte Übertragung läuft Gefahr, das Gespräch einzuschränken, weil sich Kinder einer Pädagogisierung von Gesprächen über fiktive Geschichten (zu Recht) verweigern.

Zur Realisierung dieser Form des Umgangs mit dem Hörtext empfiehlt sich auch ein nochmaliges Anhören einzelner Sequenzen des Hörspiels, das (im Unterschied zur Erstrezeption) mit konkreten Höraufgaben verbunden werden kann:

- Wodurch entsteht der Eindruck, dass der Handlungsort eine eher abstoßende Atmosphäre besitzt?
- Welche Wörter vermitteln diesen Eindruck?
- Gibt es noch andere Mittel, die diese unangenehmen Empfindungen unterstützen? (Stimme des Erzählers, Geräusche)
- Wenn du die Monologe und Dialoge der Tiere hörst, welches Tier hat für dich eine angenehme/unangenehme, eine lustige/traurige, eine zarte/kräftige Stimme? (Vergleich einer Szene zu Beginn mit einer Szene im letzten Teil des Hörspiels, um Veränderungen zu analysieren)
- Angeregt durch die Hyäne machen alle Tiere gemeinsam Musik. Welchen Eindruck vermittelt dir das Spiel des Saxophons der Hyäne, das Spiel der Ratte mit der Ukulele und der Gesang der Spinne? Welche Stimmung wird durch diese Instrumente ausgedrückt?
- Im Hörspiel wird etwas zur Herkunft dieser Instrumente gesagt. In welchen Ländern ist diese Musik ‚zu Hause'?

- Das Lied der Spinne gibt ebenfalls einen Hinweis auf eine bestimmte Region der Welt. Kannst du ermitteln, woher die Spinne kommt?

- Das Lied, das den Schlussteil des Hörspiels akzentuiert, sollte vom Lehrer als Tafeltext/Kopie vorbereitet werden, um es anschließend mit der Klasse zu singen.

- Dieser Stundenschritt kann – ebenso wie andere Unterrichtssequenzen zur Text-Bild-Geschichte Erlbruchs insgesamt – mit einem darstellenden Spiel verbunden werden.
Dazu eignet sich die Verwendung von Schablonen als Stabfiguren, die nicht nur den Reiz dieses darstellenden Spiels erhöhen können, sondern die dazu beitragen, dass sich mit dem Spiel ‚über die Figur' der kindliche Sprachgestus verändert und eine neue Intensität in der Annahme der Rolle und in der Gestaltungsfähigkeit erzielt wird.

- Das darstellende Spiel kann bis zu einer Theateraufführung in der Klasse oder in der Schule geführt werden. Für diese Erweiterung vermittelt das Hörspiel vielfältige Anregungen: der Einsatz stimmlicher Mittel, die Verwendung von Figurensprache, die musikalische Gestaltung. Der Gedanke erscheint nicht abwegig, dass das Nachsingen der Lieder der fürchterlichen Fünf und eine kleine szenische Gestaltung mit den Stabfiguren dazu beitragen kann, dass die Kinder eine Theaterinszenierung wünschen.

Unsere Erfahrungen, die wir in verschiedenen Klassenstufen sammeln konnten, haben gezeigt, dass der Umgang mit Erlbruchs Text-Bild-Geschichte – in Verbindung mit unterschiedlichen Medien und Methoden – einen Literaturunterricht garantiert, der in Verbindung mit einem hohen Anspruch Vergnügen bereitet. Fächerübergreifende Aspekte der Texterschließung (Deutsch, Kunst, Musik, Sachunterricht, Ethik) konnten in einer Weise mit ästhetischer Genussfähigkeit und Lesemotivation verbunden werden, dass sich Jungen und Mädchen gleichermaßen angesprochen fühlten.

2. Erzählen – Vorlesen – Lesen – Gestalten: Das Märchen im Literaturunterricht

2.1 Voraussetzungen/Intentionen

Kein Genre der Literatur zieht nach wie vor so viel Aufmerksamkeit auf sich wie das Märchen; keines kennt ein derart engagiertes, emotionalisiertes Pro und Kontra im Disput um seine Wirkungsmöglichkeiten heute, und keines verzeichnet einen derart kontinuierlichen literaturwissenschaftlichen, volkskundlichen und pädagogischen Diskurs. Dennoch machen wir in Schulen immer wieder die Erfahrung, dass die Zugänge zu Märchen oft eintönig erfolgen und auf das nachlassende Interesse von Jungen am literarischen Märchen wenig reagiert wird. Gerade deshalb ist für die schulische Praxis die Frage von Belang, inwieweit es neue Erkenntnisse über das Märchen und die kindliche Rezeption gibt, die zugleich neue Zugänge zu diesem Genre im Unterricht anregen können. Das heißt auch, welche Elemente des literarischen Märchens für fernsehgewohnte Kinder von Bedeutung sein können und auf welchem Wege das Interesse an ihnen geweckt werden kann.

Die Theaterpädagogin Kristin Wardetzky hat in ihren empirischen Erhebungen (1990 bis 1994), in denen sie Ansichten von Grundschülern zu ihrem Lieblingsmärchen ermittelte, eine interessante Beobachtung gemacht: Die Nennung der literarischen Märchen („Hänsel und Gretel", „Schneewittchen", „Dornröschen", „Rotkäppchen", „Aschenputtel", „Frau Holle") wies eine beachtliche Stabilität auf, während die Märchen, denen Kinder ausschließlich in (Kult-)Filmen begegneten, auffälligen Schwankungen unterlag. Als „Arielle" zu Beginn der 90er Jahre in die Kinos kam, lag bei den Probanden der Wardetzky-Erhebung (1990/91) „Arielle" an der Spitze der Liste der Lieblingsmärchen.

In der Befragung von 1994 erscheint „Arielle" dagegen kaum noch unter den Lieblingsmärchen, obwohl 96% der Kinder angeben, das Märchen zu kennen. Dafür erreicht in der neuen Erhebung „Aladdin" eine Spitzenreiterposition (vgl. Wardetzky 1995, S. 11).

Aus diesen Untersuchungsergebnissen leitet Kristin Wardetzky folgende Schlussfolgerung ab:

„Die Untersuchung legt die Vermutung nahe, daß das Interesse an der Darstellung des Märchens im Zuschnitt der Disneyschen Zeichentrickfilme offensichtlich von kürzerer Dauer ist als das Interesse am Originalmärchen. Die Filme bereiten den Kindern, wie sie selbst sagen, großes Vergnügen, und nach der aktuellen Rezeption sind sie bereit zu schwören, daß es für sie etwas Schöneres nicht gäbe. Beobachtet man sie während der Rezeption, so kann man sich davon überzeugen, daß sie die Wahrheit sagen..."(Ebd., S. 12).

Doch diese – fast schwärmerische – Beziehung zum Film scheint schnell zu verfliegen, wenn die Medien ein neues Produkt so präsentieren, dass es seinen Vorgänger verdrängen muss. Damit insistiert die Filmindustrie faktisch auf einer oberflächlichen, austauschbaren Rezeption, die Wardetzky in der Wirkung auf ihre Probanden so beschreibt.

„Auf diese Weise ... baut sich keine stabile Gefühlsbeziehung auf. Diese Filme sind wie ein Rausch, der im Moment stark und wunderbar ist, der aber ebenso schnell verfliegt. Das selbst gelesene oder gehörte Märchen hingegen scheint stärker zu einem eigenständigen Produkt des Kindes zu werden und sich damit stabiler im Gedächtnis zu verankern. Da bestimmt nicht die Filmtechnik das Tempo der Rezeption, da werden die Bilder nicht vorgefertigt, die Gefühle nicht zusätzlich durch Musik stimuliert. Das Kind baut in dem ihm gemäßen, individuellen Zeitmaß innere Vorstellungsbilder auf, denen ein jeweils spezifischer Gefühlswert entspricht" (Ebd., S. 12).

Was bedeuten nun diese Erkenntnisse bzw. begründeten Annahmen für die Behandlung von Märchen in der Grundschule?

Erhebungen bei Grundschulkindern haben deutlich gemacht, dass das literarische Märchen nicht mehr das dominierende Einstiegsmedium in künstlerische Welten ist. Nicht selten liegt bereits davor die Begegnung mit filmischen Produktionen, so dass Gespräche mit gerade eingeschulten Kindern auf einen beginnenden tiefen Wandel in der Begegnung mit Märchen deuten: Immer weniger Kinder erinnern sich an Vorlesesituationen in der Familie; immer mehr beschreiben ihre Begegnung mit Märchen als Erlebnisse mit dem Medium 'Film' (vgl. Lettbetter 1996).

Die Behandlung der Märchen im Unterricht sollte dieser Tendenz insofern etwas entgegensetzen, als sie das literarische Märchen in den Mittelpunkt stellt, ohne die besonderen Bedürfnisse heutiger Kinder zu vernachlässigen. Dazu gehört das Wissen um die Bedeutung von Märchenfiguren und Märchenstrukturen für Jungen und Mädchen diesen Alters.

In einer groß angelegten Untersuchung wurde in den achtziger Jahren (1986 – 88) das Verhältnis von Grundschülern zum Märchen zu erfassen versucht, indem die Kinder aufgefordert wurden, nach verschiedenen vorgegebenen Märchenanfängen ihr Märchen zu erzählen (vgl. Wardetzky 1992). Für diese Methode sprach, dass vor allem jene Elemente des Märchens für das kreative kindliche Erzählen zur Verfügung stehen, die einen auffälligen Eindruck hinterlassen haben. Die über 1000 vorliegenden Märchen der Kinder kennzeichnen zum einen, dass die zwei Urschemata des Märchens (1. Drachentötermärchen; 2. Mythos/Märchen vom verlassenen, verstoßenen, verfolgten Kind) im kindlichen Erzählreservoir deutlich erkennbar sind (vgl. Wardetzky 1991). Zum anderen wird sichtbar, wie genau Kinder die im Märchen enthaltene Grunderfahrung menschlicher Konflikte und deren Lösung als narratives Grundmuster aufgenommen haben.

Äußerst auffällig an den Ergebnissen der Untersuchung waren die geschlechtsspezifischen Unterschiede in der Gestaltung der Märchen, die gerade auch für den Unterricht relevant sind:

Während die Jungen vornehmlich das erste Märchenschema wählten (Drachentötermärchen), entschieden sich die Mädchen vor allem für den Mythos vom verlassenen, verstoßenen Kind.

- Vergleicht man die Märchen der Jungen und die der Mädchen, die dem Typus des Drachentötermärchens folgten, dann wird eine unterschiedliche Strategie innerhalb der Konfliktlösung erkennbar: Die Jungen steigern die Gefährlichkeit des Gegners 'ihres' Märchenhelden, um dessen Leistung hervorzuheben. In vielen Fällen wird der Gegner/Schädiger physisch vernichtet. Die Mädchen entscheiden sich dagegen für eine völlig andere Strategie. Der Konflikt wird eher 'heruntergehandelt': Der Gegner ist nicht an und für sich böse, sondern ist nur von bösen Mächten verzaubert. Deshalb liegt die Lösung auch nicht in dessen physischer Vernichtung, sondern in seiner Entzauberung. Die Waffe dient auf diesem Hintergrund nicht zur Vernichtung des Widersachers, sondern die Berührung mit der Waffe führt zu dessen Entzauberung und Erlösung.
- Die kindlichen Märchen lassen ein völlig unterschiedliches Erzählinteresse von Jungen und Mädchen erkennen: Während die Jungen vor allem Abenteuererzählungen bieten und die im Grundmuster dieses Märchentyps liegende Hochzeit nur als Randereignis gestalten, steht für die Mädchen die Gestaltung einer Liebesgeschichte im Mittelpunkt. Ihr Erzählen findet im Hochzeitsfest die Krönung. Im Unterschied zu den Jungen 'sichern' die Mädchen auch den Nachwuchs. Dagegen brechen die Helden der Jungen sofort wieder zu einem neuen Abenteuer auf.

Die Frage stellt sich, welch anderes „Weltempfinden" sich hinter diesem geschlechtsspezifischen Erzählen verbirgt und in welcher Weise man diese unterschiedlichen Blickwinkel im Unterricht berücksichtigen sollte. Es müsste unseres Erachtens darum gehen, diese frühen Prägungen männlichen und weiblichen Denkens bewusst zu machen und über sie zu sprechen, ohne eine Sicht zu favorisieren. Wichtig bei der Reflexion über diese Ergebnisse der Studie von Wardetzky ist allerdings, dass diese auf einer Untersuchung im Osten Deutschlands basieren und sich die Daten der Vergleichsuntersuchung in den westlichen Bundesländern anders darstellen.

Wardetzky ließ 1991/92 nach derselben Versuchsanordnung Kinder in drei westdeutschen Bundesländern (insgesamt über 700 Probanden) Geschichten nach Märchenanfängen schreiben.

Die Ergebnisse unterscheiden sich in signifikanter Weise von denen der ostdeutschen Erhebung der Jahre 1986-88:

- Trotz des vorgegebenen Märchenanfangs wählte nur der geringste Teil der Kinder (15 %) das Genre „Märchen".

- Die Geschichten erzählen – im Unterschied zu den ostdeutschen Beispielen – kaum von einer Konfrontation auf Leben und Tod. Eher ist die Rede von Schatzsuche, (Vergnügungs-)Reise in die Welt, vom räuberischen Überfall, vom Traum als Medienstar, von einer Traumhochzeit und von einer Welt ohne Bedrohung.
  Allerdings zeigen einzelne Beispiel, die „Familienszenerien" entwerfen, unter der Textoberfläche auch Ängste.

- Die Geschichten erzählen von einer Welt, die weniger Gefahren als fröhliche Erlebnisse bereit hält. Das Glück muss kaum erkämpft werden, sondern es ergibt sich eigentlich von selbst (vgl. Wardetzky 1996).

Vergleicht man die von Wardetzky Ende der achtziger Jahre analysierten Texte mit den zehn Jahre später entstandenen Fabulaten der Kinder, dann sind folgende Elemente erwähnenswert: Verflachung der märchenhaften Struktur und Rückgang der Erzählfähigkeit, Abnahme der Länge der Texte und der sprachlichen Gewandtheit, Aufnahme alltäglicher und märchenfremder Elemente (Kriminal- und Gruselgeschichte, Illustriertenroman, Superman-Verschnitte u.Ä.).

Auch unsere eigenen Untersuchungen seit Mitte der 90er Jahre haben eindeutig gezeigt, dass die Märchenkenntnis der Kinder und ihre Fähigkeit, Märchen zu erzählen, unter dem Einfluss neuer medialer Erfahrungen abnehmen. Zugleich lässt sich aber erkennen, dass die 'neuen Medien' die kindliche Liebe zum Märchen nicht verdrängt haben.[2]

Es ist unverkennbar, dass gerade für jüngere Kinder immer noch ein Zauber von den Märchen ausgeht. Diesen Zauber unter den veränderten medialen Bedingungen zu erhalten oder sogar zu verstärken, muss eine wichtige Aufgabe des Deutschunterrichts in der Grundschule sein. Es geht dabei nicht einfach um die Bewahrung eines ohne Zweifel wichtigen Schatzes der Menschheit, sondern um Entdeckungen, die Kinder nur im (nicht amputierten und trivialisierten) Originalmärchen machen können. Nur in dieser originalen Form gibt das Märchen das zu erkennen, was seinen eigentlichen Reiz ausmacht und der dazu führte, dass es bis heute lebendig geblieben ist:

---

2 Das ist auch das Ergebnis zweier noch nicht abgeschlossener Untersuchungen zur Erwartung von Grundschülern an Märchenparks sowie zum kindlichen Umgang mit Märchenfiguren (insbesondere der Hexe).

Erfahrungen existentieller menschlicher Grundsituationen, Wünsche, Ängste, Hoffnungen und die Gewissheit, mit Vertrauen in die eigene Kraft, unlösbar erscheinende Aufgaben zu bewältigen.

Dem eingeschlossen ist der Zauber der Sprache, der aufscheinen lässt, dass Einfachheit kein Synonym für Trivialität ist. Diese Ausstrahlung sprachlicher Mittel – die sich auch darin offenbart, dass Kinder jene Wendungen noch nach Jahren wortwörtlich mit innerer Beteiligung wiedergeben können – besitzt nur das literarische Märchen und nicht der Trickfilmverschnitt.

2.2 Didaktische Überlegungen

Die Behandlung des Volksmärchens im Anfangsunterricht der Grundschule muss sich von den unterrichtlichen Zugängen in Klasse 3/4 wesentlich unterscheiden. Doch bereits der Anfangsunterricht erfordert andere Zugänge als im Vorschulalter. Neue Reize müssen aufgebaut werden, die die Kinder direkt dazu herausfordern, sich dem Märchen zuzuwenden. In diesem Kontext gewinnt das Vorlesen und Erzählen eine besondere Bedeutung, die – wie im Teil I und II bereits dargestellt – in der Grundschule oft unterschätzt wird. Historisch gesehen ist literarische Kompetenz zunächst ohne Schriftlichkeit gepflegt worden. Märchen, Sagen, Mythen wurden mündlich überliefert, ehe sie von Chronisten gesammelt und aufgeschrieben wurden. Dies wiederholt sich ontogenetisch bei Heranwachsenden jeder Generation.

Das Vorlesen oder Erzählen von Geschichten trägt in starkem Maße zur emotionalen Sozialisation bei, d.h. auch zur Fähigkeit, mit eigenen Emotionen und denen anderer umzugehen. Durch das Erzählen werden – unabhängig von der eigenen Lesefähigkeit – Möglichkeiten des literarischen Wissens und Verstehens angebahnt, wie z.B. Genrewissen, Fiktionsbewusstsein, ästhetische Wahrnehmungsfähigkeit oder die Fähigkeit zur Rollen- und Perspektivübernahme.

Eine derartige literarische Sozialisation – das wissen wir – erfolgt sehr früh. Aber nicht alle Kinder begegnen der Literatur auf diese Weise in der Familie. Deshalb müssen Erfahrungen, die an und für sich besser in der Sozialisation der Familie verankert sind, im Unterricht vermittelt bzw. zumindest ermöglicht werden. Viele Gründe sprechen also dafür, das Erzählen als Teil des literarischen Lebens in der Schule zu begreifen.

2.2.1 Märchenerzählen im Anfangsunterricht am Beispiel „Schneewittchen"

Mit der Unterrichtseinheit „Erzählen des Märchens Schneewittchen" sollen unter der Voraussetzung einer vergnüglichen Erzählatmosphäre vornehmlich folgende Ziele erreicht werden:

- Wahrnehmung literarischer Strukturen,
- Tieferes Eindringen in den Text durch Perspektivwechsel und Rollen-übernahme,
- Anregung zu freiem und kreativem Erzählen und Schreiben.

Sowohl unsere Erhebung als auch die Untersuchungen von Kristin War-detzky haben eindeutig gezeigt, dass „Schneewittchen" bei Grundschülern zu den fünf bekanntesten Märchen zählt (in unserer Untersuchung hat es sogar die eindeutige Spitzenposition inne).

Nachfolgend werden Erfahrungen aus einem Unterrichtsversuch in Klasse 2 berichtet.

Das Wiedererkennen der Geschichte nach dem Vortragen der ersten Sätze *(„Es war einmal mitten im Winter, und die Schneeflocken fielen wie Federn vom Himmel herab, da saß eine Königin an einem Fenster ...")* bildete den Einstieg in die Literaturstunde, an den sich ein gemeinsames Erinnern, das Sammeln von Begebenheiten und Beschreiben von Situationen aus dem Märchen anschloss. Hier zeigte sich, dass das Wissen der Kinder eher fragmentarisch war, die Geschichte wurde jedoch von allen ‚zusammenge-tragen' und relativ schnell in ihrer Kernhandlung erzählt.

Wahrnehmung literarischer Strukturen
Für den folgenden Stundenschritt ist folgendes Material zur Veranschauli-chung der Handlungsorte erforderlich: Krepppapier in drei Farben: gelb für das Schloss, grün für den Wald, braun für das Zwergenhaus.

Mit leiser Musik im Hintergrund wird das Märchen bis zu der Textstelle vorgelesen, als der Jäger gerufen wird, um Schneewittchen in den Wald zu bringen. Dann wird das erste Stück Papier (gelb) ausgerollt, verbunden mit dem Kommentar *„Das ist das Schloss – seht ihr das viele Gold".* Der Fort-gang der Erzählung, in der der Jäger Schneewittchen in den Wald führt und dort allein lässt, wird begleitet mit dem Ausrollen des grünen Papiers. *„Das soll der Wald sein",* sagte in unserem Unterrichtsversuch unaufgefordert ein Junge, während andere Kinder beipflichtend nickten. Die Zuordnung abstrakter Formen und Farben zu den Handlungsorten der Geschichte wur-de von den Kindern bereits an dieser Stelle verstanden, so dass sie gespannt das weitere Vorlesen des Märchens und das Ausrollen des entsprechenden Papiers als Kennzeichnung des Handlungsortes verfolgten: Schneewittchen findet zum Zwergenhaus, lebt glücklich mit den Zwergen, erlebt die Besu-che der bösen Königin (braun). Sie wird von der Königin vergiftet, die Zwerge bauen einen gläsernen Sarg und bringen sie in den Wald (grün). Der Prinz findet sie und führt sie zur Hochzeit in sein Schloss (gelb).

Das Bewusstwerden von literarischen Strukturelementen (in diesem Bei-spiel von Handlungsorten) des Märchens wurde durch einfache visuelle Mittel unterstützt. Dies war die Voraussetzung dafür, sich den einzelnen

Abschnitten intensiver zuzuwenden und damit tiefer in die Geschichte einzudringen.

Perspektivwechsel, Rollenübernahme

Nachdem das Märchen erzählt und durch das Material sichtbar in kleinere Struktureinheiten gegliedert ist, werden die Kinder aufgefordert, eine Person oder einen Gegenstand aus dem Märchen aufzumalen und dieses Bild anschließend auf den Ort zu legen, in dem diese Person bzw. dieser Gegenstand eine Rolle spielt. Es entstanden in unserem Beispiel viele originelle Bilder, die jedoch ausschließlich Personen darstellten: Zwerge, Jäger, Schneewittchen. Wir ergänzten die Orte durch selbst gemalte Bilder von Gegenständen: eine Wiege, den Spiegel, eine Hochzeitstorte.

Die Orte erhielten auf diese Weise durch die Bilder optisch zusätzliche Informationen. Anschließend erfolgte der Auftrag, der als Anreiz für das eigene Erzählen gilt:

Jeder nimmt sein Bild – wir beginnen am Anfang des Märchens – und erzählt aus der Perspektive der von ihm gemalten Person oder des Gegenstandes eine kleine Geschichte. Zum besseren Verständnis und zur Orientierung beginnt eine Lehrperson: Sie nimmt ihr Bild (eine Wiege) und sagt: *„Ich bin die Wiege. Vor langer Zeit hat mich ein Tischler gebaut. Seitdem haben schon viele Babys in mir geschlafen. Aber keines war so niedlich wie das kleine Schneewittchen. Das macht mich ganz stolz."* Dann nehmen die Kinder nacheinander ihre Bilder und erzählen dazu erdachte Begebenheiten, wie z.B.: *„Ich bin der Zwerg und heiße Zwack. Ich bin der Liebling von Schneewittchen, weil ich immer so gute Ideen habe und lustig bin und gern lache. Einmal habe ich Schneewittchen einen lustigen Witz erzählt."*

In unserem Unterrichtsbeispiel erzählten die Kinder immer engagierter traurige und lustige kleine Geschichten, die von Phantasie und Empathie zeugten. So versetzte sich ein Kind in die Rolle des Jägers: *„Ich bin ganz traurig, dass ich Schneewittchen töten soll. Aber was soll ich denn machen? Immerhin werde ich von der Königin bezahlt. Und wenn sie mich rausschmeißt, müssen meine Frau und meine Kinder hungern."*

Am Ende der ,Erzählrunde' äußerte die ,Torte' noch Unsicherheit darüber, ob sie den zur Hochzeit eingeladenen Zwergen wohl auch schmecken werde. Alle diese Geschichten sollten in einer sich anschließenden Gruppenarbeit eine Rolle spielen.

Arbeit in Kleingruppen

Entsprechend der Handlungsorte werden fünf Gruppen gebildet. Die Schüler erhalten für die Gruppenarbeit folgenden Arbeitsauftrag: *„Erzählt über die Ereignisse, die an eurem Ort des Märchens passieren. Einigt euch, wer die Geschichte aufschreibt".*

Diese Aufgabe führte zu fünf phantasievollen Teilgeschichten, in die die freien Erzählungen des vorangegangenen Abschnittes einflossen; so z.b. die Gefühle des Jägers, der seine Familie ernähren muss, die besondere Zuwendung Schneewittchens zum Zwerg ‚Zwack' und nicht zuletzt die Bestätigung, dass die Torte allen Zwergen sehr gut geschmeckt habe. Im Vergleich zum eingangs vorgelesenen Grimmschen Märchen zeigte sich im neu entstandenen Text ein Spielen mit der Geschichte, das geprägt war durch Abwandeln, Kombinieren und Ausdifferenzieren des Originals.

Am Ende der Unterrichtseinheit wurde der neue Text von der Lehrerin vorgelesen. Für alle Beteiligten zeigte sich an dieser Stelle ein deutlicher Zugewinn an Kreativität und Phantasie, in der Wahrnehmung literarischer Strukturen durch die Kinder, an erzählerischen Fähigkeiten, vor allem aber gab es einen Zugewinn an Lust am Umgang mit Literatur, die sich u.a. auch im Wunsch der Kinder äußerte, ihre Geschichte noch einmal zu hören.

Dieses Unterrichtsmodell wurde für den Anfangsunterricht konzipiert und schon mehrfach erfolgreich in Klasse 1 und 2 erprobt. Es kann jedoch auch die Grundlage für die Behandlung des Märchens in den Klassenstufen 3 und 4 sein.

Erhöhte Anforderungen sind dabei besonders im Bereich ‚Perspektivwechsel und Rollenübernahme' denkbar: Etwa wenn die Schüler aufgefordert werden, aus der Sicht der übernommenen Rolle die gesamte Geschichte wieder zu geben bzw. sie so weit zu erzählen, wie es der Blickwinkel der spezifischen Person (oder des Gegenstandes) zulässt. So kann z.B. ein Zwerg seine Geschichte erst mit dem Tag des Kennenlernens (Schneewittchen im Zwergenhaus) beginnen, es sei denn, jemand aus dem Schloss hat ihm schon vorher berichtet. Der Jäger muss in seiner Erzählung die Geschehnisse im Zwergenhaus ausblenden, es sei denn, er hatte zu dem Zeitpunkt einen Informanten. Die böse Königin nimmt die Einladung des jungen Prinzen zur Hochzeit an, ohne zu wissen, dass Schneewittchen die Braut ist. Ein solches Vorgehen erfordert ein hohes Maß der geistigen Durchdringung dieses Märchens in seinen zeitlichen und räumlichen Strukturen und Geschehnissen. Empathie und Vorstellungsvermögen werden geschult.

Das Erzählen im Unterricht ist unverzichtbarer Teil des literarischen Lernens, das nur realisiert werden kann durch „*Rezeption und Produktion. Dies sind zwei Dimensionen in der Auseinandersetzung mit Kinderliteratur, die unterschiedliche Perspektiven eröffnen. Rezeption meint ... ein Bemühen um das kognitive Verstehen und das emotionale Annehmen und Aufschließen eines Textes. Produktion meint Versuche, selber Texte hervorzubringen und dabei kommunikative, funktionale und poetologische Gesetzmäßigkeiten zu berücksichtigen*" (Duderstedt/Forytta 1999, S. 7).

Kompetenzen in beiden Bereichen können, wie das oben beschriebene Unterrichtsbeispiel offenbart, bereits im Anfangsunterricht der Grundschule angebahnt bzw. weiter entwickelt werden. Fast nebenbei – so scheint es – wird damit aber auch die Neugier an und die Lust auf Literatur geweckt.

Während dieser Umgang mit dem Märchen dazu dient, vor allem das Erzählen anzuregen und Einsichten in Märchenstrukturen zu initiieren, dient das Erfinden von Vorgeschichten und Fortsetzungen der Weiterentwicklung der Erzählfähigkeit und der Gewinnung von Einsichten in die Besonderheiten der Entstehung der Märchen und deren interkulturellen Komponenten.

2.2.2 Erfinden von Vorgeschichten und Fortsetzungen am Beispiel „Dornröschen"

Das Märchen „Dornröschen" eignet sich sehr gut, um die Herkunft der Märchen, ihre möglichen Erzählhintergründe sowie den interkulturellen Zusammenhang für ältere Grundschulkinder verständlich zu machen. Auf diese Weise kann gerade das Interesse von Jungen an Märchen wieder geweckt werden.

Die Entscheidung, den Einstieg in den Stoff über Illustrationen zu wählen, entspricht zum einen der bereits erwähnten visuellen Wahrnehmungsfähigkeit von Kindern und liegt zum anderen in der motivationalen Wirkung der Bilder begründet.

Die Auswahl der Illustrationen von Nikolaus Heidelbach, Christa Unzner und Klaus Ensikat (Abb. 17-19) folgt verschiedenen Aspekten: der Chronologie der Handlung, der Darstellung entscheidender Momente des Märchens, der künstlerischen Qualität und dem ungewöhnlichen Charakter der Darstellung, der Hervorhebung ‚vergessener' Passagen sowie dem Übergang zur französischen Märchenfassung.

Nikolaus Heidelbach zeichnet mit der Weissagung des Frosches die Erzähleröffnung des Märchens, die den meisten Kindern nicht mehr in Erinnerung ist. Christa Unzners Illustration gestaltet den entscheidenden Moment, als Dornröschen die Treppe zum Turmzimmer hoch eilt. Klaus Ensikat zeigt das ungewöhnliche Bild der in der Dornenhecke gestorbenen Freier.

Damit ist zugleich eine Rahmung der Märchenhandlung und ein anregender Impuls verbunden, der zum gemeinsamen Erzählen des Märchens führt. Die Illustration von Klaus Ensikat motivierte gerade die Jungen zum Nachdenken über das Märchen „Dornröschen", insbesondere zum Hintergrund der dargestellten Szene, die dann aber auch zu einem Interesse an dem ‚Davor' und ‚Danach' führte.

Abb. 17, 18, 19: Verschiedene Illustrationen zu ‚Dornröschen'

Im Mittelpunkt des nächsten Stundenschrittes steht die Frage nach der Herkunft der Märchen sowie des gesellschaftlichen und sozialen Hintergrundes ihrer Entstehung. In diesem Kontext werden – immer mit Bezug zu „Dornröschen" – folgende Aspekte erläutert:

- die Lebenssituation der ländlichen Bevölkerung, in der die Märchen ‚lebten' und erzählt wurden,

- das Sammeln und Aufschreiben der mündlichen Fabulate durch die Brüder Grimm,

- der Sinngehalt von „Dornröschen" – verbunden mit der Frage, was die Menschen früherer Zeiten mit dieser Geschichte mitteilen wollten (der lange unerfüllt bleibende Wunsch eines Paares nach einem Kind; der Versuch, nach dessen Erfüllung alle Gefahren für das Kind abzuwenden; die ständige Bedrohung und deren Abwehr; der Glaube an das Schicksal und die Vorbestimmtheit des Lebens; das Warten auf den ‚richtigen‘ Partner);

- Der Verweis auf Frauen aus Hugenottenfamilien, die den Grimms viele Märchen erzählten, wurde verbunden mit der Mitteilung, dass es auch in französischen Märchensammlungen das „Dornröschen" gibt, dass dieses bereits vor den Grimms von dem Märchenerzähler Charles Perrault aufgeschrieben wurde (1697) und diese Variante des Märchens – im Unterschied zu der Grimmschen Fassung – noch eine Fortsetzung enthält.

Die Kinder waren in unserem Unterrichtsversuch sehr gespannt auf diese Fortsetzung, die sie zugleich auf die Möglichkeit verwies, Märchen ‚weiterzudenken‘ und auszuschmücken. Besonders die Jungen empfanden das französische Märchen mit der Bedrohung Dornröschens und ihrer beiden Kinder durch die menschenfressende Schwiegermutter und die Bestrafung der Menschenfresserin viel spannender als die deutsche Version. Noch mehr überraschte sie, dass es auch noch eine italienische Variante des Märchens gibt, die 50 Jahre vor der französischen Fassung von Giambattista Basile aufgezeichnet wurde und die unter dem Titel „Sonne, Mond und Talia" eine andere und doch ähnliche Geschichte erzählt (1634).

Die Frage danach, warum Märchen verschiedener Völker so viele Ähnlichkeiten aufweisen und andererseits doch auch Unterschiede erkennen lassen, führt zum Nachdenken über die Herkunft der Märchen und das Leben in vergangenen Zeiten sowie über die Berührungen zwischen verschiedenen Kulturen und Völkern in der Geschichte der Menschheit. Die Darstellung vom Wandern der Märchen, von ihrem interkulturellen Zusammenhang, von der Veränderbarkeit der Geschichten durch mündliches Erzählen, vom Erfindungsreichtum und der spezifischen Ausformung der Märchen in verschiedenen Völkern lässt sich verbinden mit dem Impuls zum eigenen Weitererzählen und ‚Ausmalen‘ der Märchen.

Diese Anregung kann durch den Verweis auf Christa Wolfs Erzählung „Dornröschen und der Küchenjunge" noch verstärkt werden (vgl. Richter 1995).

Auf diese Weise wird auch einer Abwertung des Märchens durch Jungen etwas entgegengesetzt, weil sie erkennen können, dass Märchen nicht einfach Kleinkindliteratur sind, sondern viel von Geschichte erzählen und durchaus zum Nachdenken über unser Leben herausfordern. Diese Formen der Märchenbehandlung üben aber nicht nur auf Jungen Reize aus, sondern beide Geschlechter finden hier Berührungen in der Begegnung mit einem alten Kulturgut.

Der interkulturelle Kontext von „Dornröschen" kann dazu anregen, nach weiteren Verbindungen zwischen den Märchen verschiedener Völker zu suchen und dabei auch die Besonderheiten zu akzentuieren, die die spezifi-

sche Kultur, Geschichte, geographische Lage bis hin zur Wohn- und Ess-
kultur von Menschen aus anderen Regionen und Ländern kennzeichnen.

Die Vielfalt der Zugänge zum Märchen und der damit verbundene ästhetische und intellektuelle Anspruch offenbart, welche Dimension die Märchenbehandlung in der Grundschule haben kann und dass handlungs- und
produktionsorientierte Wege nicht mit bloßen ‚Spielhandlungen‘ verbunden
sind, sondern über motivationale Prozesse zu einem tieferen Verständnis
von Literatur führen.

Die Ergänzung durch ‚Vorgeschichten‘, wie „Die Geiß und die sieben
Wölflein" (Iring Fetscher) kann zum einen das Erfinden von Vorgeschichten und Fortsetzungen zu anderen Märchen anregen oder auch Ausgangspunkt dafür sein, über die Motive der Handlungen von Märchenfiguren zu
sprechen bzw. darüber zu reflektieren, warum das Märchen in der Grimmschen Fassung auf derartige Begründungen der Handlungsweise von Figuren verzichtet.

Ein Blick in Märchenparodien von Christine Nöstlinger („Rumpelstilzchen.
Eine Richtigstellung") dürfte darüber hinaus den Blick dafür weiten, inwieweit es im Märchen tatsächlich gerecht zugeht oder ob nicht manchmal
auf Grund des ‚guten Endes‘ die gravierenden Nöte der Märchenfiguren
verdeckt werden.

Selbstverständlich sind derartige Fragen erst in Klasse 4 zu stellen, zumal
es darauf ankommt, den Reiz des Märchens zu erhalten und gleichzeitig tiefer in die Strukturen der Geschichten einzudringen. Der Verbindung kognitiver und emotionaler Aspekte kommt in diesem Zusammenhang eine besondere Bedeutung zu. Freude am Spiel mit den literarischen Geschichten
kann sich auf den beschriebenen Wegen mit intellektuellen Einsichten und
Entdeckungen verbinden, die letztlich dem Ziel dienen, Literatur als unver-
zichtbares Gedächtnis der Menschheit auch für jeden einzelnen Schüler erfahrbar zu machen. Durch das Erkennen einzelner Figurenzeichnungen sowie von Motiven und Symbolen (zum Beispiel ‚das verbotene Zimmer‘)
gewinnen Kinder Einblicke in das Erzählen existentieller menschlicher Fragen und Konflikte im Märchen. Gerade auf diese Weise kann es gelingen,
die von diesem Genre ausgehende Faszination zu vertiefen oder wiederzu-
gewinnen.

Mit derartigen Zielstellungen sind aus unserer Sicht verschiedene Formen
des handlungs- und produktionsorientierten Literaturunterrichts bereits in
der Grundschule zu verbinden, zugespitzt formuliert: Erst in diesem Kontext werden sie überhaupt sinnvoll (vgl. auch Spinner 2002).

2.2.3 Illustrationen als ein Weg zur Neuentdeckung von Märchen: Klaus Ensikat „Die Bremer Stadtmusikanten"

Die Besonderheiten der Bilder von Klaus Ensikat

Abb. 20: Titelbild

Der Berliner Künstler Klaus Ensikat hat Mitte der neunziger Jahre die höchste internationale Auszeichnung für seine Leistungen als Illustrator für Kinderliteratur erhalten (Hans-Christian-Andersen-Medaille/1995). Er war zudem der erste Kinderbuchillustrator, der für sein Lebenswerk mit dem Deutschen Jugendliteraturpreis ausgezeichnet wurde (Sonderpreis 1994).

Seine Illustrationen zu märchenhaften Geschichten können zu gemeinsamen Entdeckungen von Kindern und Erwachsenen führen. Ensikats Bilder, die sich in ihrer graphischen Genauigkeit und zurückhaltenden Farbigkeit einem oberflächlichen Betrachten entziehen, erfordern einen vermittelnden Erwachsenen, der den Kindern nicht seine (erwachsenen) Sichten zeigt, sondern die kindliche Entdeckerlust provoziert und fördert und dadurch selbst neue Entdeckungen macht. Ein solcher Vorgang ist nicht nur im familialen Rahmen möglich, sondern er bietet sich in der Form eines Bilderbuchkinos auch für die Schule an.

Ensikats Bilder bieten keine einschichtige Begleitung des Märchens. Sie erzählen eine eigene Geschichte, die den Text nicht einfach in eine Aktualität hebt, sondern ihm eine neue Bedeutungsschicht vermittelt, die zugleich den ‚Sinn' des alten Märchens erweitert.

Bei der Betrachtung der Illustrationen von Ensikat fällt auf, dass man nicht mit einem Blick eine leicht überschaubare und interpretierbare Ganzheit erfassen kann, sondern spürt, dass man eigentlich kaum etwas von dem gesehen hat, was Ensikat in seiner Bildsprache zum Ausdruck bringt. Erst das

Vertiefen in das Bild, das Erfassen der Fülle von Details führt zu einer allmählichen Erschließung des „Sinnpotentials". Es entsteht auf diese Weise ein Spiel von Nähe und Ferne, von Hineingezogenwerden und Distanz, von Überraschungen und vertrauten Begegnungen.

Ensikats Farben stehen im krassen Gegensatz zu jener grellen, bunten Welt der Bilderbücher in Massenauflagen und der Walt-Disney-Bücher zu Filmen wie „Arielle" und ihre unzähligen Nachfolger. Bei Ensikat findet man eher eine zurückhaltende Farbigkeit. Die graphische Genauigkeit verbindet sich mit einer Lebendigkeit der Bilderwelt. Der Leser ist eingeladen, von der Gruppe zur einzelnen Figur und wieder zurückzublicken, um allmählich das Besondere der Beziehungen der Figuren und das Prägende des einzelnen Wesens zu erfassen.

Ensikats Illustration verweist auf Doppelbödiges der Handlung und gibt zumeist dem Text eine neue Dimension. Dazu tragen die eigenartige, faszinierende Zeichnung von Gesichtern ebenso bei wie die – oft unauffälligen – Details, die die (bekannten) Figuren auf nicht selten überraschende Weise charakterisieren, indem auch Widersprüchliches, Befremdendes, Groteskes ins Bild tritt. Der Betrachter wird gleichsam zum genauen Schauen eingeladen.

Die Bilder, die Ensikat zu den „Bremer Stadtmusikanten" entwirft, erscheinen für den Kenner des Märchens sicher äußerst verfremdet. Sie irritieren mit ihrem Aussehen, mit ihrem gesamten Erscheinungsbild; und wenn man meint, dem Hintergrund dieser Auffassung von den vertriebenen „Gesellen" auf der Spur zu sein, dann wird man kurz darauf eines Besseren belehrt. Die Komik in der bildlichen Sprache überwiegt. Nicht der Vorgang der Vertreibung an sich ist interessant, sondern die Physiognomie der Figur und der auf diese Weise angedeuteten Figurenbeziehungen.

Ensikats Bilder erzählen von der Flucht des Esels, nachdem dieser von den Absichten des Herrn erfahren hatte, „ihn aus dem Futter zu schaffen". Doch dann deuten seine Bewegungen weniger auf die Flucht eines müden Esels als vielmehr auf einen Aufbruch in unbekannte Welten (Abb. 21). In seinem Ausschreiten stolpert er aber über einen alten Jagdhund, der in der Position eines Bettlers in einer verfallenen Gegend am Boden sitzt. Die Figuren um sie herum unterstützen des Eindruck des Geheimnisvollen und Grotesken, während der Hund – wie das gegenüberliegende Blatt zeigt – dem Esel seine Geschichte der Vertreibung erzählt (Abb. 22). In dieser Situation erinnern für einen Moment die am Gehwegrand sitzenden Figuren an Obdachlose. Doch dieser Eindruck verwischt sich später wieder. Die Katze, die als nächste Figur ins Bild tritt, erinnert eher an eine alte Bauersfrau als an ein Tier (Abb. 23); ihr Gang wird aufgerichteter, selbstbewusster, ihre Erscheinung fast vornehm, als sie den Hahn wie ein Kind an die Hand nimmt (Abb. 24).

Abb. 21, 22, 23, 24

In ihrer Suche nach einem Quartier richten die merkwürdig-skurrilen Figuren ihr Antlitz immer wieder in die Richtung des Betrachters, obwohl ihr Blick eher am Betrachter vorbeigeht.

Die Räubergesellschaft entfernt sich sehr vom traditionellen Märchenbild, es ist eher eine Mischung aus Stammtischrunde und „moderner" krimineller Gesellschaft, die sich da zusammengefunden hat (Abb. 25). Ihr historischer Hintergrund scheint kurz auf, ohne dass damit die Offenheit der Bildsprache eingeschränkt wird. Das hell erleuchtete Räuberhaus offenbart sich in Ensikats Bildern als eine Mischung von stillgelegtem Bahnhof und verfallenem Bauernhaus. Doch innen sieht es weitaus gemütlicher aus, wie man im Schlussbild erkennen kann, als die „Tiermenschen" am Kamin sitzen und in den Fernseher schauen (Abb. 26): ein altbekanntes Familienbild – der Bier trinkende Esel, die strickende Katze und die vor sich hin nickenden

Figuren Hund und Hahn (letzterem ist bereits die Zeitung entfallen), das zumindest bei dem erwachsenen Betrachter die Frage provoziert, ob sich angesichts dieses ‚Angekommenseins' der Aufbruch tatsächlich gelohnt hat.

Abb. 25, 26

Ensikat legt mit seinen Illustrationen eine Dimension des Märchens frei, die bei dem Umgang mit der Geschichte eher übersehen wird, gerade weil man das Märchen als Lektüre für Kinder und weniger als Text begreift, der Kindern und Erwachsenen etwas mitteilen kann: Die Geschichte erzählt nahezu gleichnishaft von der Aussonderung der Alten, die auf Grund ihrer nachlassenden Kraft und Gebrechlichkeit nicht mehr in den Arbeitsprozess zu integrieren sind und deshalb ihren ursprünglichen Wert verloren haben. Das Märchen bietet eine Lösung an: die Alten finden in der Auseinandersetzung mit ihrer neuen Situation ‚Leidensgefährten', mit denen sie gemeinsam nach einem Neuanfang suchen. Im Räuberhaus bietet sich ihnen eine neue Lebensgrundlage, so dass der Aufbruch nach Bremen nicht mehr fortgeführt werden muss.

Wege der Umsetzung im Unterricht
Zwei Wege der Umsetzung wurden von uns in 3. und 4. Klassen beschritten, die beide die Bildgestaltung ins Zentrum rückten.

Im ersten Unterrichtsversuch wählten wir als Einstieg die Vorstellung einzelner Bilder Ensikats zu den „Bremer Stadtmusikanten", die als Farbkopien an die Tafel geheftet wurden. Die Auswahl erfolgte unter dem Aspekt, dass die Bilder nicht sofort offenbaren, welches Märchen mit ihnen illustriert ist.

Die Kinder wurden aufgefordert, zu den Bildern ihre Geschichte zu finden/zu erzählen. Gleichzeitig baten wir darum, dass die Kinder, die in den Bildern eine bereits bekannte Geschichte wieder finden, sich nicht der ganzen Klasse mitteilen, damit jeder etwas Eigenes schreiben kann. Zugleich hatten aber die ‚Entdecker' die Möglichkeit, uns leise ihre Erkenntnis mitzuteilen.

Nach dem Erfinden einer eigenen Geschichte erfolgte das Vorlesen der kindlichen Fabulate – verbunden mit der Mitteilung, dass sich die vorgestellten Bilder auf das Märchen „Die Bremer Stadtmusikanten" beziehen.

Im Anschluss daran wurden alle Farbkopien der Illustrationen von Ensikat ausgelegt und die Kinder dazu aufgefordert, diese in der richtigen Reihenfolge an der Tafel anzubringen. Dann erfolgte die inhaltliche Erschließung der Bilder: Den Kindern wurde viel Zeit geboten, ihre Entdeckungen zu artikulieren, sich in Gesprächen über das Gesehene auszutauschen und ihre Fragen zu unverständlichen Gestaltungsmitteln zu stellen.

Im zweiten Teil der Unterrichtseinheit stand als Vertiefung das Bilderbuchkino im Mittelpunkt. Alle Dias zu Ensikats Illustrationen (ohne Text) wurden vorgestellt. Die Kinder äußerten sich dazu, was sie auf dem entsprechenden Bild sehen. In diesem Stundenschritt ging es noch nicht darum, zu dem Bild – auf der Grundlage des Grimmschen Märchens – die entsprechende Erzählsequenz zu bieten. Das Ziel bestand vielmehr darin, sich noch einmal vertieft über den Bildinhalt zu äußern.

Diese Passage beeindruckte die unterrichtenden Studenten in besonderer Weise, weil sie ein derartiges Niveau der Auseinandersetzung mit dem Bildinhalt von Grundschülern nicht erwartet hatten.

So entdeckten die Kinder in der Umgebung von verjagtem Esel und Hund sehr Vertrautes: ihr eigenes und das Verhalten von Erwachsenen im Umgang mit solchen Menschen: *„Man sieht hin und sieht doch vorbei"*, sagte ein Junge. *„Man möchte einfach die Bettler und Obdachlosen nicht sehen"*.

Abb. 27

Im Bild der verjagten Katze deuteten die Kinder das Verkehrsschild als Zeichen dafür, dass es für die Katze keine Rückkehr mehr geben kann. Als wir später ein weiteres Dia mit der Katze in ihrer aufrechten Haltung zeigten, wollten die Kinder noch einmal zurückblicken. Sie verglichen die Haltung und erkannten, dass die neue Aufgabe der Katze als ‚Mutter' des Hahns und die damit verbundene Hoffnung ihr den aufrechten Gang wieder gegeben hat.

Schließlich traten die Kinder bei der Deutung der verfallenen Bahnhofsszenerie regelrecht in einen Wettbewerb zur Deutung des Bildes.

Über den Begriff der Zeit (*„Warum hat Ensikat die Uhr ohne Zeiger gemalt?"*) gelangten wir mit den Kindern zu einer Interpretation des Märchens, die vielleicht auch nicht jedem Erwachsenen gleich bewusst ist:

Das Märchen erzählt von dem Ausgegrenztsein alter Menschen, von ihrer Suche nach einem Neubeginn – und es erzählt damit eine Geschichte, die insofern zeitlos ist, als sie sich immer wiederholt; und sie ist zugleich zeitgebunden, weil sie immer ganz konkrete Erscheinungsformen aufweist. Die Kinder gelangten – durch die Studierenden äußerst geschickt geführt – selbst zu dieser Deutung. Sie belegten diese zudem mit Erfahrungen im Familienkreis: die Großmutter, die Rentnerin wurde und sehr lange brauchte, bis sie ihre Arbeit nicht mehr vermisste; der Vater, der seine Arbeit verlor und sich ganz nutzlos vorkam.

Das Märchen erhielt, ohne sein Wunder, seinen Reiz zu verlieren, auf diese Weise eine ganz besondere Bedeutung für die Kinder.

Sie forderten uns danach direkt dazu auf, noch einmal die Dias zu zeigen und das Märchen zu lesen.

Eine besondere Aufmerksamkeit erfordert das Schlussbild. Die Kinder freuten sich mit den Tier-Menschen, dass sie es sich nun im verlassenen Räuberhaus gemütlich machen können. Sie erkannten auch, dass auf diesem Bild kein Musikinstrument mehr abgebildet ist und damit gezeigt wird, dass die Reise nun nicht mehr nach Bremen gehen soll. Ensikat deutet – wie bereits gezeigt – mit diesem Schlussbild allerdings eher auf eine fragwürdige „Lösung", die herausfordert, darüber nachzudenken, ob sich dieser Aufbruch gelohnt hat. Man sollte jedoch Kinder nicht zu einer derartigen Interpretation drängen.

Als eine Variante haben wir einen zweiten Weg des Zugangs zu Ensikats Illustrationen gewählt, indem wir direkt mit dem Bilderbuchkino in die Behandlung einstiegen. In diesem Fall wurde auch sofort das Märchen genannt und darauf verwiesen, dass wir uns mit einer ungewöhnlichen Illustration zu diesem Märchen beschäftigen wollen. Der Umgang mit den Bildern erfolgte in ähnlicher Weise wie in der ersten Variante. Allerdings schloss sich an die Bildbetrachtung und das Gespräch am Ende eine individuelle Auseinandersetzung der Schüler mit der Text-Bild-Geschichte an. Sie konnten sich entscheiden, ob sie ihre Geschichte zu einem ausgewählten Bild (die Farbkopien lagen vor) schreiben möchten, ob sie eine Erzählung zu dem Schlussbild verfassen möchten oder ob sie eine ‚Geschichte danach' schreiben, das heißt, ihre Vorstellungen darüber äußern, wie die Tiere fortan in dem Räuberhaus leben.

Die Stunden mit Ensikats Illustrationen und deren subtilem Spiel von Ernst und Komik haben gezeigt, dass Kinder mit anspruchsvoller Kunst auch zu bemerkenswerten Leistungen herausgefordert werden. Es bedeutete eine Überraschung für die unterrichtenden Studenten, dass sie auf Grund der Wünsche der Kinder die Zeit für ihre Unterrichtseinheit verdoppeln mussten.

3. Ästhetischer Anspruch und Berücksichtigung kindlicher Lektürepräferenzen: Der Mythos vom Trojanischen Krieg im Unterricht der Grundschule

3.1 Vorüberlegungen/Intentionen

Die Erfurter Studie zur Lesemotivation hat als dominierende Auswahlkriterien für die kindliche Lektüre ‚Abenteuer', ‚Spannung' und ‚phantastische Handlungsräume' erkennen lassen.

Beim Nachdenken über literarische Stoffe, die diesen kindlichen Wünschen entsprechen und sich zugleich mit einem hohen ästhetischen und intellektuellen Anspruch verbinden, drängen sich sofort Geschichten aus der griechischen Mythologie auf. Für deren Wahl als unterrichtlicher Gegenstand sprechen noch weitere Argumente:

Derartige Stoffe bieten Modelle von Menschheitserfahrungen in ihrer Dauer und in ihrem Wandel und können auf diese Weise – verbunden mit einer spannenden Handlung – auch ein Geschichtsverständnis anbahnen. Zugleich gelten sie gleichsam als Gedächtnis der Menschheit, das immer neuer Aktualisierungen im Sinne eigener Aneignung bedarf.

Einzelne Grundstrukturen, Handlungsrahmen und Figurenzeichnungen sind Kindern durch Film- und Fernsehformate bekannt. Es wäre allerdings problematisch, wenn Kinder und Jugendliche ausschließlich auf dieser Niveauebene die großen Stoffe der Weltliteratur wahrnehmen. Die spätere Begegnung mit klassischen Texten wie Goethes „Iphigenie" oder auch mit modernen Aneignungen der antiken Stoffe wie Botho Strauss' „Odysseus auf Ithaka" oder Christa Wolfs „Kassandra" können durch das frühe Kennenlernen einfacherer Adaptionen vorbereitet werden, das für eine vertiefte Auseinandersetzung im Jugend- und Erwachsenenalter motivieren und die Grundlage bilden kann.

Durch Film und Fernsehen sind diese Stoffe vor allem bei den weniger leseaktiven Jungen beliebt. Das heißt, mit ihrer Auswahl für den Unterricht können gerade für sie lesemotivierende Impulse verbunden sein.

Die neuen Medien bieten mit ihrer Präsentation der mythologischen Stoffe eine Chance, bereits im Unterricht der Grundschule Kindern einen ersten

Zugang zu diesem ,Weltkulturerbe' zu eröffnen, der sich von der einschichtigen Darstellung der amerikanischen Trivialfilme abhebt. Unseres Erachtens muss es weniger darum gehen, wie das einfache identifikatorische Lesen durch die Begegnung mit verschiedenen Odysseus-Bildern überwunden werden kann (vgl. Fingerhut 1997, S. 81). Wir erblicken zudem in manchen Adaptionen der antiken Stoffe auch nicht nur ,kulturelle Sekundärverarbeitungen' (vgl. Fingerhut 1997, S. 79), sondern verstehen sie im Sinne des Erzählers Franz Fühmanns als Aneignungen klassischer mythologischer Stoffe, da die Treue gegenüber dem Mythos die Untreue gegenüber allen vorhandenen Fassungen erfordert (vgl. Fühmann 1975, S. 174).

Natürlich erfüllt nicht jede vorliegende Bearbeitung diesen Anspruch, den Fühmann mit seiner Nacherzählung von „Ilias" und „Odyssee" („Das hölzerne Pferd") und Walter Jens mit seiner Adaption „Ilias und Odyssee" erreichen.

Blickt man in die volkskundliche, literaturwissenschaftliche und didaktisch-methodische Literatur, dann wird auffällig, dass die Sagen in ihren verschiedenen Prägungen – im Vergleich zu Märchen – ein geringes Interesse auf sich ziehen. Und selbst dann, wenn die Sage in den pädagogischen Blick gerät, gilt das kaum den Mythen bzw. klassischen Sagen, deren Bearbeitung durch Gustav Schwab die wohl bis heute bekannteste und folgenreichste geblieben ist. Diese Zurückhaltung ist vor allem deshalb unverständlich, weil gerade in jener mythischen Welt viele Gleichnisse, existentielle Grundkonstellationen und tiefgreifende menschliche Probleme und Konflikte zu entdecken sind, deren genauere Betrachtung auch im Unterricht ohne Zweifel lohnenswert ist.

Natürlich ist es nicht abwegig, auf Grund der vielschichtigen Anlage von mythologischen Figuren wie Agamemnon, Herakles, Kassandra, Klytämnestra und Odysseus und ihres komplizierten Beziehungsgeflechts erst für ihre Behandlung in oberen Klassenstufen zu plädieren. Gespräche mit Grundschülern zeigen jedoch, dass sie diese Figuren aus der klassischen Mythologie durchaus kennen. Diese Kenntnis beruht allerdings ausschließlich auf den Medien Film und Fernsehen.

Gerade die Ereignisse und Figuren aus der griechischen Sagenwelt – man denke auch an Kassandra, Oedipus, Prometheus, Sisyphos – haben immer wieder in Literatur, Musik und bildender Kunst eine Umsetzung gefunden. Die mythisch geprägten Modelle von Menschheitserfahrungen wurden auf diese Weise mit den Lebens- und Denkmustern der eigenen Zeit des jeweiligen Künstlers verbunden. Jene Geschichten bergen uralte menschliche Konflikte, und es bedeutet einen bemerkenswerten Kulturverlust, dass jene Stoffe bei jungen Menschen nicht mehr lebendig sind. Die Schwierigkeiten, die Jugendliche oft haben, die klassischen Texte wie Goethes „Iphigenie auf Tauris" und Kleists „Penthesilea" oder auch die modernen Darstellungen wie Botho Strauss' „Odysseus auf Ithaka" oder Christa Wolfs „Medea" zu verstehen, ja sich überhaupt dafür zu interessieren, hängen damit zusammen, dass sie die dahinter stehenden Mythen nicht kennen und ihnen nicht in einem Alter begegnet sind, in dem man sie als Abenteuer mit Begeisterung wahrnimmt. Hier liegt ein entscheidender Grund dafür, warum für eine Behandlung derartiger Texte im Unterricht heute – bereits in der Grundschule – zu plädieren ist.

Bei Gesprächen über jene mythische Welt sollten vor allem zwei Aspekte Berücksichtigung erfahren:

• die in ihr gestalteten menschlichen Grunderfahrungen, die auch für junge Menschen heute von Bedeutung sein können und

• der notwendige Hintergrund, den diese mythische Welt für das Verständnis vieler historischer und zeitgenössischer Werke der Literatur, der bildenden Kunst und der Musik bildet.

Auf Grund des Alters der Schüler ist es wichtig, dass der Stoff als Abenteuer und spannende Geschichte wahrgenommen werden kann und nicht ‚lehrstückhaft' auf pädagogisch intendierte Erkenntnisse reduziert wird.

3.2 Unterrichtliche Zugänge zu „Ilias" und „Odyssee"

Von verschiedenen Zugängen zu diesem Stoff, die wir seit Jahren in vierten Klassen erproben, werden im Folgenden zwei Varianten vorgestellt:

3.2.1 Franz Fühmanns Adaption „Das hölzerne Pferd" als Ausgangspunkt für Gespräche über den Kampf um Troja

Der Einstieg in den Text/die Ermittlung des Vorwissens der Kinder
Fühmanns Text beginnt mit der Situation, als nach neun Jahren des Krieges zwischen den Griechen und den Trojern die Sehnsucht der Kämpfer nach Frieden zunächst die Oberhand gewinnt. Nach dem Vorlesen dieser Erzähleröffnung (die damit endet, dass Zeus Agamemnon im Traum erscheint und ihn auffordert, den Kampf weiterzuführen und ihm den Sieg prophezeit) wird die Offenheit des Textes an dieser Stelle genutzt, um den Schülern verschiedene Aufgabenstellungen zur Auswahl anzubieten:

• Erzähle davon, wie die Geschichte aus deiner Sicht weitergehen wird!

• Weißt du, warum der Prinz Paris Helena geraubt hat? Gib das Geschehen um diesen Raub wieder!

• Hast du schon Filme über den Trojanischen Krieg gesehen? Weißt du etwas darüber, wie der Kampf endete?

Die Aufgabenstellungen richten sich nicht nur an die unterschiedlichen Voraussetzungen und Interessen von Schülern, sondern sie bieten sich deshalb an, weil die Lehrerinnen und Lehrer auf diese Weise Einblicke in die

Voraussetzungen ihrer Schüler für die Behandlung des Stoffes gewinnen und einen guten Überblick über deren Vorwissen erhalten.

Zur Hilfe für die Lösung der Aufgaben können bildhafte Darstellungen als Applikationen an die Tafel geheftet werden – eventuell ergänzt durch die Namen der Akteure aus der Welt der Helden und Götter.

Als sehr günstige Möglichkeit erweist sich die Wahl der großflächigen Illustrationen von Alice und Martin Provensen aus der Ausgabe von Walter Jens.

Abb. 28: Akteure aus der Welt der Helden und Götter

Die weitere Abfolge der Unterrichtseinheit und der einzelnen Stundenschritte hängt wesentlich von den Ergebnissen der Schülerarbeiten und dem darin erkennbaren Vorwissen der Kinder ab.

Leitendes Element sollte die Chronologie des Handlungsablaufs sowie die Zeichnung der Figuren und der Figurenbeziehungen sein. Da die Kinder durch die filmischen Angebote zumeist nur Action-Szenarien kennen und weniger über die Handlungsmotive der Figuren wissen, sollte ein Akzent gerade auf Handlungen der Figuren und deren Erklärungshintergrund gerichtet sein.

Das Urteil des Paris und die Charakterisierung einzelner Hauptakteure
Es empfiehlt sich, mit dem Urteil des Paris zu beginnen, weil auf diese Weise auch die Mädchen für das folgende (sie im allgemeinen nicht so interessierende) Kampfgeschehen aufgeschlossen werden können. Dieses nebensächlich erscheinende Moment kann die Behandlung ganz wesentlich beeinflussen, wie wir in einem Unterrichtsversuch erkennen konnten, als wir dieses Element unberücksichtigt ließen.

Für das Vorlesen des Urteils des Paris könnte die ausführliche Darstellung von Fühmann gewählt werden, weil sie innere Dynamik aufweist, spannend und doch ästhetisch anspruchsvoll erzählt ist und auch die Emotionen der Figuren erkennen lässt.

Auf dieser Grundlage wird ein Gespräch über den Ausgangspunkt des Krieges gestaltet und in diesem Rahmen den Fragen und Ansichten der Kinder ein breiter Raum gewährt.

Nach diesen Vorbereitungen, die so gestaltet sein müssen, dass die Schüler für eine vertiefte Behandlung des Stoffes aufgeschlossen und motiviert werden, konzentriert sich die Behandlung auf verschiedene Details, die sich auf die ‚Geschichte' der tragenden Personen richten.

In einer vorbereitenden Hausaufgabe ermitteln die Schüler über Lexika, Internet und durch Bibliotheksnutzung Informationen zu einer Figur ihrer Wahl (Achill, Agamemnon, Hekabe, Helena, Kassandra, Menelaos, Odysseus, Paris, Priamos). Mehrere Schüler entscheiden sich für eine Figur, wobei es ihnen überlassen bleibt, ob sie in der Gruppe die Informationen zusammentragen oder ob jeder einzeln sich auf die kurze Charakterisierung der Figur in der nächsten Unterrichtsstunde vorbereitet.

Nach der Vorstellung der Figuren und dem entsprechenden Austausch in der Klasse werden vier Passagen auf der Textgrundlage von Paul Hühnerfeld „Der Kampf um Troja" näher betrachtet (vgl. Hühnerfeld 1993):

- Der Raub der Helena (S. 19-20);
- Die Geschichte, wie Odysseus für den Krieg gewonnen wird (S. 21-25);
- Die List des Odysseus, um Achill zu entdecken und als Kämpfer zu gewinnen (S. 25-27);
- Die Verweigerung der Herausgabe von Helena durch die Trojer (S. 29-32);
- Die Opferung Iphigenies durch Agamemnon (S. 32-34).

Dazu wird die Klasse in fünf Gruppen eingeteilt, die in Kopien die Textauszüge lesen. Nach einem Gespräch innerhalb der Gruppe gibt jeweils ein Gruppenmitglied das Gelesene wieder, so dass sich für die ganze Klasse die fünf Handlungselemente zusammensetzen lassen. Die Schüler sollten danach die Möglichkeit erhalten, sich über das selbst Gelesene und Gehörte auszutauschen. Die Handlungen und der Handlungsspielraum des Einzelnen könnte dabei eine besondere Akzentuierung erfahren.

Der Kampf um Troja und der ‚Einzug' des Hölzernen Pferdes
Im Zentrum dieser Unterrichtssequenz stehen die Geschehnisse um das Hölzerne Pferd.

Der Lehrer/die Lehrerin sollte die entsprechenden Passagen vorlesen und sich je nach Klassensituation für die kürzere Darstellung von Paul Hühnerfeld oder Auszüge aus den ausführlicheren Erzählungen von Walter Jens und Franz Fühmann entscheiden. Dabei ist es nach unseren Erfahrungen wichtig, dass die Kinder mit ihren Kenntnissen, die sie durch die filmischen Versionen besitzen, zu Wort kommen.

Erst nach dem Erzählen der Kampfhandlungen sollte ein Gespräch über die Krieg-Frieden-Problematik und die Mittel einer Konfliktlösung in der menschlichen Gesellschaft geführt werden. Es ist erforderlich, dass dabei nicht zu schnell moralisiert und pädagogisiert wird, sondern Kinder genug Spielraum für ihre eigenen Gedanken und Ansichten erhalten. Gerade der gegenwärtige Zustand unserer Welt hat nach unseren Erkenntnissen dazu geführt, dass auch jüngere Kinder ein ausgeprägtes Bedürfnis haben, über diese Fragen zu sprechen.

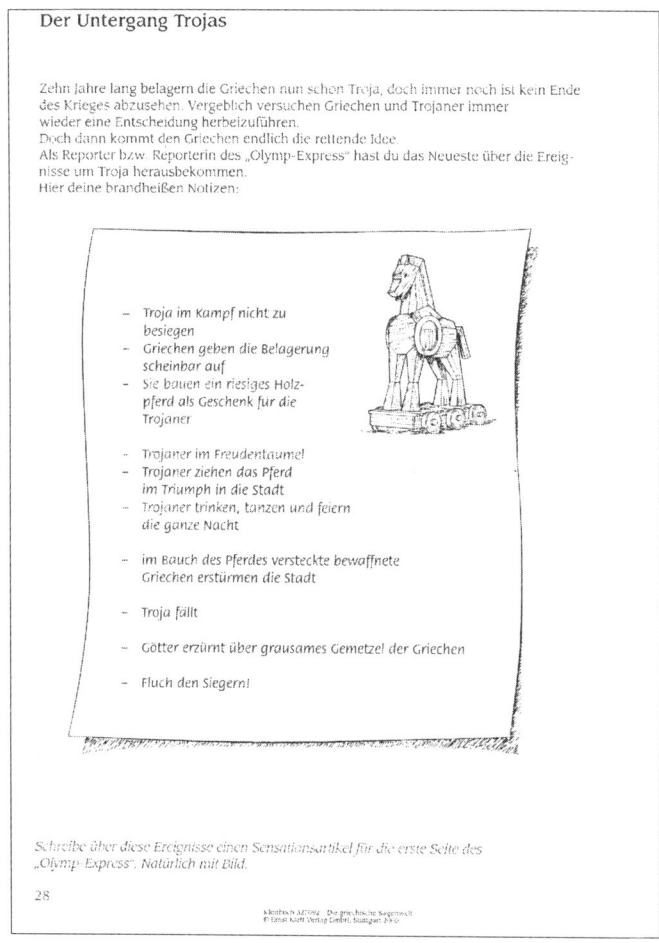

Abb. 29: Arbeitsblatt Klett-Verlag

Insofern erscheint es uns kontraproduktiv und sogar pädagogisch abwegig, die Behandlung des Trojanischen Krieges mit einem handlungs- und produktionsorientierten Unterrichtsschritt der Art zu verbinden, wie er in einem entsprechenden Material des Klett-Verlages vorgeschlagen wird (vgl. Tewes-Eck, Dunkel 2000, S. 28).

Die Wahl der Textsorte ‚Sensationsartikel' gibt den Charakter der Darstellung vor. Hier ist nicht Nachdenklichkeit gefragt, sondern Action prägt die sprachliche Gestalt. Die Unterrichtsaufgabe basiert auf einer Art Anbiederung beim Kind, mit der auf die angenommenen kindlichen Vorlieben reagiert werden soll. Sie verbindet sich mit einer Trivialisierung des mythischen Stoffes und zielt damit ins Leere bzw. in die falsche Richtung (Abb. 29).

Das Interesse der Kinder und der Zeitfaktor entscheiden darüber, ob auch die Irrfahrten und die Heimkehr des Odysseus noch in die Behandlung einbezogen werden. Im Rahmen eines Projektes wäre eine solche Ausweitung denkbar, die dann mit einer Nutzung von Filmen verbunden werden kann oder auch einen Akzent auf das Verhältnis zwischen den Handlungen der Menschen und dem Eingreifen der Götter setzen könnte. Hierzu müssen allerdings Voraussetzungen in der Klasse bestehen, um dieses Thema im Sinne eines *Philosophierens mit Kindern* zu realisieren.

3.2.2 Der Schliemannsche Schatz und der Trojanische Krieg

Im Mittelpunkt der Unterrichtseinheit steht nicht nur der Mythos vom Trojanischen Krieg, sondern Schliemanns Suche nach dem Handlungsort des Krieges, seine Ausgrabungen sowie die Geschichte des ‚Schatzes des Priamos' bis hin zu den heutigen Verhandlungen um dessen Rückgabe.

Es versteht sich von selbst, dass eine derartige Entscheidung eine fächerverbindende Behandlung im Blick hat. Für eine solche Anlage des Unterrichts sprechen die unterschiedlichen Schülerinteressen, nicht zuletzt in ihrer geschlechtsspezifischen Ausprägung.

Wir entschieden uns für einen Einstieg, der den differenzierten kindlichen Interessen in besonderer Weise entgegenkommt. Zunächst erfolgte die Präsentation eines Tafelbildes, das in Applikationen unterschiedliches Bildmaterial enthielt (Abb. 30). Das Zentrum bildete eine Darstellung des *Trojanischen Pferdes* (Illustration aus der Ausgabe von Walter Jens). Darum gruppierten sich – scheinbar willkürlich – einzelne Figuren aus der griechischen Mythologie: *Paris mit den drei Göttinnen* (das Urteil des Paris); *Kassandra* in ihrer Warngeste (Illustrationen aus der Fühmann-Ausgabe); die Darstellung einer *Schlachtszene*; ein Bild von *Odysseus mit Pfeil und Bogen* (Illustrationen aus Ausgaben von Gustav Schwab), ein Porträt von *Heinrich Schliemann*; eine *historische Karte* mit Teilen von Griechenland und der Türkei; eine Aufnahme von *Ausgrabungen in Troja* (Aufnahmen aus dem Band von Luigi Necco „Das Geheimnis von Troja"); eine *Zeitungsnotiz* über die Moskauer Präsentation des Schatzes des Priamos.

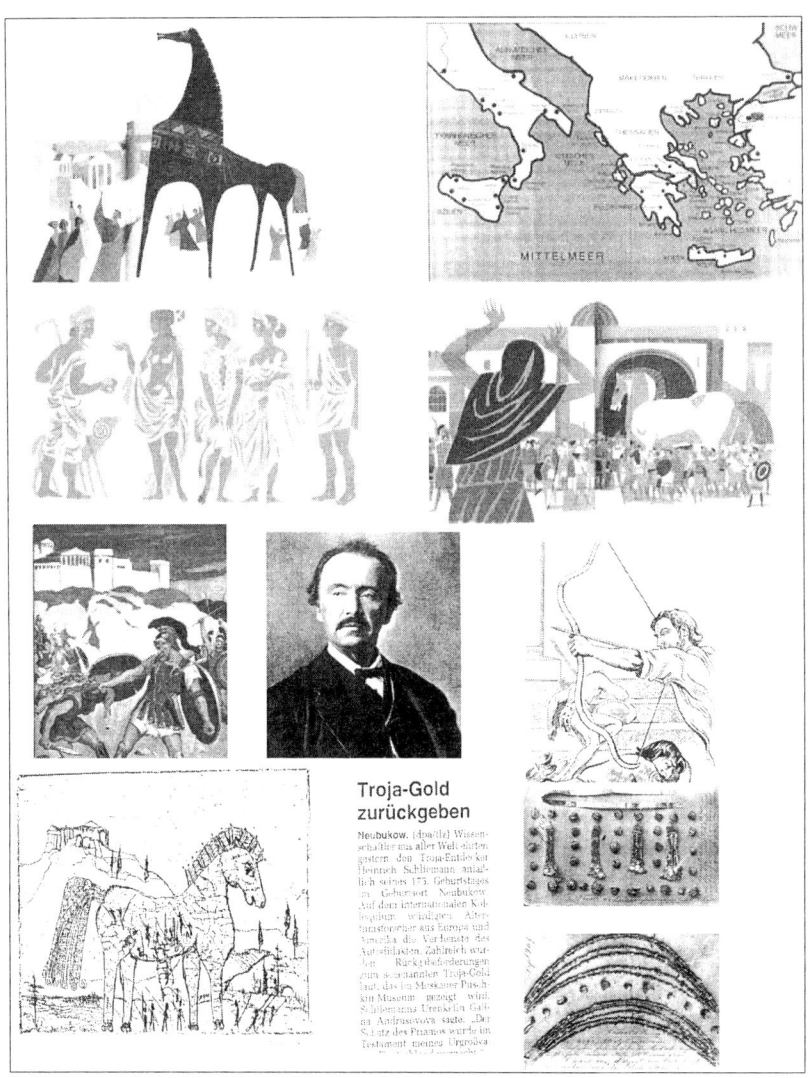

Abb. 30: Tafelbild

Wir baten die Schüler, die Bilder aus der Nähe zu betrachten und sich eines (ein Element) auszusuchen, zu dem sie etwas sagen möchten bzw. das sie an eine Geschichte erinnert. Zugleich wurde ihnen die Frage gestellt, ob sie eventuell einen Zusammenhang zwischen den unterschiedlichen Abbildungen entdecken können.

Nahezu die gesamte Klasse beteiligte sich an der folgenden Diskussion: Aussagen zu den Irrfahrten des Odysseus, zum Hölzernen Pferd, zu den Ursachen des Krieges und sogar zu Kassandra wurden gemacht. Indes konnte zunächst kein überzeugender Bezug zu Schliemann, zum Schatz des Pria-

138

mos und zum Urteil des Paris sowie zu den Abbildungen auf der historischen Karte hergestellt werden.

Die Lebensgeschichte Schliemanns und die Ausgrabungen in Troja

Mit dem Hinweis darauf, dass in den folgenden Stunden die geheimnisvolle Geschichte des Hölzernen Pferdes im Mittelpunkt stehen werde, begannen wir unsere Darstellung als Lehrervortrag mit Kindern zugänglichen Äußerungen zur Lebensgeschichte Schliemanns. Wir stellten zunächst dessen Leben als Kind und junger Mann vor und akzentuierten seine Begegnungen mit Homers Dichtungen und dem damit verbundenen Drang, jene geheimnisvollen Stätten zu finden und damit beweisen zu können, dass die Sage vom Trojanischen Krieg einen wahren Hintergrund besitzt.

Der Bericht über seine Ausgrabungen in Troja wurde mit entsprechendem Bildmaterial verbunden, das wir vor allem Luigi Neccos Darstellung „Das Geheimnis von Troja. Die abenteuerliche Suche nach Schliemanns Schatz" entnahmen (vgl. Necco 1994).

Im letzten Teil dieses Stundenschrittes erörterten wir die Frage, was mit dem Schatz des Priamos geschehen ist. Sie weitete sich von einer Debatte über die Rechtmäßigkeit von Schliemanns Ausfuhr der Ausgrabungsstücke bis hin zum Verschwinden des Schatzes im Verlaufs des 2.Weltkrieges und seiner ‚Wiederentdeckung' in Moskau. Auch an diesem Beispiel konnten wir zeigen, wie sich Vergangenes mit Gegenwärtigem verbindet und viele Fragen der Beziehungen zwischen den Völkern sich einer vereinfachenden Antwort verweigern. Bereits Grundschulkinder können solchen Erörterungen folgen, wenn man sie kindgerecht gestaltet und die Kinder als Gesprächspartner ernst nimmt.

Die Geschichte des Trojanischen Krieges

Bei der Erzählung über den Trojanischen Krieg mit seinen Hintergründen – in die wir die Schüler von Anbeginn einbezogen – stützten wir uns auf die bereits oben genannten Darstellungen von Franz Fühmann, Walter Jens und Paul Hühnerfeld.

In den Mittelpunkt der zweiten Stunde (es empfiehlt sich für den „Auftakt" der Behandlung eine Doppelstunde zu wählen) stellten wir die von Odysseus initiierte List, durch den Bau eines hölzernen Pferdes in die uneinnehmbare Stadt Troja zu gelangen. Nach unseren Erfahrungen gilt das Interesse der Kinder zunächst dem Bau des Pferdes, den Bedingungen für den Aufenthalt in ihm, den möglichen Reaktionen der Trojer und der Aufnahme des vermeintlichen Überläufers Sinon.

Besonders die Schüler, die durch Verfilmungen über den weiteren Verlauf des Krieges mit seinen vielen Toten auf Seiten der Griechen und der Trojer wussten, äußerten sich kritisch zur List des Odysseus und zum Verhalten Sinons. Daran entspann sich ein längeres Gespräch über die Legitimität einer derartigen Lüge als Mittel im Krieg, das nicht von uns angeregt war, aber von den Kindern äußerst heftig geführt wurde. Hier beteiligten sich auch die Mädchen, die ansonsten über die Vorgänge des Trojanischen Krieges weitaus weniger informiert waren als die Jungen.

Bei der weiteren Behandlung des Sagenkomplexes entschieden wir uns für zwei Stunden. Dafür sind sehr verschiedene Akzentsetzungen möglich:

• Rückkehr des Agamemnon (Ermordung durch Klytämnestra) mit der folgenden Iphigenie-Orest-Begegnung (mit Rückblick auf die Vorgeschichte);

• Rückkehr des Odysseus – mit seinen Irrfahrten und der Ankunft in Ithaka;

• die Helena-Geschichte mit ihren Anfängen und ihrem Ausgang.

Es ist in diesem Kontext sicher überflüssig darauf zu verweisen, wie entscheidend der Zugang der Kinder selbst zu einzelnen Elementen des Mythos ist. Es kann deshalb kein allgemeingültiges Muster für derartige Unterrichtseinheiten geben. Bei der Behandlung der mythischen Ereignisse im Umkreis des Trojanischen Krieges legten wir sehr viel Wert auf die Beteiligung der Schüler. Wir ließen sie zunächst entscheiden, welche Akzentsetzung sie wählen möchten. Dann wurde besprochen, wie man in Gruppenarbeit diese Aufgabe lösen kann. Unabhängig voneinander bereiteten sich die Gruppen durch Nutzung von Bibliotheken auf die Stunden vor, so dass gleichsam in einer Art Wettbewerb jede Gruppe ihre Version vorstellte.

Wenn die Kinder an dieser Form der Behandlung des Mythos Gefallen gefunden haben (zumeist wählen sie für ihre Gruppenarbeit die Irrfahrten und die Heimkehr des Odysseus), lässt sich später noch ein weiterer Komplex im Unterricht erarbeiten.

Für uns war es überraschend, wie ein Schüler gleich zu Beginn betonte, dass er die Geschichte mit Helena nicht glaube. Mit Verweis auf die Landkarte meinte er, es sei bestimmt nur um die Sicherung von Seewegen gegangen, aber da man das nicht offen sagen wollte, habe man dann das „Märchen mit Helena" erfunden. An derartigen Äußerungen lässt sich sehr gut anknüpfen, um noch einmal über Geschichte und Mythos zu sprechen und deutlich zu machen, wie jeder Erzähler des Mythos – bis hin zur Aufnahme mythologischer Stoffe in moderne Dichtung, Malerei und Musik – seine Ansichten von Welt und menschlichem Wirken in seiner spezifischen Gestaltung zum Ausdruck bringt.

Die durch unsere Erhebung erkennbare Bevorzugung abenteuerlicher, spannender und phantastischer Literatur fordert direkt dazu heraus, sich solcher Stoffe im Unterricht anzunehmen, die kindlichen Bedürfnissen ebenso entsprechen wie dem pädagogisch wichtigen Erwerb von ‚Weltwissen' verbunden mit Wertevermittlung und Sinngebung des Lebens.

4. Vielfältige Medien als Voraussetzung für die Behandlung anspruchsvoller literarischer Texte in der Grundschule: E.T.A. Hoffmanns Märchen „Nussknacker und Mausekönig"

4.1 Voraussetzungen/Intentionen

E.T.A. Hoffmanns Märchen gehört zu den herausragenden kinderliterarischen Erscheinungen der deutschen Literaturgeschichte, das immer wieder zu neuen interpretatorischen Entdeckungen führt – sei es durch Bildkünstler, durch Musik und Theater, durch ‚neue' Medien oder durch literaturwissenschaftliche Forschungen. Die Frage, wie sich eine literarisch anspruchsvolle Erscheinung mit Hilfe verschiedener Medien in der Grundschule realisieren lässt, ist gerade bei dem von E.T.A. Hoffmann verfassten Kunstmärchen „Nussknacker und Mausekönig" interessant, da dessen heutige Bekanntheit auf unterschiedlichen medialen Formen beruht. Die verschiedenen künstlerischen Zugänge zu diesem Text und dessen ‚Umsetzung' in anderen Medien bieten eigentlich die unabdingbare Voraussetzung dafür, das Hoffmannsche Märchen überhaupt als Unterrichtsgegenstand für die Grundschule in Betracht zu ziehen.

„Nussknacker und Mausekönig" erfreut sich einer bis heute andauernden Beliebtheit und hat sich – begünstigt durch die musikalische Bearbeitung von Tschaikowski – als Weihnachtsmärchen im Theater etabliert. Mediale Erfahrungen der Kinder mit dieser Geschichte bieten sich als Anknüpfungspunkte an. Um mit ihnen zum Sinnpotential des komplexen literarischen Ursprungstextes vorzudringen, sind besonders solche Medien geeignet, die sich der literarischen Dichtung verpflichtet fühlen. Demgegenüber ist jenen Medien mit Vorsicht zu begegnen, die aus einem offenbar bewahrpädagogischen Ansatz heraus den Inhalt von *Nussknacker und Mausekönig* „auf das Niveau eines Bilderbuches für Kleinkinder zurechtstutzen" (Schikorsky 1995, S. 537) und solchen, die die literarische Vorlage in marketingwirksame Figuren-Handlungs-Muster verpacken und damit die Vielschichtigkeit der originalen Figuren und Handlungen durch triviale Zuschnitte ihrer Aussagekraft und Geheimnisse berauben, wie zum Beispiel der Trickfilm „Barbie in: Der Nussknacker".

E.T.A. Hoffmann weicht in einer Vielzahl von Aspekten von der zeitgenössischen Norm romantischer Kinderliteratur ab. Er ist der erste Märchenautor, der gegen den Grundsatz verstößt, wonach der Held sein vertrautes, heimatliches Terrain verlassen muss, um phantastische Abenteuer zu erleben (vgl. Klotz 2002, S. 196). Bei ihm begegnen dem Helden im Hier und Jetzt rational nicht erklärbare Phänomene.

Die Behandlung des Textes im Unterricht ist ein reizvolles Unterfangen, weil unklar ist, ob und wie Schüler und Schülerinnen sich darauf einlassen und an welche eigenen Erfahrungen sie anknüpfen. E.T.A. Hoffmann selbst traut es den Kindern zu:

> „Es ist…überhaupt meines Bedünkens ein großer Irrtum, wenn man glaubt, dass lebhafte phantasiereiche Kinder, von denen hier nur die Rede sein kann, sich mit inhaltsleeren Faseleien, wie sie oft unter dem Namen Märchen vorkommen, begnügen" (Hoffmann 1978, S. 306).

E.T.A. Hoffmann gestaltet in seinem romantischen Kindermärchen die Erschütterung eines kindlichen Wesens, das aus seiner Alltäglichkeit herausgerissen wird und sich der eigenen Wahrnehmungen nicht mehr sicher ist. Dahinter verbergen sich nicht zuletzt auch Entfremdungserscheinungen der bürgerlichen Existenz und der von Hoffmann selbst erlebten Erscheinung, zwischen Einbildung und Wahrnehmung realer Vorgänge nicht unterscheiden zu können. Im eigentlichen Sinn handelt es sich um die Erfahrung von Vorgängen im Unterbewusstsein des Menschen, die sein ganzes Wesen erfassen und auf diese Weise zur beunruhigenden oder ihn bereichernden Realität werden können.

Auf der kinderliterarischen Ebene kann die Geschichte auch in der Lesart erfasst werden, dass die Protagonistin Träume erlebt, die beunruhigen, sich am Ende aber ihr Traum vom Prinzen, der sie in sein Reich führt, erfüllt.

Als Lesart für den Erwachsenen (erwachsenenliterarischen Ebene) kann für den Text folgende Deutung angenommen werden: Maries Träume sind Ausdruck ihrer Bewusstseinsspaltung (Fieberträume). In diesem Sinne kann die Schlusspointe – der junge Prinz holt das Mädchen, ähnlich wie der Erlenkönig das fiebernde Kind, in sein Wunderreich – als mythische Umschreibung des Todes der kindlichen Protagonistin verstanden werden (vgl. Ewers 1987).

Für diese Deutung sprechen auch verschiedene Lexeme wie „Krankheit" (als Zwischenüberschrift), Erwachen aus „tiefem Todesschlaf" sowie die „außerliterarische Erklärung" E.T.A. Hoffmanns in einem Brief an seinen Freund Hitzig nach dem Tod von dessen Tochter, die ein Urbild für Hoffmanns Protagonistin darstellte.

So schlüssig manche Deutungen von Hoffmanns Dichtung wirken; sie scheinen vereinseitigt, wenn sie gerade die für Hoffmann wichtige ‚Schwebe' aufheben wollen, um zu einer eindeutigen Interpretation zu gelangen.

Der Reiz des Märchens beruht aber gerade auf der skizzierten Ambivalenz und der damit verbundenen Offenheit des Textes, der sich einer „den letzten Rest auflösenden Interpretation" verwehrt. So konstatiert von Matt: *„Die Interpreten aber haben sich stets von neuem vor der Gefahr zu hüten, diese Werke primär von ihrer emotionalen Gestimmtheit aus anzugehen und das außerordentliche Raffinement perspektivischen Erzählens zu missachten, über das Hoffmann verfügt. Die Gefahr ist deshalb so groß, weil dieser Autor es durchaus auf die Mystifizierung des Lesers abgesehen hat und ihn auf höchst berechnete Weise in ständigem Zweifel zu halten trachtet, mit denen des Helden oder des wissenden Erzählers"* (von Matt 1971, S. 93).

Unterrichtsversuche haben deutlich zu erkennen gegeben, dass Kinder die Verunsicherungen des Textes reflektieren und sich durch diese herausgefordert fühlen, über eigene Träume und das bedrückende Nichtwissen um Einbildung oder Wirklichkeit zu berichten. Gerade in diesem Sinn spricht der Text die Kinder sehr stark an und motiviert sie, über eigene Imaginationen und den Umgang mit ihnen zu sprechen (vgl. Richter 2001, S. 74f.).

4.2 Anmerkungen zu Inhalt und Sinnpotential

Am Heiligen Abend erhält Marie, die siebenjährige Tochter der bürgerlichen Familie Stahlbaum, sowie ihr Bruder Fritz und die Schwester Luise einen Nussknacker geschenkt, in den sich Marie verliebt. Um Mitternacht entbrennt ein erbitterter Kampf zwischen dem lebendig gewordenen Nussknacker und dem siebenköpfigen Mausekönig. Als Marie sich in der Nacht beim Sturz in den Glasschrank eine Wunde zuzieht, erklärt sie diese mit ihren Aktivitäten während des nächtlichen Kampfes. Dem ‚Wissen' Maries um die nächtlichen Erlebnisse steht aber das Unverständnis der Eltern über „solch' albernes Zeug" (Hoffmann 1987, S. 92)[3] gegenüber, die der Version Maries keinen Glauben schenken und den Sturz respektive die Wunde als Ergebnis ihrer Schläfrigkeit deuten. Pate Droßelmeier[4], den Marie in der Nacht erkannt hat, erzählt am nächsten Tag die Ursache für den Streit der Kontrahenten in dem „Märchen von der harten Nuss".

Die irritierende Schwebe zwischen den verschiedenen Wirklichkeiten wird nicht aufgelöst und nicht zuletzt durch die undurchschaubare Figur des Paten Droßelmeier aufrechterhalten. Aus jeder Begegnung mit der phantastischen Wirklichkeit erscheint ein Beweisstück, das in der Alltagswirklichkeit anders gedeutet wird: die angenagten Süßigkeiten sind für Marie der Preis, den sie für die Unversehrtheit Nussknackers zahlen muss, für die El-

---

3 Die Zitate aus „Nussknacker und Mausekönig" werden im Folgenden nur mit den Seitenzahlen angeführt und beziehen sich auf die von Hans-Heino Ewers herausgegebene Reclam-Ausgabe „Kindermärchen" (1987).

4 Es gehört zu opinio communis, dass sich E.T.A. Hoffmann selbst in die Figur gezeichnet hat.

tern hingegen augenscheinlicher Beweis für eine Maus im Glasschrank. Ebenso seien die sieben Krönchen, die Marie im Kästchen aufbewahrt, jene, die ihr der Nussknacker schenkte, als er sie in der entscheidenden Schlacht seinem unterlegenen Rivalen abnahm. Für die Eltern sind, nach der Erklärung durch den Paten, die Kronen ein Geburtstagsgeschenk gewesen, das er ihr zum zweiten Geburtstag gemacht hatte. Allerdings können sich diese zunächst auch nicht an das Geschenk erinnern – womit wiederum eine Verunsicherung des Lesers erfolgt.

Die Deutung Maries wird durch den Erzähler unterstützt, der sich als Beobachter der Erlebnisse in der „anderen" Welt offenbart. Maries Bruder Fritz kündigt ihr seine Gefolgschaft und Marie zieht sich ganz in ihre Welt zurück. Die Begegnung mit und in der phantastischen Welt haben eine bewusstseins- und wesensverändernde Wirkung:

> „Sprechen durfte nun Marie nicht mehr von ihrem Abenteuer, aber die Bilder jenes wunderbaren Feenreiches umgaukelten sie in süßwogenden Rauschen und in holden lieblichen Klängen; sie sah alles noch einmal, sowie sie nur ihren Sinn fest darauf richtete, und so kam es, daß sie, statt zu spielen, wie sonst, starr und still, tief in sich gekehrt dasitzen konnte, weshalb sie von allen eine kleine Träumerin gescholten wurde" (S. 141 f.).

Die Verunsicherung des Lesers wird noch verstärkt, als der Nussknacker, nachdem ihm Marie ihre Zuneigung ausgesprochen hat, plötzlich lebendig als Droßelmeiers Neffe erscheint. Nach einem erfolgreichen Heiratsantrag holt der Neffe Marie in sein Puppenreich[5], wo sie als Königin lebt.

4.3   Der Text in verschiedenen Medien

Das von E.T.A. Hoffmann 1816 verlegte Kindermärchen „Nussknacker und Mausekönig" erscheint heute in vielfältigem medialen Gewande. Die verschiedenen Textfassungen, Illustrationen, Hörkassetten, Hörbuch und Zeichentrickfilm sind mediale Voraussetzungen, um das Märchen im Unterricht zu behandeln. Der Text erfährt aber nicht erst gegenwärtig eine Umsetzung in verschiedenen Medien. Seine gesamte Wirkungsgeschichte zeigt vielmehr, dass dieses Märchen seine lebendige Existenz weit über den deutschen Sprachraum hinaus seiner Aufnahme in andere Kunstgattungen und Medien verdankt. Diese ‚Aneignung' durch andere Künste scheint dazu beigetragen zu haben, dass schließlich auf Umwegen auch der Text selbst interessant wurde. So bearbeitete im Jahr 1844 der französische Romancier Alexandre Dumas d.Ä. das Hoffmannsche Märchen, dessen Fassung die Grundlage des Librettos (von dem berühmten Ballettmeister Marius Petipa)

---

5 Der Umstieg ins Puppenreich weist Parallelen zur modernen phantastischen Kinderliteratur europäischen Zuschnitts auf (Barrie, Carroll, Ende, Travers).

für den Nussknacker war, zu dem Peter Tschaikowski die Ballettmusik komponierte.

Auf diese Weise wurde entdeckt, dass dem Text eine große Anziehungskraft innewohnt, gerade weil er sich einer eindimensionalen Deutung entzieht. Diese Vielschichtigkeit und Offenheit hat dazu geführt, dass gerade in der Gegenwart viele Bildkünstler ihre spezifische Aneignung gesucht haben und auch die neuen Medien die Reize der Geschichte für sich entdeckten.

4.3.1 Illustrationen

Die namhaftesten Illustratoren haben in den letzten 30 Jahren äußerst unterschiedliche Bildwelten zu Hoffmanns Märchen geschaffen, die gerade für den Unterricht der Grundschule ein Weg sein können, diesen anspruchsvollen Stoff Kindern zu öffnen. Der besondere Reiz bei diesem literarischen Text liegt nicht zuletzt auch darin, sich auf das ‚Spiel mit den Wirklichkeiten' einzulassen und den „feinen Fäden, die sich durch das Ganze ziehen"[6] (Hoffmann 1978, S. 305) nachzuspüren. Zudem bietet es sich durch die Spezifik des Textes an, literaturhistorische, genrespezifische und historische Kenntnisse unter Einbeziehung der neuen Medien zu vermitteln.

Bei einer Vielzahl überzeugender Illustrationen, die weniger illustrativen, sondern konstitutiven Charakter haben (so etwa bei Roberto Innocenti, Maurice Sendak, Eva Johanna Rubin, Gennady Spirin, Lisbeth Zwerger) lohnt es sich, der bildnerischen Text-Reflexion nachzuspüren. „Jedes dieser Bücher", so konstatiert Horst Künnemann in der ZEIT, „ragt himmelhoch über den matten Durchschnitt von gängigen Klassiker-Interpretationen hinaus" (Künnemann 2003, S. 6).

Die österreicherische Illustratorin Lisbeth Zwerger hat sich mehrfach mit dem „Nussknacker" auseinander gesetzt und kommt in ihrer Neuversion 2003 (die erste Fassung datiert aus dem Jahr 1978[7]) zu einer umfassenden Änderung ihres ursprünglichen Illustrationskonzepts. Wie sehr Illustrationen immer auch Interpretationen des Künstlers sind, ließe sich im Grundschulunterricht nicht zuletzt auch in einem Vergleich dieser beiden Fassungen erarbeiten.

Aber ebenso lohnenswert kann es sein, die Illustrationen verschiedener Künstler zu einer Textsequenz herauszugreifen und in den Mittelpunkt des Unterrichts zu stellen.

---

6 Bei der Besprechung des Nussknackers in den Serapionsbrüdern wurde genau dieses als Problem des kindlichen Rezipienten gesehen.
7 Veröffentlicht in der vom Michael Neugebauer Verlag herausgegebenen Nacherzählung von Hans Gärtner.

Roberto Innocentis, dem Photorealismus nahe stehende Bilder begeistern sowohl die Erwachsenen als auch – wie später noch gezeigt werden kann – die Kinder. Durch ein feines Gespür für die (emotionalen) Stimmungen in den literarischen Vorlagen gelingt es ihm, Szenerien zu entwerfen, die faszinieren, fesseln und zum Entdecken einladen. Dabei interpretiert er den Text durch interessante Nuancen oder durch reizvolle Erweiterungen. Über diese Art der bildnerischen Interpretation kann zum einen die Lesemotivation gefördert (wie spiegelt das Bild den Text) und die ästhetische Wahrnehmung geschult werden.

Im letzten Bild fängt Innocenti das Ambivalente, das dem Handlungs- und Beziehungsgefüge inhärent ist, vortrefflich ein: In der Stille des verschlossenen Glasschrankes löst sich bei dem vom Kampf gezeichneten Nussknacker eine Träne, währenddessen er von dem vor der Schranktür postierten Paten Droßelmeier mit subtiler Miene fokussiert wird. Ein Bild der Gegensätze: innen und außen, Bewegung und erstarrte Form, Mensch und Figur, Alter und Jugend.

Die Frage um die Bedeutung der Träne des Nussknackers ist dabei nur eine der spannenden Fragen, der in Bild und Text nachgegangen werden kann.

4.3.2 Verfilmung

Der Zeichentrickfilm „Nussknackerprinz" (Columbia Tristar Home Video 1993) entfernt sich auch vom literarischen Original, lässt aber die Grundzüge der Dichtung deutlich erkennen. Der Film zeigt die Verunsicherung der Protagonistin (im Film trägt sie den Namen Klara[8]), weil sie nicht weiß, ob sich das Geschehen tatsächlich oder nur in ihrer Einbildung vollzieht. Durch seine Erweiterungen und Kürzungen ermöglicht er einerseits einen Zugang zu dem komplexen Stoff, andererseits kann er eine Auseinandersetzung über die Darstellungen im Original initiieren.

Bereits zu Beginn weicht der Film deutlich vom literarischen Original ab, indem die Kinder auf dem Weg nach Hause ihren Paten (im Film Onkel) Droßelmeier besuchen, der ein Geschenk für seinen Neffen Hans vorbereiten muss. Die Verbindung des Paten Droßelmeier zu mechanischem Spielzeug wird hervorgehoben durch die Dinge, die von den Kindern im Schaufenster bestaunt werden. Die filmische Darstellung von Wesen und Erscheinungsbild des Paten kann genrebedingt schneller und leichter erfolgen. Natürlich ist damit ein Verlust der textlichen Komplexität verbunden.

Da auch der Film die wesentlichen Aspekte des Weihnachtsgeschehens (Zeitpunkt der Handlung, Beschreibung der Protagonisten und ihr Verhalten) aus dem Original wiedergibt, ist dessen Beginn trotz und gerade wegen seiner Vereinfachungen geeignet, in das Märchen insgesamt einzuführen.

---

8 Die Figur der Marie wird auch im Ballett von Tschaikowski als Klara (Claire) benannt.

Auch im Binnenmärchen bedient sich der Film einer Vereinfachung, indem er das „Märchen von der harten Nuss" vor den nächtlichen Kampf zwischen Nussknacker und Mausekönig legt. Im Anschluss an die Bescherung erzählt der Onkel (der hier als Schenker des Nussknackers auftritt) das Märchen (Binnenmärchen) um Nussknacker, Prinzessin Pirlipat und Mausekönig. Da Klara bereits mit dem Wissen um diese Geschichte einschläft, liegt hier die Deutung nahe, dass Klara die Geschehnisse um den Nussknacker mit in den Schlaf genommen und in einem Traum vom Kampf des Nussknackers mit dem Mausekönig verarbeitet hat.

Trotz dieser Vereinfachung bleibt insgesamt die Verunsicherung für den Zuschauer bestehen; sie ist im Film in wesentlichen mit dem Paten Droßelmeier verbunden.

Nach dem Übertritt ins Spielzeugland (Puppenreich) und dem Entscheidungskampf zwischen Nussknacker und Mausekönig, der durch Klaras Einsatz entschieden wird, wacht sie in ihrem Bett auf. Ihr Bruder berichtet ihr, dass eine tote Maus im Weihnachtszimmer gefunden wurde. Der Zweifel um Realität und Imagination der Geschehnisse lässt sie sofort zu ihrem Onkel eilen, um zu erfahren, „was wahr ist und was nicht". Dieser stellt ihr den Neffen vor, der Klara zu erkennen gibt, dass sie die Verwandlung bewirkt hat. Im Gegensatz zum Text, der eine Deutung des Schlusses als mythische Umschreibung des Todes der Protagonistin offen hält, insistiert der Film auf einer Erfüllung von Klaras Träumen in der „realen" Welt.

4.3.3 Hörbuch

Das Hörbuch der Edition Seeigel verwendet die Textbearbeitung von Ute Kleeberg und die Musik des Leipziger Kapellmeisters und Komponisten Carl Reinecke. Seine Ouvertüre zu „Nussknacker und Mausekönig" op. 46 wurde 1855 komponiert, die übrigen Stücke entstanden 10 Jahre später. Fast 40 Jahre bevor Tschaikowski die Ballettmusik zu „Nussknacker" komponierte, vertonte Reinecke die Geschichte des „Nussknacker und Mausekönig" für Klavier zu vier Händen. Seine Interpretation des romantischen Stoffes stellt einen Kontrapunkt zu der reichen Orchesterinstrumentierung Tschaikowskis dar.

Dieses Hörbuch sieht sich in hohem Maße der originalen Dichtung verpflichtet. Der Erzählgestus der literarischen Vorlage wird über weite Strecken beibehalten und die Handlung wird fast nicht verändert.

Der Verweis des Sprechers, dass es sich um einen Weihnachtsabend vor fast 200 Jahren handelt, versetzt den Hörer in die Vergangenheit, ohne auf ein realitätsfernes, märchenhaftes Geschehen zu insistieren.

Am Heiligen Abend betreten Fritz und Marie das Weihnachtszimmer. Wie im literarischen Märchen wird nach der Enttäuschung der Kinder über das geschenkte Schloss das Interesse an der Figur des Nussknackers hervorgehoben. Marie nimmt sich ihres Schützlings an, legt ihn in den Glasschrank und sich schlafen. Das Auftreten des Mausekönigs wird mit kräftiger Stimme und ebenso kräftigen, galoppartigen Akkorden vorgetragen.

Die Kampfszene wird stark akzentuiert. Als Marie den Pantoffel nach dem Mausekönig wirft, sinkt sie ohnmächtig zusammen. Pate Droßelmeier kommt in der Kampfszene nicht vor, trotzdem weiß er um den Mausekönig. Er erzählt Marie das Märchen von der Prinzessin Pirlipat, der Hexe Mausepieks und dem künstlichen Uhrmacher.

Das Binnenmärchen wird in äußerst prägnanter und konzentrierter Form dargestellt. Der „Umstieg" ins Puppenreich und der Aufenthalt in ihm nimmt in der Hörfassung durch längere musikalische Einspielungen einen breiten Raum ein. Nach der „Erlösungsformel" erscheint der Pate mit seinem Neffen und Marie wird dessen Braut.

Die Hörfassung endet mit der Schlusssentenz, dass Marie noch zur Stunde Königin eines Landes sein solle, „in dem man die allerlieblichsten, wunderbarsten Dinge erblicken kann, wenn man nur danach Augen hat."

Es erweist sich als eine sehr glückliche Entscheidung, Carl Reineckes Musik zu Hoffmanns Märchen mit dem Text verbunden zu haben. Die Musik unterstützt in überzeugender Weise die Atmosphäre des Erzählten, zumal diese die Kinder sehr gut in die Stimmung des Märchens einführt. Zudem bietet sich diese Musikfassung zu einem Vergleich mit Auszügen aus Tschaikowskys „Nussknacker-Suite" direkt an. Bei der Gegenüberstellung des literarischen Textes und der dazu komponierten Musik erfahren die Kinder wie unterschiedlich literarische Geschichten empfunden und verstanden werden.

Es empfiehlt sich, im Unterricht die Hörfassung mit anderen Medien zu verbinden. Ihre Rezeption wird unterbrochen, um Kinder Vermutungen über den weiteren Verlauf der Geschichte anstellen zu lassen.

Zudem können Ausschnitte aus den Hörfassungen Auftakt dazu sein, Kinder selbst den weiteren Verlauf des Märchens in einer Textform lesen zu lassen.

Ein weiterer Weg zur Behandlungseröffnung kann auch darin liegen, zunächst Ausschnitte aus den Vertonungen von Reinecke und Tschaikowski zu spielen und Kinder ihre Empfindungen, Vorstellungen nennen zu lassen – bis hin zu der Frage, welche Handlungen, Vorgänge, Geschehnisse die Musik „untermalt" bzw. ausdrückt.

4.4 Didaktisch-methodische Umsetzung

4.4.1 Text und Film

In unseren Unterrichtsversuchen im Rahmen studentischer Fachpraktika haben wir zwei Einstiegsmöglichkeiten unter Verwendung der Verfilmung erprobt:

1. das Erzählen über die Zeit der Romantik, das Märchensammeln und das Erfinden von Kunstmärchen, woran sich das Vorlesen eines größeren Passus aus dem Originaltext und eine Filmszene anschlossen;

2. das Zeigen der Eingangsszenerie des Filmes mit seiner Darstellung des festlichen ungewöhnlichen Weihnachtsabends mit der anschließenden Aufforderung an die Kinder, Vermutungen darüber anzustellen, welche Ereignisse folgen könnten.

In beiden Fällen wurden danach Film – und Literatursequenzen behandelt, um auf diese Weise mit episodenhaften Auszügen die Anlage bzw. die Grundzüge der gesamten Dichtung deutlich zu machen. Besondere Akzente bildeten bei den Gesprächen die Imaginationen des Mädchens und die Deutung der Schlusspassage des Textes bzw. des Filmes.

Die Schüler waren durch die turbulenten Ereignisse, komischen Übertreibungen und sicher auch durch die banalisierenden Szenen in der Filmversion des Binnenmärchens fasziniert, aber sie wollten nicht dabei stehen bleiben. Sie zeigten sich durch die anregende Einführung zugleich motiviert, mehr über die Traumerlebnisse des Mädchens und deren Hintergründe erfahren zu wollen.

Die Mehrzahl der Kinder bewegte die Frage, inwieweit sich Marie (Klara) die Erlebnisse einbildet, ob sie nur träumt oder ob die Verwandlung des Nussknackers ‚tatsächlich' stattgefunden hat. Die Vehemenz, mit der sie diese Debatte führten (Mädchen und Jungen zeigten sich dabei gleichermaßen involviert), widerspiegelte ebenso ihre innere Beteiligung am literarischen und filmischen Geschehen wie auch die Übertragung der Ereignisse der Kunstwelt auf eigenes Erleben und Empfinden.

4.4.2 Text, Illustrationen und Hörbuch

Die Erfahrungen aus einem Unterrichtsversuch zeigen, dass offensichtlich Roberto Innocentis plastische Darstellung, die durch Perspektiven und Schatten Spannung evoziert, Kinder besonders anspricht (zur Auswahl standen außerdem Illustrationen von Kestutis Kasparavicius, Maurice Sendak und Gennady Spirin).

Roberto Innocenti   Gennady Spirin

Abb. 31, 32: Begegnung Marie und Mausekönig

Ihre Wahl für die Illustrationen von Roberto Innocenti begründeten sie mit Argumenten wie: *„realistisch"*, *„Angst in den Augen"*, *„ schöner Aufbau"*, *„brutal"*, *„Spannung"*, *„Wirklichkeit"*, *„Konsequenzen"*, *„plastisch"*, *„3D"*, *„gruselig"*, *„Mausekönig bringt Schauer"*, *„Gänsehaut"*, *„gut gemalt"*, *„rote Augen"*, *„man bekommt Schreckgefühle"*.

Die barock anmutende Zeichnung von Gennady Spirin erhielt nicht die Zustimmung der Kinder. Auf die Frage nach dem Grund der Ablehnung äußerten sich die Kinder, *„passt nicht zum Märchen"*, *„das mögen bestimmt die Erwachsenen"*, *„sieht zu wissenschaftlich aus"*, *„bestimmter Stil, der nicht echt aussieht"*, *„sieht harmlos wie alte Malerei aus, sieht nicht so gefährlich aus"*, *„Marie sieht wie ein Kinderengel aus"*.

Ausgehend von diesen Erfahrungen empfiehlt es sich, die Illustrationen von Roberto Innocenti in das Zentrum der Bildbetrachtung und der Annäherung an den Text zu stellen.

Zur Einstimmung auf die folgende Unterrichtseinheit, in deren Zentrum die Illustrationen Innocentis stehen, können die Schülerinnen und Schüler über ihre eigenen Erfahrungen und Rituale zum Weihnachtsfest erzählen. Durch die persönliche Schilderung werden Gemeinsamkeiten und Unterschiede zwischen heutigen Bräuchen und der textlichen Darstellung festgestellt.

Das Interesse an dem Märchen kann durch den zusätzlichen Hinweis autobiographischer Bezüge zum Autor geweckt werden, indem die Information gegeben wird, dass E.T.A. Hoffmann das Märchen 1816 für die Kinder seines Freundes (Hitzig), Marie und Fritz, verfasst hat und ihnen zu Weihnachten eine selbst gebaute Burg (ein Modell der Burg Ringstetten aus der Oper „Undine") schenkte.

Nach dem Vorlesen des ersten Kapitels „*Weihnachtsabend*" wird das erste Bild Innocentis gezeigt (Abb. 33). Dazu können entweder Gruppentische gebildet werden, an denen jeweils eine Kopie liegt, oder das Bild wird in Großformat an die Tafel geheftet.

Abb. 33: Der Weihnachtsabend

Bei dem Betrachten des Bildes sollte die Sicht der Kinder nicht vorschnell durch „Betrachtungsaufträge" eingeschränkt, sondern ihnen die Möglichkeit zum Entdecken und Antizipieren gegeben werden.

Mögliche Fragen und Impulse:

• Was fällt dir bei diesem Bild alles auf?
• Worauf fällt dein Blick zuerst? Wie hat Innocenti die Bildmitte gestaltet?
• Für welche Spielzeuge interessieren sich die Erwachsenen, Fritz und Marie?
• Gibt es Spielzeug nur für Jungen – Spielzeug nur für Mädchen?
• Wie unterscheidet sich das heutige Weihnachtsfest von dem abgebildeten?

Der Lehrer kann über das Bild weitere Informationen zur Geschichte der Nussknackerfigur und zur Geschichte des Weihnachtsfestes einfließen lassen.

In den Kapiteln „*Wunderdinge*" und „*Schlacht*" führt F.T.A. Hoffmann den Leser in turbulente, nächtliche Ereignisse:

Gerade als Marie den in der Glasvitrine aufbewahrten Nussknacker verlassen will, erblickt sie den Paten Droßelmeier, der auf der Wanduhr hockt und dem sich entbrennenden Kampf zwischen den aus den Ecken des Raumes hervorstoßenden Mäusen und Mausekönig und dem Nussknacker zuschaut.

Es kommt zu Maries Sturz in den Glasschrank, wodurch sich Marie am Ellenbogen eine Schnittverletzung zuzieht. Die Armee des Nussknackers, die sich aus Puppen unterschiedlicher Nationalitäten und Berufe requiriert, wird nach erbitterten Kämpfen umringt[9], so dass Marie, um die Gefahr abzuwenden, ihren Schuh auf den Mausekönig wirft und dann unter dem stechenden Schmerz an ihrem Arm ohnmächtig zusammenbricht.

Im Unterricht kann diese Szene über das Hörbuch vermittelt werden – bei gleichzeitiger Betrachtung des Bildes von Innocenti (Abb. 34).

Abb. 34: Die Schlacht

Mögliche Impulse und Fragen:

• Wie wirkt das Bild auf dich?

• Beschreibe den Gesichtsausdruck von Marie!

• Die beklemmende Situation, in der sich Marie befindet, als der Mausekönig mitsamt seinem Heer auf Marie zugeht, wird in verschiedenen Metaphern beschrieben: *„Vor Angst und Grauen hatte Marien das Herz schon so gepocht, daß sie glaubte, es müsse nun gleich aus der Brust herausspringen und dann müßte sie sterben; aber nun war es ihr, als stehe ihr Blut in den Adern still"* (S. 84).

• Mit welchen Bildern beschreibt E.T.A. Hoffmann die Angstzustände von Marie? Mit welchen Bildern würdest du Angst beschreiben?

• Warum könnte Marie so klein gezeichnet sein?

Der nächtliche Kampf zwischen Nussknacker und Mausekönig ängstigt Marie umso mehr, als sie ihn als reales Erlebnis erfährt, das aber von den Eltern ins Reich der Träume verbannt wird. Beunruhigend ist für das Kind auch das Verhalten des Paten Droßelmeier, der nachts in den Auseinandersetzungen eine Rolle spielt und auf die tags darauf folgenden Fragen von

---

9 Auf dem Höhepunkt der Schlacht lässt Hoffmann seinen Nussknacker mit einem Shakespeare Zitat aus Richard III. nach dem Pferd rufen: „Ein Pferd – ein Pferd – ein Königreich für ein Pferd!" (S. 91). Diese Züge „parodistische[r] Intertextualität" (Kremer 1999, S. 93) sind häufig im romantischen Kunstmärchen anzutreffen.

Marie so reagiert, dass die bedrückende Schwebe zwischen Traum und Realität erhalten bleibt.

Den Abschnitt „Die Krankheit" erhalten die Schüler als Kopie und lesen ihn gemeinsam durch. Dabei können in kleineren Gruppen bereits die Fragen besprochen werden:

• Wie deutet ihr die nächtlichen Erlebnisse?
• Wie reagieren die Erwachsenen (die Eltern und Pate Droßelmeier) darauf?

Das „Märchen von der harten Nuss" kann bis zu der Stelle vorgelesen oder nacherzählt werden, an der der Jüngling gesucht wird, der sich „noch nie rasiert und niemals Stiefel getragen" hat und die harte Nuss Krakatuk durchbeißen kann, um die Prinzessin Pirlipat von dem Fluch der Frau Mauserinks zu erlösen. Mit diesem Wissen können die Kinder ihre Interpretation der Geschehnisse auf den nächsten beiden Bildern versuchen (Abb. 35).

Abb. 35: Prinzessin Pirlipat

Mögliche Fragen und Impulse:

• Was sind die Veränderungen, die sich von dem einen zum anderen Bild vollzogen haben? Versucht diesen Wandel zu deuten.
• Wie reagieren die Prinzessin und die Umwelt auf ihre Hässlichkeit?
• Wie wird die Hässlichkeit des Nussknackers aufgenommen?
• Die Hässlichkeit ist von der Prinzessin auf den Nussknacker übergegangen (beide haben die gleiche(!) hässliche „Maske"). Die Prinzessin weiß, was es heißt, hässlich zu sein, und trotzdem verhält sie sich dem Nussknacker gegenüber ablehnend. Was könnten Gründe dafür sein? Was hat sich bei der Prinzessin verwandelt, was hat sich nicht verwandelt?
• Worauf achten die Zuschauer – warum weinen sie eigentlich? (das Verhältnis von Aussehen und Charakter)
• Wie könnte die Geschichte weiter gehen? Wer könnte den Nussknacker erlösen? Welche Konsequenzen hat das Binnenmärchen für die literarische Wirklichkeit?

Das Binnenmärchen, das die Geschichte vom einstigen realen Leben des Nussknackers als jungen Mann und Droßelmeiers Neffe erzählt, bietet wiederum eine Bedeutungsschicht, die auf einen realen Hintergrund von Maries Imagination verweist. Es wird im Original zu Ende gelesen und kann mit den antizipierten Geschichten der Kinder verglichen werden.

Das Kapitel „Der Sieg" beschreibt die Begegnung Maries mit dem Mausekönig, dem sie ihre Süßigkeiten opfert, damit dieser dem Nussknacker nichts antut. Die entscheidende Schlacht zwischen Nussknacker und Mausekönig wird ohne Beisein von Marie ausgetragen. Die „Zeichen des Sieges" nimmt Marie aus der Hand des Nussknackers: die sieben goldenen Kronen des Mausekönigs.

Der Inhalt kann den Kindern über das Nacherzählen vermittelt werden.

Bevor der Ausgang des Kampfes erzählt wird, können die Kinder mit dem Impuls ‚wie der Künstler den Ausgang darstellt' zum genauen Betrachten der Szenerie motiviert werden (Abb. 36).

Abb. 36: Der Sieg

Mögliche Fragen und Impulse:

- Woran erkennst du das Ende des Kampfes? (Schwanz des Mausekönigs, Blut am Schwert, sieben Kronen am linken Arm des Nussknackers)

- Warum ist der Nussknacker nicht erlöst nach dem Tod des Mausekönigs? Was könnte die „Erlösungsformel" sein?

Nach erfolgreichem Kampf nimmt der Nussknacker Marie mit in sein Puppenreich. In dem gleichnamigen Abschnitt und im Kapitel *„Die Hauptstadt"* wird der Leser in die phantastische Welt der Marzipanschlösser und tanzenden Puppen geführt (Abb. 37).

Für die Vermittlung dieser Episoden ist das Nacherzählen denkbar – mit einer musikalischen Untermalung durch Tschaikowskis Version.

Abb. 37: Das Puppenreich

Mögliche Fragen und Impulse:

- Wie wirkt das Bild auf dich? Was fällt dir auf, wenn du die Farben und die Perspektive mit den anderen Bildern vergleichst?
- An welche anderen Geschichten könnte das Bild erinnern? (Alice im Wunderland, Mary Poppins)

Nach den in Farben und Motiven schwelgenden Bildern wird den Kindern eine Kopie der letzten Episode *„Beschluss"* ausgeteilt. Das gemeinsame Lesen sollte bis zu der Stelle erfolgen, an der Marie von allen als eine Träumerin gescholten wird. Danach werden die Kinder angeregt, sich mit der Frage auseinander zu setzen, ob es sich um Traum und/oder Wirklichkeit bei den Erlebnissen um Marie handelt. Dabei sollen sie auch ihre eigenen Erfahrungen einfließen lassen und einen eigenen ‚Beschluss' der Geschichte verfassen.

Mit dem Zeigen des letzten Bildes werden die Ergebnisse der Kinder neben den von E.T.A. Hoffmann gewählten Ausgang gestellt (Abb. 38).

Abb. 38: Besuch von Paten Droßelmeiers Neffe

Mögliche Impulse und Fragen:

• Wie ist der Gesichtsausdruck des Paten Droßelmeier?

• Warum weint der Nussknacker?

• Warum steht der Nussknacker im Glasschrank, während Marie den Neffen ihres Paten begrüßt?

• Wo „sitzt" der Illustrator? Wie ist seine Perspektive (bspw. im Vergleich zu „Die Schlacht")?

In einem abschließenden Unterrichtsgespräch können sich die Kinder dann zu ihren verschiedenen Deutungen (siehe die Ausführungen zum Verstehen auf einer erwachsenenliterarischen und kinderliterarischen Ebene) äußern.

4.4.3 Pate Droßelmeier in Wort und Bild

Auffallend ist, dass vor dem Hintergrund der Unterschiedlichkeit der verschiedenen Illustratoren, der Pate Droßelmeier von allen ähnlich dargestellt ist. Offensichtlich ist dies auf die genaue Beschreibung der Person in der literarischen Vorlage zurückzuführen, so dass den Künstlern wenig Spielraum für eine individuelle Charakterisierung Droßelmeiers bleibt:

„Der Obergerichtsrat Droßelmeier war kein hübscher Mann, nur klein und mager, hatte viele Runzeln im Gesicht, statt des rechten Auges ein großes schwarzes Pflaster und auch gar keine Haare, weshalb er eine sehr schöne weiße Perücke trug, die war aber von Glas und ein künstliches Stück Arbeit. Überhaupt war der Pate selbst auch ein sehr künstlicher Mann, der sich sogar auf Uhren verstand und selbst welche machen konnte" (S. 67).

Mit den Kindern kann thematisiert werden, warum sich bei aller Unterschiedlichkeit der verschiedenen Zeichenstile die Figur des Droßelmeier in allen Bildern auffallend ähnelt. Thematisiert werden kann an dieser Stelle in welchem Verhältnis Bild und Text stehen. Wie weit dürfen Illustratoren sich von der literarischen Vorlage entfernen? Die Frage der künstlerischen Autonomie ist dabei ein Impuls. An welcher Stelle dann doch die jeweilige Künstlerhandschrift durchscheint, kann mit den Kindern gemeinsam erarbeitet werden.

Folgendes Vorgehen ist denkbar:

Den Kindern werden 4 von verschiedenen Künstlern gezeichnete Illustrationen des Paten Droßelmeier ohne Kommentar gezeigt, um spontane Äußerungen der Kinder abzuwarten (Abb. 39).

Maurice Sendak   Gennady Spirin

Adrienne Ségur   Maren Briswalter

Abb. 39: Pate Droßelmeier in verschiedenen Illustrationen

Mögliche Fragen und Impulse:

- Ihr seht vier Bilder verschiedener Künstler. Worin seht ihr Unterschiede, worin Gemeinsamkeiten?
- Warum zeichnen alle die Figur des Paten Droßelmeier ähnlich?
- Bestimmt der Autor, was der Illustrator zeichnen muss? Worin besteht der Spielraum des Künstlers? (Stehen noch weitere Bilder zur Verfügung, können die Kinder angeleitet werden, die Farben und Zeichenstile der verschiedenen Illustratoren zu benennen und deren Wirkung auf den Betrachter zu diskutieren.)
- Wie müsste der Text zum Bild lauten?

In Gruppen- oder Einzelarbeit können wesentliche Merkmale der gezeichneten Figur in Form eines Steckbriefes festgehalten und anschließend mit dem Originaltext verglichen werden.

4.4.4 Medien zur Reflexion literarischer Wirklichkeiten

Die Frage, wie Kinder das Ineinander von Außen- und Innenperspektive und die vielfach gebrochene Wahrnehmung des anspruchsvollen Kunstmärchens von E.T.A. Hoffmann reflektieren, also wie literarische Wirklichkeit in dem und aus dem eigenen Bedeutungs- und Erfahrungshorizont heraus gedeutet wird, war Ausgangspunkt für einen weiteren Unterrichtsversuch.

Zu Beginn der Stunde wurden die Kinder mit zeitgenössischen Bildern eingestimmt, die Bürgerfamilien um das 19. Jahrhundert zeigen, sowie Einrichtung und Ausgestaltung der Kinderstuben. Ein Augenmerk wurde dabei auf das Weihnachtsfest und die Unterschiedlichkeit der Gaben in Arbeiter- und bürgerlichen Schichten gerichtet. Nach einem informierenden Unterrichtsgespräch zu Charakteristika von Kunst- und Volksmärchen wurde ein Bild E.T.A. Hoffmanns als Übergang zu seinem literarischen Werk gezeigt.

Hans Gärtner ist es in seiner nacherzählten Fassung von „Nussknacker und Mausekönig" – verbunden mit Illustrationen von Lisbeth Zwerger – trotz großer Kürzungen gelungen, die wesentlichen Inhalte der Erzählung nicht zu vernachlässigen (vgl. Hoffmann/Zwerger 2001).

Das Vorlesen dieser Nacherzählung wechselte sich mit dem Einspielen des Hörbuchs (Textbearbeitung von Ute Kleeberg) ab. Aus diesem wurden die Szenen ‚Schlacht zwischen Nussknacker und Mausekönig' sowie ‚Erlebnisse im Puppenreich' (Traum und fantastische Ebene) gewählt.

Im Anschluss sollten sich die Schülerinnen und Schüler schriftlich zu den Begegnungen Maries mit dem Nussknacker äußern. Dabei galt es auf einen fiktiven Brief von Marie zu antworten:

Liebe(r) _____,

ich habe einiges mit meinem Nussknacker erlebt. Habe ich das alles nur ge-
träumt oder war das wirklich? Kannst du mir das erklären?

Deine Marie Stahlbaum

In den Antworten ließen sich die Schülerinnen und Schüler vielfach nicht
auf das implizierte entweder/oder ein, sondern insistierten auf einer eigenen
Deutung der Vorgänge. Die Polarisierung der Begriffe Traum und Wirklichkeit scheint dem Verständnis und Empfinden der Kinder nach einer
Gleichzeitigkeit nicht Rechnung tragen zu können. Das gleichzeitige Ne-
beneinander verschiedener ‚Wirklichkeiten' wird hingegen vor dem Hintergrund eigener Erfahrungen widerspruchsfrei erlebt. So entzieht sich eine
Schülerin in einer dialektischen Argumentation der geforderten eindeutigen
Zuordnung der Ereignisse[10]:

„Liebe Marie,

du hast alles halb erlebt und halb geträumt, das nennt man déjá vu. Ich ha-
be das alles auch schon mal erlebt! Das ist sehr komisch, denn wenn man
träumt, ist das so echt, ich weiß auch nicht wie! Übrigens, ich habe auch
einen Nussknacker, aber zum Glück keine Mäuse im Haus.

Deine Leonie"

Der Traum wird offenbar als eine Realität sui generis erlebt und begriffen.
Die Erlebnisse Maries scheinen Erfahrungsäquivalente in der Lebenswelt
der Rezipientin zu haben.

In einer anderen Deutung verweist eine Schülerin auf die Fähigkeit von
Kindern, in andere Welten einzutauchen, an deren Grenzen die Erwachsenen scheitern.

„Liebe Marie,

es gibt Dinge, die sind wahr und doch nicht wahr. Es gelingt dir sozusagen
in eine andere Welt zu gehen, die nur du als Kind betreten kannst. Also ist
alles ein bisschen wahr. Verstehst du jetzt, was ich meine mit diesen Wel-
ten. Denn die Erwachsenen haben keine Fantasie.

Deine Susi"

Die „andere", privilegierte Welt könne – so die Ansicht von Susi – nur vom
Kind erschlossen werden. So gesehen ist sie als subjektive Welt real-
existent, hat jedoch in der objektiven Welt keinen Bestand.

In einer konstruktivistischen Haltung legt eine Schülerin ihre Sicht auf die
Dinge dar:

---

10 Die von den Kindern geschriebenen Briefe wurden nur rechtschreiblich bereinigt.

"Liebe Marie,

du hast sehr viel Fantasie. Manchmal ist es so, als ob man dabei ist. Für dich ist es wirklich, aber für die anderen nicht.

Deine Charlene"

Paula beschäftigt die Frage, wer für die Erlebnisse Maries verantwortlich ist und entwickelt eine interessante Argumentationskette:

"Liebe Marie,

ich denke, dass dein Patenonkel der Auslöser für die Geschichte mit dem Nussknacker war. Vielleicht wollte er, dass du das alles erlebst. Wenn es stimmt, dass sich dein Nussknacker danach in den Neffen deines Patenonkels verwandelt hat, würde ich sagen, dein Patenonkel Drosselmeier wollte, dass du seinen Neffen wieder zum wirklichen Leben erweckst. Dadurch hast du diese ganzen Abenteuer erlebt.

Deine Paula"

4.4.5 Weitere Möglichkeiten der Behandlung

Über die dargestellten unterrichtlichen Zugänge zu dieser Dichtung in ihrem vielfältigen medialen Kontext hinaus haben wir auch Behandlungsformen gewählt, in denen E.T.A. Hoffmanns Text eher Ausgangspunkt für die Vermittlung anderer fachspezifischer Kenntnisse war. Sie sollen an dieser Stelle nur genannt sein, um anzudeuten, welch bemerkenswertes Potential mit der Behandlung dieses Märchens erschlossen werden kann;

- Vermittlung erster genrespezifischer Kenntnisse über Volks- und Kunstmärchen durch die Gegenüberstellung der Erzähleröffnung von „Nussknacker und Mausekönig" und „Hänsel und Gretel";
- kulturelle Hintergründe zur Nussknackererzählung: Zur Geschichte des Weihnachtsfestes in Deutschland und zur Geschichte der Nussknackerfigur in ihrem volkskundlichen und interkulturellen Kontext;
- die Weihnachtsszenen in Hoffmanns Dichtung und in der Verfilmung „Nussknackerprinz" als Ausgangspunkt für Gespräche über die Kultur des Weihnachtsfestes in verschiedenen Regionen der Erde und in unterschiedlichen historischen Zeiträumen.

Die in den Unterrichtsversuchen gewonnenen Erfahrungen machen deutlich, mit welchem Wirklichkeits- und Weltverständnis literarische Texte erschlossen werden können und geben einen Einblick in die verschiedenen Deutungsmuster. Sie zeigen aber vor allem eine beeindruckende und erstaunliche Reflexion von Grundschülern einer vierten Klasse über einen literarästhetisch anspruchsvollen Text.

5. Das realistische Kinderbuch in der Grundschule: Das Beispiel Kirsten Boie

5.1 Vorüberlegungen/Intentionen

Die Befunde unserer Erhebung haben eindeutig gezeigt, dass die realistische Kinderliteratur (‚wahre Geschichten') nicht zu der bevorzugten kindlichen Lektüre gehört.

Dennoch wäre es eine falsche Schlussfolgerung, auf diesem Hintergrund auf die Behandlung vieler interessanter Erzählungen und Kinderromane – etwa von Kirsten Boie, Paul Maar, Christine Nöstlinger oder Mirjam Pressler – zu verzichten.

Erst auf der Grundlage qualitativer Untersuchungen ließe sich erkennen, warum Kinder diesem Genre distanziert gegenüber stehen. Wir können deshalb zunächst nur vermuten, dass die ermittelte Haltung gegenüber derartigen literarischen Erscheinungen auch auf der Art ihrer Behandlung im Unterricht beruht, indem diese Texte gleichsam dazu einladen, aus ihnen bestimmte Sachinformationen herauszufiltern, sie zu ‚Themengebern' für den Unterricht zu machen und ihre literarischen Botschaften auf pädagogische Hinweise für richtiges und falsches Handeln zu beschränken. Eine nicht unbeträchtliche Reihe didaktischer Empfehlungen und Unterrichtsmaterialien befördert diese Tendenz.

Inzwischen liegt gerade zu einem Text der bekannten und herausragenden kinder- und jugendliterarischen Erzählerin Kirsten Boie ein Unterrichtsmaterial vor, das die vermuteten Einseitigkeiten und Gefahren bei der Behandlung dieser Texte noch weit übertrifft. Einer der schönsten und am dichtesten erzählten Kinderromane von Kirsten Boie „Man darf mit dem Glück nicht drängelig sein", der von Kindern einer ‚Scheidungsfamilie' und deren Versuchen erzählt, auf ihre spezifische Weise die sie bedrückende Situation zu bewältigen, pervertiert zu einem Sachbuch und Kreuzworträtselstoff. Diese gerade bei Cornelsen erschienene Bearbeitung (Hinne-Fischer 2004) kann als bezeichnendes Beispiel dafür dienen, wie poetische Literatur in einem eng verstandenen pädagogischen Verständnis verunstaltet wird. Auf diese Weise können die Kinder zwar Stoff für Lösungen von Quiz-Fragen finden, aber lesemotivierende Impulse werden von einer derartigen Bearbeitung, die alle künstlerischen Bilder der Autorin zerstört, nicht ausgehen.

Gerade die „Harry Potter"-Rezeption durch junge Kinder hat gezeigt, dass diese sich nicht durch eine Literatur angesprochen fühlen, die Sprache trivialisiert und zum oberflächlichen Spiel verkommen lässt, sondern dass sie anspruchsvolle, vielschichtige, spannende Geschichten, durchaus auch mit einem beträchtlichen Seitenumfang, bevorzugen.

Die Cornelsen-Bearbeitung trivialisiert aber nicht nur alle Handlungselemente, indem sie den Originaltext nicht ernstnimmt, sondern sie ‚übersetzt' ihn in eine Alltagssprache. Nach jedem ‚erzählten', auf ein Mindestmaß gekürzten Kapitel erfolgen Aufgaben, Lückentexte, Quizfragen und kreuzworträtselartige Darstellungen, die einen weitaus größeren Umfang aufweisen als der Text selbst. Dieser dient vor allem als Themengeber für alle möglichen Sachgegenstände. Poetische Literatur wird auf diese Weise zur Sachliteratur, die bar emotionaler Wirkung ist und auch kaum die Lesemotivation befördern dürfte. Es ist bezeichnend für die Publikation, dass keine der Aufgabenstellungen auf ein Erkennen ästhetischer Elemente und ein Entschlüsseln der Bildsprache insistiert. Der Eindruck der ‚Verwandlung' zur Sachliteratur wird durch die Illustration noch unterstrichen.

Eine vermeintliche Vereinfachung des Textes im Interesse der Kinder, indem man ihn seiner Poetizität entkleidet, dürfte kein Weg sein zu einer tatsächlichen Entwicklung von Lesekompetenz und vor allem nicht dem Aufbau einer Lesemotivation dienen.

Auf diesem Hintergrund soll im Folgenden das Wirkungspotential von Erzählungen und Kinderromanen von Kirsten Boie gezeigt werden – in Verbindung mit Impulsen für einen interessanten Literaturunterricht.

5.2 Besonderheiten des Erzählens von Kirsten Boie

Kirsten Boie (geb. 1950) gehört zu den Kinder – und Jugendbuchautoren Deutschlands, die in den letzten Jahren die interessantesten und innovativsten Texte vorgelegt haben – Texte, die gerade auch im Grundschulunterricht reizvolle Zugänge zu brisanten sozialen und psychologischen Themen und Prozessen bieten.

Die Geschichten, die auf einer grundlegenden Kenntnis gegenwärtiger Kindheit beruhen, sind eine wahre Fundgrube: Sie laden direkt dazu ein, tiefer in reale kindliche Welten einzudringen und über sie nachzudenken. Die Verbindung eines hohen ästhetischen Anspruchs mit einer auffälligen Attraktivität für den kindlichen und jugendlichen Leser dürfte in dieser Form auf dem deutschen Büchermarkt einmalig sein. In ihr offenbart sich, dass modernes Erzählen nicht mit einem Verlust an Verständlichkeit für ein breites Lesepublikum einhergehen muss.

Kirsten Boies Schaffen weist eine bemerkenswerte Breite aus. Zum einen wendet sich die Autorin an sehr unterschiedliche Altersgruppen (vom Kindergarten- bis zum Jugendalter; die Anlage ihrer Texte zeigt zudem, dass sie auch Erwachsene erreichen möchte) und gestaltet eine Fülle von Themen: Rollenmuster in der Familie und deren Umkehrung („Mit Jakob wurde alles anders"); Kinder in 'Scheidungsfamilien' bzw. gewandelten Familienformen und -beziehungen („Man darf mit dem Glück nicht drängelig sein"); Verschweigen und Verdrängen krisenhafter Beziehungen in der Familie und Generationskonflikte („Mit Kindern redet ja keiner"; „Das Ausgleichskind"); Gewalt („Erwachsene reden. Marco hat was getan", „Nicht Chicago, nicht hier"); soziale Gegensätze in der Gesellschaft und Leben im Unterschichtmilieu („Ich ganz cool", „Prinz und Bottelknabe"); große und kleine Freuden und Probleme im Leben von jüngeren Kindern (die King-Kong-Geschichten, „Eine wunderbare Liebe", „Moppel wär' gern Romco").

Mit dieser Breite an thematischen Bereichen verbindet sich kein modisch-oberflächliches Bedienen bevorzugter Trends. Und die oben vorgenommene Zuordnung der fiktiven Geschichten erfasst eher Äußerliches und sagt noch nichts aus über die literarische Qualität. Die Texte von Kirsten Boie sind keineswegs Problemliteratur in dem Sinne des Wortes, dass zu einem Thema eine Geschichte erfunden wird, die wegen der klaren Konturierung des „Problems" auf eine subtile Figurenzeichnung verzichtet. Die Besonderheit des Schaffens von Kirsten Boie besteht gerade darin, dass das Innere der Kindfiguren tief ausgeleuchtet wird, in poetischen Bildern kindliche Sehnsüchte aufscheinen und vor allem dem erwachsenen Leser Impulse vermittelt werden für ein Nachdenken über kindliches Handeln und Empfinden. Die Offenheit der Texte, das Rechnen mit einem aktiven Leser, der sich auf die Geschichten einlässt, und eine bemerkenswerte Verbindung von Ernsthaftigkeit in der Darstellung individueller und sozialer Fragen und humorvoller Gestaltung sind wesentliche Charakteristika des Erzählens von Kirsten Boie.

5.2.1 Die King-Kong-Geschichten.
Analyse und Unterrichtsanregungen

Kirsten Boie ist eine Schriftstellerin, die auch dem Schreiben von Erstlesegeschichten Aufmerksamkeit schenkt und die gerade in diesem Zusammenhang der Frage nachgeht, wie Bücher beschaffen sein müssen, damit sie möglichst viele Kinder – auch solche aus eher lesefernen Elternhäusern – erreichen (vgl. Boie 2000).

Zu den nach unserer Erfahrung bei Grundschulkindern erfolgreichsten Texten dieser Art gehören die King-Kong-Geschichten, die inzwischen in einer Art Serie in mehreren Bänden vorliegen: „King-Kong, das Geheimschwein", „King-Kong, das Liebesschwein", „King-Kong, das Reiseschwein", „King-Kong, das Schulschwein", „King-Kong, das Zirkusschwein". Ein Teil von ihnen ist – als Lesung der Autorin – auch auf Hörkassette erschienen.

Diese Erstlesegeschichten orientieren sich sowohl an den Lesefähigkeiten von Schülern der 1. und 2. Klasse als auch an den vornehmlichen kindlichen Interessen. Mit ihrer Schriftgröße, dem Umfang des Textkorpus, der Fülle an Illustrationen und der Überschaubarkeit der Handlung wirken sie sehr stark lesemotivierend. Im Unterschied zu manchem Text im Lesebuch bieten sie eine differenzierte, geschlossene, partiell auch spannende Geschichte. Das Kind wird am Ende mit dem Gefühl ‚entlassen', ein ‚ganzes Buch' gelesen zu haben.

Kirsten Boie hat sich mit dem Erzählen einer Tiergeschichte für ein Genre entschieden, das zu den bevorzugten literarischen Erscheinungen bei Jungen *und* Mädchen im frühen Grundschulalter gehört.

Die Autorin erzählt vom Wunsch eines Kindes nach einem Tier, den es sich zunächst ohne Zustimmung der Eltern erfüllt. Jan-Arne muss sein Meerschwein (dem er den kraftvollen Namen King-Kong gegeben hat) immer irgendwo einschmuggeln, zunächst in seinem Zimmer, dann in der Schule, schließlich in das Urlaubsdomizil und in den Zirkus.

Die Geschichten sind ganz auf die Gedanken- und Gefühlswelt des Jungen orientiert. Größere Konflikte mit den Eltern gibt es nicht. Der Junge wächst in einer liebe- und verständnisvollen Atmosphäre auf. Trotzdem verweigern sich zunächst auch seine Eltern gegenüber dem Wunsch Jan-Arnes nach einem Haustier. Deshalb bringt der Protagonist das Tier heimlich mit und hält es zunächst verborgen – immer verbunden mit der Angst vor Entdeckung und der Absicht, es den Eltern bei der erstbesten Gelegenheit mitzuteilen. Dadurch entwickelt die Geschichte eine Spannung und erreicht eine Übereinstimmung mit dem kindlichen Leser.

„King-Kong, das Liebesschwein" gibt noch deutlicher die Besonderheiten des Erzählens von Kirsten Boie zu erkennen als der erste Band. Er lässt sich – wie alle Bände der Reihe – auch separat, d.h. ohne Kenntnis der „Vorgeschichte", lesen. Es ist der Autorin überzeugend gelungen, jede Geschichte so zu schreiben, dass sie einerseits an sich verständlich wird und andererseits auch keine Wiederholungen der Art enthält, dass sich der Leser vorangehender Bände langweilt. „King-Kong, das Liebesschwein" zeichnet sich innerhalb der Folge durch einen auffälligen Humor aus und dürfte auch auf Grund der dargestellten Vorgänge das besondere Interesse der Schüler treffen.

Der Text knüpft an Erlebnissen an, die in dem Band „King-Kong, das Reiseschwein" erzählt wurden. Jan-Arne wird von seiner Urlaubsbekanntschaft Liane besucht, die inzwischen ebenfalls ein Meerschwein hat, das sie Jan-Arne zeigen möchte. Mit einigem Zögern versucht die Mutter ihrem Sohn zu erklären, dass es mit dem Zusammenspielen der beiden Meerschweine etwas problematisch werden könnte, da es sich bei Jan-Arnes Tier um ein Weibchen und bei Lianes Meerschwein um ein Männchen handelt. Der aufgeweckte Junge begreift natürlich schnell die Gefahr und sieht auch ein, dass sie tatsächlich keinen Nachwuchs gebrauchen können. Er versucht, Liane vorsichtig in die problematische Situation einzuführen und gibt sich dabei als überlegener Aufklärer. Liane zeigt sich allerdings bestens aufgeklärt und wählt noch dazu den Fachwortschatz für das befürchtete Ereignis, um dann zu behaupten, dass die Befürchtungen von Jan-Arnes Mutter unsinnig sind: „Mama sagt, zusammen schlafen ist schön, wenn man sich liebhat. Und Mucki und King-Kong haben sich doch wohl nicht lieb, was? Die kennen sich ja gar nicht!" (S. 20). Diese Erklärung beruhigt auch den Jungen, zumal die Tiere eher auf Distanz gehen. Nach wenigen Wochen offenbart sich allerdings, dass die befürchtete Situation doch eingetreten ist. In heimlichen Telefonaten suchen die Kinder nach einer Lösung und finden schließlich Schulkameraden, die sich Meerschweinbabys wünschen.

Diese Geschichte offenbart in besonderer Weise, dass sich Kirsten Boie immer auch an den erwachsenen Leser wendet, das heißt, der Text enthält auch eine Ebene für den Erwachsenen. Wenn Vertreter beider Generationen beim Lesen gemeinsam die Komik empfinden und sich an ihr erfreuen (wie bei den Lesungen der Schriftstellerin zu erleben ist), so sind es dennoch unterschiedliche Elemente, die bei Kindern und Erwachsenen ‚wirken'. Nur dadurch, dass auch die erwachsenenliterarische Ebene diesen einfach scheinenden Texten eingeschrieben ist, kann sich der Humor bei beiden Adressatengruppen entfalten.

Folgender Unterrichtsaufbau hat sich nach unseren Erfahrungen bewährt:

- Nach einer Titelantizipation des ersten Bandes, für die durchaus größerer Raum gelassen werden sollte, liest der Lehrer den Text bis zum Ende des 7. Kapitals vor (S. 25). An dieser Stelle erfährt der Leser von Jan-Arnes Entschluss, das Meerschwein einfach mit nach Hause zu bringen, obwohl der Vater seine ablehnende Haltung gegenüber einem Haustier zum Ausdruck gebracht hat.

- Danach stellen die Kinder im Rahmen eines Unterrichtsgesprächs Vermutungen darüber an, wie die Geschichte weitergehen könnte. In diesem Zusammenhang sollte der Lehrer auch Äußerungen der Schüler über eigene Tiererlebnisse, über Erfüllen oder Abwehren des kindlichen Wunsches nach einem Tier in der eigenen Familie zulassen.

- Anschließend wird das 10. Kapitel (das 9. Kapitel kann übergangen werden) vom Lehrer und von lesestarken Schülern vorgelesen. Im Anschluss daran erhalten die Kinder die Hausaufgabe, ihre Vorstellungen über den weiteren Fortgang der Geschichte zu schreiben oder zu malen.

- Im Mittelpunkt der 2. und 3. Stunde stehen die Kapitel 11 bis 17. Je nach Leseleistungen der Klasse entscheidet der Lehrer über die Formen des Umgangs mit dem Text (lautes Lesen, stilles Lesen, Lesen der Kapitel in Gruppen, Erschließen des Inhalts über die Illustrationen, Einsatz der Tonkassette, Unterrichtsgespräch).

- Die letzten beiden Stunden (möglichst eine Doppelstunde) widmen sich dem letzten Kapitel und dem Gespräch über den gesamten Handlungsverlauf. Begonnen werden kann mit einer Aufgabenstellung, die die Auseinandersetzung mit dem letzten Kapitel einleitet: *„Nach der Entdeckung des Tiers durch die Mutter führen sie und Jan-Arne ein Gespräch. Stellt dar, wie das Gespräch ablaufen könnte".*
- Die Klasse wird in Gruppen eingeteilt, deren Teilnehmer sich über den möglichen Gesprächsverlauf verständigen. Die Gruppe bereitet sich auf die Präsentation ihrer Version vor der gesamten Klasse vor. Folgende Formen bieten sich in diesem Zusammenhang an: szenische Darstellung bzw. darstellendes Spiel, Schreiben eines kurzen Textes, Malen einer Bildfolge. Nach der Vorstellung der Schülerarbeiten und dem Gespräch darüber liest der Lehrer das letzte Kapitel vor, über das nochmals ein kurzes Gespräch geführt wird.
- Wenn die Klasse an weiteren Erlebnissen von Jan-Arne interessiert ist, lässt sie der Lehrer darüber entscheiden, welcher Band dafür ausgewählt werden soll.

5.2.2 „Mit Jakob wurde alles anders".
Analyse und Unterrichtsanregungen

Der Darstellung von Familienbeziehungen und Familienkonflikten sowie der Spiegelung des Verhältnisses Kind – Familie – gesellschaftliches Umfeld gilt die besondere Aufmerksamkeit der Autorin. Im Zentrum ihres Erzählens stehen dabei die Wandlungen im Verhältnis von Erwachsenen und Kindern ebenso wie das Weiterwirken traditioneller Geschlechterrollen in der Familie bei gleichzeitiger Erkenntnis ihrer Brüchigkeit. Im Mittelpunkt des Erzählinteresses steht dabei, wie Kinder diese Spannungen wahrnehmen, sich mit ihnen auseinandersetzen und welchen Weg ihrer ‚Bewältigung' sie finden.

In Boies künstlerischen Welten ereignen sich nicht nur Familiensituationen, wie sie im Sinne der Widerspiegelung alltäglicher Vorgänge vorstellbar sind, sondern die Autorin entscheidet sich zugleich für Modelle, die den Charakter sozialer Experimente („Mit Jakob wurde alles anders") und phantastischer Verwandlungen („Prinz und Bottelknabe") tragen.

Der Kinderroman „Mit Jakob wurde alles anders" ist mit seiner Darstellung eines sozialen Experiments des Infragestellens tradierter Geschlechterrollen in der Familie eine singuläre Erscheinung in der deutschen Kinder- und Jugendliteratur, die besonders hohe Anforderungen an eine unterrichtliche Behandlung in der Grundschule (Klasse 4) stellt. Unser vergleichender Unterrichtsversuch in Klasse 4 und Klasse 7 bewies allerdings, dass auch Kinder im Grundschulalter sich durchaus von der Geschichte angesprochen fühlten und sich mit auffälliger innerer Beteiligung zu einzelnen Aspekten im Verhalten der Figuren äußerten.

„Mit Jakob wurde alles anders" ist ein provokanter Angriff auf tradierte Rollenmuster in der Familie. Das Durchbrechen dieser Rollenmuster und die Folgen werden auf äußerst reizvolle Weise gestaltet. Zu den besonderen Vorzügen des Buches gehört es, dass der Rollentausch zwischen Mutter und Vater humorvoll dargestellt wird, ohne die mit ihm verbundenen Probleme zu verschweigen.

Erzählt wird die Geschichte aus der Sicht der etwa zwölfjährigen Nele, die sich rückblickend an die alle Familienmitglieder verwirrenden Erlebnisse erinnert. Mit diesem „Rückblick" erlebt der kindliche Leser die zum Teil auch bedrückende Situation mit der Gewissheit, dass die Betroffenen zuversichtlich sind, es schaffen zu können.

Neles Mutter verunsichert ihre Tochter und ihren Mann mit der Mitteilung, dass sie, sobald Neles Bruder vier Jahre alt ist, wieder arbeiten wird; und zwar nicht nur in einer Halbtagsbeschäftigung. Schweren Herzens stimmen die anderen Familienmitglieder zu; und es bleibt auch bei der Abmachung, als Neles Mutter schwanger wird. Der Vater entschließt sich, für einige Jahre zu Hause zu bleiben, und er gewinnt dem Ganzen sogar Positives ab, denkt er doch an die viele freie Zeit, die er dann für sich haben wird. Allerdings zeigt sich bald, dass der Vater den Haushalt mit drei Kindern nicht so meistert, wie er es sich selbst ausmalte, und die Mutter nach ihrer Arbeit noch vieles im Haushalt mit erledigen muss. Die Vorstellungen des Vaters, das Leben als Hausmann gleiche einem langen Urlaub, erweisen sich in der Praxis als Irrtum.

Nele erlebt die sie bedrückenden Auseinandersetzungen zwischen Mutter und Vater. Allerdings lösen die Gespräche mit der Mutter diese Bedrückung: Nele spürt, wie recht die Mutter mit ihrem Anspruch auf Arbeit hat und wie ihre Eltern um eine Lösung ringen. Die Kommunikation zwischen den beiden weiblichen Familienmitgliedern widerspiegelt aber noch mehr: Sie zeigt eine partnerschaftliche Beziehung. Auch Neles Mutter sucht eine Antwort auf wesentliche Fragen der Lebensgestaltung und bezieht ihre Tochter in diese Suche mit ein. In den Gesprächen wird zugleich deutlich, wie stark Neles Mutter als Sprachrohr der Autorin angelegt ist. Die auffällige Verbalisierung in einzelnen Passagen, die künstlerisch sicher nicht unproblematisch ist, verweist auf die Wirkungsabsicht der Autorin. Sie will garantieren, dass dieses, ihr wesentliche Element im Sinnpotential des Textes keinesfalls übersehen wird:

,,Und wie wollt ihr das machen?' fragte ich. Reden konnte man ja immer gut. Schwierig wurde es erst, wenn man dann auch etwas tun sollte.

,Weiß ich nicht genau', sagte Mama. ,Das lässt sich doch nicht auf einen Schlag lösen, so naiv bin ich ja nun nicht. Aber mehr miteinander über die Probleme reden müssen wir. Und einfach akzeptieren, dass es nicht so einfach ist, plötzlich anders zu leben, als Familien es seit Jahrhunderten gemacht haben. Das steckt schließlich auch in uns drin'" (S. 99).

Dem Leser wird die Gewissheit vermittelt, dass das Experiment gelingen kann. Aber er erfährt auch von den Schwierigkeiten und Widerständen innerhalb und außerhalb der Familie. Der vierjährige Gussi reagiert mit Einnässen auf die ihn bedrückende Atmosphäre, und Nele blickt zuweilen mit Neid auf die scheinbar intakte Familie ihrer Freundin Katta, in der man den tradierten Rollen folgt und die Mutter neben dem Haushalt sich in verschiedenen Kursen „selbst verwirklicht". Doch am Ende wirkt diese Familie bedrohter als die Neles. Die Bilderbuchfamilie gibt ihre Brüchigkeit zu erkennen. Es wird deutlich, dass es oft nur eines kleinen Anstoßes bedarf, um scheinbar Festgefügtes, Vereinbartes zerbrechen zu lassen. Die Autorin gibt in diesen Szenen deutlich zu erkennen, dass die Vereinbarungen nur funktionieren, wenn die Frau die ihr zugedachte Rolle, die für sie mit Einschränkungen verbunden ist, spielt.

Wir kennen kein Buch im kinderliterarischen Bereich, in dem so ernsthaft über diese grundlegenden Fragen der Rollen in der tradierten Familie „nachgedacht" wurde.

Der Text wird Kinder vor allem deshalb ansprechen, weil er auch von Neles eigenem Problem erzählt: In die Zeit der familiären Wandlungen fällt Neles Verliebtsein in einen Mitschüler. Mit komischen Mitteln zeigt Boie die naiven Versuche des Mädchens, ihre weiblichen Reize nach Hinweisen der erfahreneren Freundin Katta zu entfalten. Der Misserfolg Neles führt zwar zunächst zu einer Enttäuschung, aber auch in dieser Situation offenbart die kindliche Ich-Erzählerin ihre Stärke und Reife.

Mit Neles Bemühen um den „tollen Typen" Oliver wird auf einer zweiten Ebene das Problem tradierter Geschlechterrollen noch einmal sichtbar. So selbstbewusst Nele scheint und tatsächlich auch ist, auf diesem Feld folgt sie lange den Hinweisen der Freundin über Möglichkeiten der erotisierenden Wirkung auf den Auserwählten des anderen Geschlechts: Doch weder ihr Parfüm noch der verführerische Gang und die auffällige Frisur – alles äußerliche Attribute, die Neles Wesen verfälschen – verfangen beim „Objekt ihrer Begierde". Sie übersieht auch merkwürdigerweise dessen auffällige charakterliche Schwächen in den Reaktionen gegenüber Klassenkameraden und verfügt sich selbst in eine Warteposition. Sie wird nur indirekt aktiv, denn er soll sie entdecken, da das weibliche Wesen nicht den ersten Schritt tun darf. Neles erste Sehnsucht nach dem anderen Geschlecht endet mit einer Enttäuschung, aber für den Leser ist vorstellbar, dass Neles nächste Begegnung anderen Prämissen folgen wird.

Auch mit manch auffällig wirkender Konstruktion macht die Autorin sichtbar, wie deutlich der Gegensatz zwischen der Stärke der weiblichen Figur und deren Anspruch gegenüber dem männlichen Geschlecht ist. Dennoch ist gerade dieser Aspekt weder den Schülern der vierten noch denen der siebten Klasse deutlich geworden. Selbst Studierende erkannten nicht sofort, dass Kirsten Boie die Problematik der Geschlechterrollen auf zwei Ebenen gestaltet. Der entscheidende Hintergrund für diese Erscheinung liegt unseres Erachtens darin, dass inzwischen die Geschlechterproblematik und die damit verbundenen Fragen der Sozialisation nur noch oberflächlich reflektiert werden und die traditionelle Sicht wieder Terrain gewonnen hat. Angesichts einer Veränderung der gesellschaftlichen Situation sind ohnehin feministische Positionen nicht mehr Teil der prägenden gesellschaftstheoretischen Debatten. Dennoch dürfte ein vollkommenes Verdrängen derartiger Fragen aus dem gerade ernsthaft begonnenen Diskurs über einen grundlegenden gesellschaftlichen Umbau nicht dienlich sein. Auf welcher Ebene und auf welchem Niveau der Geschlechterdiskurs fortan geführt wird, dürfte auch von den Möglichkeiten der Schule abhängen, wie sie junge Menschen für diese Fragen aufschließt.

Es sollte dabei nicht übersehen werden, dass gerade in dieser Altersgruppe der Grundschüler insbesondere die Mädchen im Fernsehen die Serie „Gute Zeiten, schlechte Zeiten" favorisieren. Ihr besonderes Augenmerk gilt dabei den Beziehungen zwischen den Geschlechtern. Auf diesem Hintergrund empfiehlt es sich durchaus, diese Probleme in einem anspruchsvolleren Gewand und einem gewichtigen Sinnpotential den Schülern anzubieten. Ein Gesprächsbedarf über die Beziehungen zwischen den Geschlechtern besteht – wie unsere Untersuchungen zum Interessenspektrum von Grundschülern gezeigt haben – für Kinder der 3. und 4. Klasse ohne Zweifel. Wenn über Themen zum *Philosophieren mit Kindern* nachgedacht wird, dann gehören Gespräche über die Beziehung zwischen den Geschlechtern, über die Wahl des Partners, über die Vorstellungen von Ehe und Familie unbedingt dazu. Kinder werden im Nachdenken über diese wichtigen Aspekte des Lebens oft allein gelassen, obwohl diese für das Leben von grundlegender Bedeutung sind.

Über ein Vorlesen humorvoller Szenen, die zugleich die zentrale Thematik zu erkennen geben, können Schüler in den Text eingeführt werden. Im Unterricht sollte vor allem darauf geachtet werden, dass die Brisanz des Rollentauschs in der Familie nicht zu schnell „entproblematisiert" wird. Am dichtesten dürfte eine Behandlung des Textes dann werden, wenn unterschiedliche Auffassungen nicht zu schnell zu einer Ansicht geführt werden, sondern eher im Raume stehen bleiben, um weiteres Nachdenken zu evozieren.

Folgende Schritte empfehlen sich in der unterrichtlichen Behandlung:

- Zu Beginn wird das Titelbild gezeigt (vergrößerte Farbkopie an der Tafel) und Kindern die Frage gestellt, auf welche inhaltlichen Aspekte der Geschichte sie schließen, wenn sie Titel und Titelbild aufeinander beziehen (Abb. 40).

Abb. 40: Titelbild (Zeichnung von Jutta Bauer)

- Anschließend wird die Erzähleröffnung vorgelesen (S. 5-9) und mit Kindern ein Gespräch über die sich anbahnende Situation in Neles Familie geführt. Dabei kommt es nicht zuletzt darauf an, den Kindern genügend Raum für die Darstellung ihrer Ansichten zu bieten.
- Nach diesem Gespräch erhalten die Schüler eine Kopie des V. Kapitels, in dem ein ‚normaler' Tag in Neles Familie beschrieben wird und die verschiedenen Ansichten der Familienmitglieder und die Familienatmosphäre erkennbar werden.
- Die Kinder lesen das Kapitel und erhalten danach die Möglichkeit zur Diskussion der dargestellten Situation.
- In unserem Unterricht zeigten sich die Schüler sehr daran interessiert, nach dem Gespräch über das fiktive Geschehen den Bezug zu eigenen Familienerlebnissen zu suchen.
- Es empfiehlt sich bei der weiteren Behandlung des Kinderromans vor allem die Nele-Katta-Oliver-Geschichte in den Mittelpunkt zu stellen.
- In diesem Kontext könnte der Lehrer/die Lehrerin davon erzählen, wie die in den Klassenkameraden Oliver verliebte Nele die ‚in diesen Dingen' erfahrenere Freundin Katta um Rat und Beistand bittet. Auch der Entschluss Neles, in der Fußballmannschaft der Jungen mitzuspielen, um Olivers Aufmerksamkeit zu erregen, wird auf diese Weise dargestellt.
- Nach der Mitteilung, dass der Plan misslingt, die Mannschaft vornehmlich durch Neles Schuld verliert und Nele verlassen auf dem Spielfeld zurückbleibt, ließe sich folgende Aufgabenstellung formulieren: *Stellt euch vor, wie sich die Begegnung zwischen Nele und ihren Klassenkameraden am nächsten Tag ereignen könnte!*
- Im Anschluss an die Diskussion in der Klasse erhalten die Schüler Kopien des Textes von Seite 120 bis 122 (bis zu dem Satz *„Ich würde niemals mehr jemandem trauen können"*).

- Es bietet sich an, nicht sofort über das dort Dargestellte zu sprechen, sondern die Kinder schriftlich ihre Vorstellung vom Ende der Geschichte erzählen zu lassen.
- Nach dem Vorlesen der Schülertexte wird die Schlusspassage des Kinderromans gelesen (S. 126/127).
- Das sich daran anschließende Gespräch sollte sich zunächst auf die Nele-Katta-Oliver-Handlung beziehen. Dabei dürfte es – nach unseren Erfahrungen bei der Behandlung des Textes – zunächst vor allem um den ‚Verrat‘ Kattas gehen, die bis zum Schluss vorgibt, Oliver für Nele gewinnen zu wollen, sich aber schließlich selbst in Oliver verliebt und diesen auch für sich gewinnen kann.
- Nach dem Austausch der Ansichten über die Verhaltensweisen von Katta und Oliver und den Vermutungen über die Chance der weiteren freundschaftlichen Beziehung zwischen Nele und Katta bietet es sich an, das Gespräch noch einmal auf die Situation in Neles Familie und auf die Aussichten für das Gelingen des Rollentauschs in der Familie zu lenken.
- Zudem sollte man durchaus die Schüler mit der Frage provozieren, was Nele eigentlich an Oliver reizvoll findet und ob eine Beziehung zu Oliver – betrachtet man dessen Charakterisierung im Text – überhaupt erstrebenswert ist. Nach unseren Erfahrungen taucht eine derartige Fragestellung bei den Kindern nicht auf. Selbst in der 7. Klasse wurde das Interesse von Nele als gegeben hingenommen und die ‚Zeichen‘ des Textes übersehen, die auf ein kritisches Hinterfragen dieser ‚Partnerwahl‘ zielen.

In unserem Unterrichtsversuch offenbarte sich, dass die Kinder vor allem zu folgenden Ansichten neigten:
- Nele zeigt Katta zunächst erst einmal die ‚kalte Schulter‘ und spricht mehrere Wochen nicht mehr mit ihr. Danach sprechen sie sich aus und sind wieder Freunde.
- Nach dem Ende der Beziehung zwischen Oliver und Katta wendet sich Oliver Nele zu und sie werden ein Paar.
- Der Rollentausch zwischen Neles Eltern wird in dem Sinne für gut geheißen, dass der Vater auf diese Weise erfährt, wie viel Arbeit die Mutter wirklich im Haushalt hat. Aber fast alle Schüler wünschen sich den ‚Rücktausch‘ und sehen dann die Familie in einer Situation wie vor dem Rollentausch, d.h. die Mutter bleibt zu Hause, der Vater arbeitet wieder in seinem Beruf; allerdings besitzen alle ein verändertes Verständnis für die Situation des anderen.

Wir hatten die entsprechende Diskussion in der Klasse mit einer kleinen Fragebogenerhebung verbunden, in der sich die Kinder zur Rollen- und Aufgabenverteilung in ihrer eigenen Familie äußerten und sich davon ausgehend – geleitet durch einige Fragen – mit dem Rollentausch Vater - Mutter sowie der Beziehung Nele - Oliver - Katta auseinander setzten. Durch diese Vorbereitung war es möglich, ein intensives Gespräch über derartige Fragen selbst mit Viertklässlern zu führen. In einem anderen Unterrichtsversuch hatten wir diesen Stundenschritt durch Briefe der Kinder an die Kindfiguren aus Boies Text vorbereitet.

5.2.3 „Man darf mit dem Glück nicht drängelig sein". Analyse und Unterrichtsanregungen

Der Kinderroman erzählt in auktorialer, aber ganz auf kindliche Empfindungen ausgerichteter Erzählweise von einer Familie mit drei Kindern, deren Eltern sich getrennt haben. Besonders die elfjährige Anna richtet in ihrem Kummer über die Trennung der Eltern ihre Wut auf die Frau, mit der ihr Vater nun lebt, und deren Sohn.

Die Kinder stehen der Aussicht, mit ihrem Vater in Urlaub zu fahren, da die Mutter eine Fortbildung wahrnehmen möchte, äußerst distanziert gegenüber. Schließlich reisen sie doch in das kleine rote Haus nach Schweden, das abgelegen, mitten in der Natur liegt und damit diametral den Urlaubsansprüchen des Vaters entgegensteht.

Der Text zeigt, wie jedes Kind – entsprechend seinem Alter (Anna ist fast elf, Magnus sieben und Linnea vier Jahre alt) – eine ganz eigene Strategie findet, um die besondere Situation zu bewältigen.

Die humorvolle Komponente, die nahezu alle Texte der Autorin auszeichnet, verbindet sich vornehmlich mit der Darstellung von Linnea. Obwohl damit das jüngste Kind einen hohen Textanteil innerhalb der Dialoge erhält, stehen Annas Empfinden und Gedanken im Mittelpunkt. Auch Magnus' Besonderheiten werden in einer bemerkenswerten Erzähldichte über poetische Bilder mitgeteilt. Vergleicht man die Charakterisierung der Kindfiguren, dann wird deutlich, dass Linnea gleichsam als Kontrastfigur angelegt ist, die zwar nicht nur als ‚humorvolle Zutat' zu verstehen ist, die aber auch die Funktion besitzt, durch ihre ‚lockeren Sprüche' und ihre übertriebenen Aktionen zur Entlastung und Auflockerung des bedrückenden Geschehens beizutragen. Während an Linnea eher äußerliche Vorgänge und Verbalisierung gebunden sind, geht die Erzählerin sowohl bei Anna als auch bei Magnus gleichsam ins Innere der Figur. Das bedeutet nicht, dass nicht auch davon erzählt wird, wie Linnea eine Strategie im Umgang mit dem ‚fremden Vater' findet.

Die Beziehungen zwischen Anna und dem Vater spitzen sich zu, als der Sohn der neuen Frau des Vaters noch anreist. Schlimmer ist allerdings der Hintergrund für die Reise Friedrichs nach Schweden: Friedrichs Mutter befindet sich im Krankenhaus, da die Schwangerschaft der neuen Frau des Vaters mit Komplikationen verbunden ist. Annas Träume und Hoffnungen, dass ihre Eltern wieder zueinander kommen können, werden abrupt zerstört. Ihre innere Zerrissenheit wird darin erkennbar, dass sie hofft, das Baby werde sterben, damit ihre Hoffnung noch bleiben kann. Friedrich – etwas älter als Anna – wird in einer verletzenden Weise behandelt. Dennoch folgt er schließlich eines Tages dem Mädchen, um mit ihm zu sprechen. Es schließt sich das Gespräch an, das eine Schlüsselstellung im Text einnimmt und sicher auch für die unterrichtliche Behandlung von besonderem Belang sein dürfte. Anna erfährt von Friedrich, dass auch dieser die Hoffnung hegte, das Baby werde sterben, weil auch er sich danach sehnt, seine ‚alte Familie' wieder vereint zu sehen.

Diese Übereinstimmung der beiden Heranwachsenden Anna und Friedrich führt dazu, dass sie eine Gemeinsamkeit gewinnen, die es ihnen ermöglicht, der neuen Situation mit mehr Gelassenheit gegenüberzustehen. Das heißt auch, es ist der Beginn einer neuen Sicht der beiden Kindfiguren auf ihre Lebenssituation, der es ihnen ermöglicht, *gemeinsam* mit dieser neuen Familienkonstellation ‚fertig zu werden'. In diesem Sinne ist das reizvolle Spiel der beiden zu verstehen, die neuen Verwandtschaftsverhältnisse zu betrachten. Aber auch dieses Spiel lässt die Autorin nicht in einer platten Harmonisierung der Konflikte enden, sondern sie verweist auf eine neue Herausforderung, als der Vater den Urlaub in einem Moment abbricht, als sich die Kinder alle glücklich fühlten, er aber wegen der gesundheitlichen Situation seiner Frau nach Hause fahren muss.

In diesem Moment fühlen aber die Kinder eine Übereinstimmung und Anna meint, ihr Glücksstein könne Wirkung zeigen. Sie malt sich aus, wer in dem nächsten Urlaub alles mit in Schweden sein müsse – und stellt angesichts der ‚Großfamilie' fest, dass das Haus dann zu klein sei. Diese Feststellung ist ein interessantes poetisches Bild, das zu einem vertieften Nachdenken darüber führen dürfte, warum sich dieses Sehnsuchtsbild des Mädchens nicht erfüllen kann.

Verschiedene Zugänge für den Unterricht in vierten Klassen
Der vielschichtige Text bietet verschiedene Zugänge für den Unterricht in der vierten Klasse.

Vorlesen – eigenes Lesen – Gespräche über die dargestellten Situationen – Schreiben von Briefen an einzelne Figuren – Vermutungen über folgende Handlungssequenzen und mögliche Weiterführungen – Auseinandersetzung mit dem Verhalten einzelner Figuren stellen mögliche Unterrichtsschritte dar.

Am sinnvollsten erscheint es, mit der Erzähleröffnung zu beginnen. Diese wird am besten vorgelesen – verbunden mit dem Auftrag: *Achtet genau darauf, was ihr in der Einführung erfahrt und welche Fragen noch nicht beantwortet werden.*

Nach dem Vorlesen der kurzen Eröffnung können folgende Fragen gestellt werden: *Was erfahren wir? Welche Personen tauchen auf? An welchem Ort spielt die Handlung?*

Nach dem Gespräch über die Einführung steht die Textpassage im Mittelpunkt, in der davon erzählt wird, warum die Kinder mit dem Vater in den Urlaub fahren sollen und wie sich die Situation in der Familie darstellt. Der Text (S. 9-19) kann vorgelesen oder vom Lehrer inhaltlich wiedergegeben werden.

Entscheidend ist die Konzentration auf den Aufenthalt in Schweden, wo vor allem Annas Probleme sichtbar werden.

Für den ersten Teil des Kinderromans empfiehlt es sich, entweder einzelne Passagen vorzulesen oder die Kinder in Gruppen Kopien des Textes lesen zu lassen, um dann über die Beziehungen zwischen den Figuren zu sprechen.

Wichtig ist dabei, dass vor allem Annas Wunsch, diesen Urlaub zu nutzen, um die Familie wieder zusammenzuführen, ins Zentrum gerückt wird.

Dazu sollte die Textstelle gelesen werden, in der Anna hofft, dass ein Telefonat mit der Mutter ein Anzeichen dafür ist, dass der Vater an einer Rückkehr zur Familie interessiert ist (S. 65-71).

Nach dieser Passage besteht die Möglichkeit, dass die Kinder eine Geschichte schreiben, in der sie ihre Vorstellung verdeutlichen, wie sie sich den Fortgang der Handlung vorstellen.

Danach sollte die Lehrperson die Geschichte weiter lesen (S. 71-78), in der Annas Verzweiflung deutlich wird, nachdem sie davon erfahren hat, dass die neue Frau des Vaters ein Baby erwartet.

Nach dem Vorlesen dieser Textstelle können die Kinder differenzierte Aufgabenstellungen erhalten:

- Schreiben eines Briefes an Anna, in dem man ihr mitteilt, was man ihr rät (wie sie auf die neue Situation reagieren soll);
- Schreiben einer Fortsetzung (was geschieht danach);
- Schreiben eines Briefes an den Vater.

Im Mittelpunkt des nächsten Stundenschrittes steht die Ankunft von Friedrich, die Anna als die entscheidende Störung ihres Urlaubs betrachtet.

Im Lesen verschiedener Textstellen sollte das Verhältnis Annas zu Friedrich thematisiert werden. Dabei wird den Schülern die Möglichkeit geboten, über Annas Verhalten zu reflektieren.

Ein wichtiger Zugang zur Hauptfigur des Textes kann über Annas Tagträume erfolgen, die die Autorin mit einer großen Offenheit erzählt, das heißt, die kindlichen Leser werden nicht sofort verstehen, warum sich Anna in eine Art Märchenwelt hineindenkt, in der sie das arme Kind ist, das für die Geschwister sorgen muss. Über Annas märchenhafte Tagträume und ihre Imagination vergangenen Lebens im Umfeld ihres Urlaubsdomizils (Menschen, die dort lebten und dann auswanderten in eine fremde Welt) wird ein Blick in das Innere der Hauptfigur möglich, der ganz verschieden gedeutet und wahrgenommen werden kann.

Gerade ein Vergleich dieses Elements der Romanstruktur mit dem Zugang, der in dem eingangs beschriebenen Unterrichtsmaterial zu dieser Textstelle geboten wird, kann beispielhaft die Verflachung eines derartigen methodischen Zugriffs dokumentieren.

Die Fragen nach dieser Handlungssequenz zielen nicht darauf, dass Kinder sich mit der Figurenzeichnung befassen, sondern das Wort ‚Märchen' im Text ist nur der Stichwortgeber (Abb. 41).

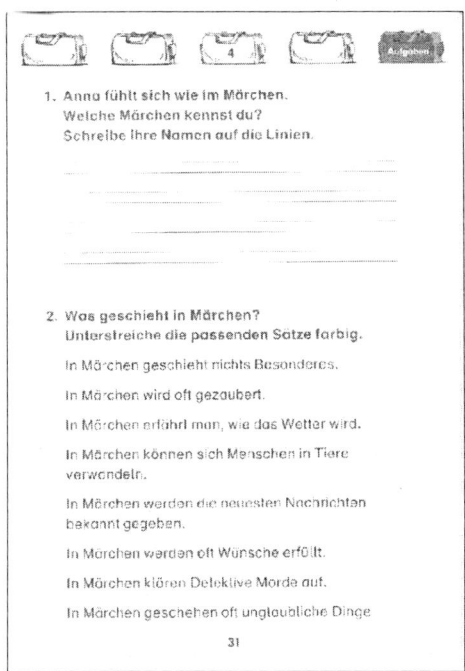

Abb. 41: Aufgabenstellung aus dem Leseprojekt

Ähnliches erfolgt in dem Unterrichtsmaterial in Bezug zu Magnus: Dessen Abneigung gegen Angeln mit Ködern – weil für ihn auch Maden lebendige Wesen sind – führt in dem genannten Material dazu, Sachtexte zu Maden und Quizfragen zum Angeln anzubieten.

Die Handlungsweise und die Gefühlswelt von Magnus ist so vielschichtig dargestellt, dass es sicher Impulse des Lehrers bedarf, um diese Figur zu erfassen. Besonders sein Verhältnis zu Tieren kann einen wichtigen Zugang dazu bieten.

Im Zentrum des zweiten Teils der Unterrichtseinheit sollten die Beziehungen zwischen Anna und Friedrich, ihr Gespräch im Wald, ihr Spiel mit den Verwandtschaftsverhältnissen und ihre Gedanken bei der Rückfahrt stehen.

Auch in diesem Kontext sind handlungs- und produktionsorientierte Zugänge möglich: Eine Aufgabe kann darin bestehen, dass sich Schüler vorstellen, zufällig Zeuge des Gesprächs zwischen Anna und Friedrich zu sein, als sie den Gedanken äußern, dass es besser wäre, wenn das Baby stirbt. Nachdem sie dieses Gespräch belauscht haben, sollten sie sich an die beiden Figuren wenden und ihre Ansicht äußern. Möglich ist auch die Variante, dass sie einen Brief an Anna oder Friedrich schreiben und ihn in der Nähe des Hauses hinterlegen.

Die Unterrichtseinheit könnte damit beendet werden, dass die Kinder ihre Ansicht über die weiteren Vorgänge in Annas und Friedrichs Familie äußern. Es empfiehlt sich, in die unterrichtliche Erschließung des Textes die künstlerisch sehr gelungenen Stempelbilder von Jutta Bauer mit einzubeziehen (Abb. 42). Auf diese Weise könnten die Kinder auch zu Vorausdeutungen für kommende Handlungssequenzen angeregt werden.

Abb. 42: Stempelbilder von Jutta Bauer

Die skizzierten Unterrichtsvorschläge zielen darauf, die Geschichte in ihrer poetischen Spezifik ernst zu nehmen und sie zugleich so für Kinder aufzuschließen, dass diese sich für die Kunstwelt interessieren, weil sie in ihr im verfremdeten Gewand Eigenes entdecken können: ihre Sehnsüchte, ihre Erlebnisse, ihre Probleme und Konflikte. Sie erhalten auf diese Weise auch Impulse zur Durchdringung ihrer eigenen Welt. Wichtig ist allerdings, dass gerade bei der Behandlung eines Kinderromans, der Familienbeziehungen und -konflikte, Verluste und Trennung durch Scheidung gestaltet, die von Kindern sehr schmerzlich empfunden werden, nicht darauf gedrängt wird, die eigene Familiengeschichte zu offenbaren. Alle Aufgabenstellungen sollten so bedacht sein, dass sie nicht auf einer derartigen Übertragung der fiktiven Ereignisse auf die reale individuelle Situation insistieren.

6. Erich Kästner: Sein Leben, seine Kinderbücher und deren Verfilmungen. Ein fächer- und jahrgangsübergreifendes Projekt in der Grundschule

6.1 Vorüberlegungen/Intentionen

Beim Nachdenken über ein größeres Unterrichtsprojekt, das Kinderliteratur ins Zentrum stellt, neue Medien berücksichtigt, fächerübergreifende Potentiale in sich trägt, zum Aufbau des Geschichtsverständnisses und zur Erweiterung des ‚Weltwissens' der Kinder beiträgt und noch dazu lesemotivierende Impulse freisetzt, rückte immer deutlicher Erich Kästner in den Blick.

Die Entscheidung für Kästner und sein Kinderbuchschaffen erfolgte unter verschiedenen Aspekten:

- Erich Kästner hat als Autor von Klassikern der Kinder- und Jugendliteratur eine besondere Bedeutung und einzigartige Stellung innerhalb der deutschen Literatur.

- Im Rahmen unserer Erhebungen zum Leseverhalten von Grundschulkindern wurde Kästners auffällige Position in der kindlichen Lektürewahl erkennbar: kein deutscher Autor der Gegenwart ist derart präsent wie Kästner, auch wenn Rowlings „Harry Potter" und Lindgrens „Pippi Langstrumpf" weitaus häufiger angegeben werden.

- In den letzten Jahren hat der Film Kästner gleichsam wiederentdeckt. Neueste Verfilmungen von „Emil und die Detektive" und „Das fliegende Klassenzimmer" können das belegen. Gerade diese beiden Verfilmungen, die den Sinngehalt von Kästners fiktiven Welten ernst nehmen, ihn zugleich auf seriöse und attraktive Art aktualisieren und mit der modernen Kinderkultur verbinden, waren ein wesentlicher Impuls für die Entwicklung des Projektes. Auf diese Weise ließ sich von Anbeginn die Verbindung von Literaturbehandlung und Medienanalyse planen.

- Die Biographie Erich Kästners mit ihren engen Verflechtungen zu den jeweiligen politischen und gesellschaftlichen Entwicklungen bietet Voraussetzungen dafür, Lebensgeschichte, deutsche Geschichte und Weltgeschichte an einem ‚sprechenden' und interessantem Beispiel für jüngere Kinder erfahrbar zu machen. Nicht erst seit der Veröffentlichung von Donata Elschenbroichs „Weltwissen der Siebenjährigen" (2001) wissen erfahrene Grundschullehrer und -lehrerinnen, dass Kinder heute auf Grund veränderter Bedingungen weitaus mehr Voraussetzungen für den Erwerb historischen Wissens ‚mitbringen‘, als das zumeist angenommen wird. Es kommt in Bildungsprozessen darauf an, diese kindlichen Voraussetzungen auszuschöpfen und weiterzuentwickeln. Am Beispiel des Lebens und Schaffens von Erich Kästner lassen sich wichtige Einblicke in das vergangene Jahrhundert mit aktuellen Lebensfragen verbinden.

- Zudem hat der 100. Geburtstag von Erich Kästner (1999) Impulse für eine intensivere Beschäftigung mit dem Autor gegeben, so dass auf eine breite Literaturgrundlage zurückgegriffen werden kann (vgl. Ewers 1999; Doderer 2002).

Auf diesem Hintergrund entwickelten wir gemeinsam mit Studierenden ein Unterrichtsprojekt zu Erich Kästner, das in einer Erfurter Grundschule im Rahmen einer Projektwoche zur Entwicklung von Lesemotivation und Lesefreude im Frühjahr 2003 durchgeführt wurde. Für die dritten und vierten Klassen der Schule wurden vier Schwerpunkte innerhalb des Projektes gesetzt, die jeweils von kleinen Gruppen Studierender vorbereitet und in einem stationen-ähnlichen Unterricht umgesetzt wurden:

- Erich Kästner und seine Zeit
- Erich Kästners Kinderroman „Emil und die Detektive“
- Die neue Verfilmung von „Emil und die Detektive“
- Erich Kästners „Konferenz der Tiere“ – unter besonderer Berücksichtigung der Verfilmung.

Dabei war bei der Planung zu bedenken, dass die vier Schwerpunkte – trotz des Aufeinanderbezogenseins – keinem festen Aufbau folgen durften, weil die einzelnen Schülergruppen in unterschiedlicher Abfolge den einzelnen Themen begegneten.

Ein Ziel dieses Projektes bestand auch darin, danach zu suchen, inwieweit bereits in der Grundschule eine Art Literatur- und Film-Kanon möglich ist und ob es schon im Grundschulalter sinnvoll ist, Aspekte einer Literaturgeschichte als literarisch vermittelte Geschichte menschlichen Denkens und Handelns (vgl. Korte 1996, S. 197) ‚anzubieten‘. Denn auch wenn die Kanondebatte der Literaturdidaktiker ohne den Blick auf die Grundschule erfolgt, so erscheint es doch erforderlich, dass diese basale Bildungsstufe ihre eigenen Ansprüche artikuliert und sich in diesem Umfeld den Fragen literarischer Bildung im veränderten Medienkontext stellt. Das heißt, letztendlich auch die Frage zu stellen, welche literarischen Texte, welche audiovisuellen Erscheinungen und Formate, auf welchem Weg und mit welcher Zielstellung im Grundschulunterricht behandelt werden sollten.

6.2 Didaktische Umsetzung und methodische Schritte

Unter diesen Voraussetzungen erfolgte die Vermittlung von Wissen sowie der handlungs- und produktionsorientierte Erwerb von Kenntnissen über sehr verschiedene Themen auch mit der Absicht zu erfahren, in welcher Dimension diese Gegenstände in der Grundschule zu realisieren sind.

Im Folgenden wird an den vier gewählten Schwerpunkten gezeigt, welches Wissen vermittelt und welche Erfahrungen gewonnen werden sollten und wie sich die Reaktionen der Kinder im Einzelnen darstellten.

6.2.1 Erich Kästner und seine Zeit

Eine Grundlage für die Vorbereitung dieses Schwerpunktes bildete für die verantwortlichen Studierenden der Besuch des Erich-Kästner-Museums in Dresden sowie Kästners Autobiographie „Als ich ein kleiner Junge war" und verschiedene biographische Darstellungen. Die Studierenden waren von Anbeginn darauf eingestellt, eine Geschichte ‚zum Anfassen' zu entwickeln und Kästner als Person den Kindern nahe zu bringen.

Jedes Kind erhielt eine Mappe mit Materialien für das Teilprojekt, auf der ein Bild von Erich Kästner als Grundschüler aufgeklebt war.

Dieses Kinderbild und ein alter Stadtplan Dresdens bildeten den ‚Auftakt' für eine lebendige Einführung in Kästners Leben. Außerdem wurde ein alter Koffer präsentiert, verbunden mit dem Hinweis, dass dessen Geheimnis später gelüftet wird. Die Angaben zu Kästners Leben begannen mit dem Verweis auf dessen Lebensdaten, und es wurde mit Bezug auf die Familien der Kinder nach einer Zeitvorstellung gesucht *(„als Kästner ein Kind war, waren auch die Großeltern eurer Großeltern Kinder")*. Aufnahmen berühmter Sehenswürdigkeiten Dresdens aus dem frühen 20. Jahrhundert wurden gezeigt und zugleich davon erzählt, wie der junge Kästner seine Heimatstadt gesehen hat und warum er mit ihr so verbunden war. Nach einer entsprechenden Aufforderung äußerten sich die Kinder dazu, wie eine Stadt vor 100 Jahren ausgesehen haben könnte.

Im Anschluss an dieses Gespräch wurde ein kurzer Dokumentarfilm über das historische Dresden aus dem Jahre 1920 gezeigt, der die Kinder zu einer längeren Reflexion über alte Autos und Straßenbahnen, den Verkehr in einer Stadt, die Kleidung von früher, bis hin zur Fragen nach den Schulen, nach dem Spielzeug, den Reisemöglichkeiten sowie den Informationsmedien anregte.

Jedes Kind hatte zuvor ein Aufgabenkärtchen erhalten, das mit dem Vermerk versehen war, worauf es besonders achten sollte.

Danach bekamen die Kinder Kopien eines alten Dresdner Stadtplans und Kärtchen mit den Namen der von Kästner beschriebenen Plätze und Bauwerke (u.a. Frauenkirche, Zwinger, Schloss, Semperoper, Neumarkt), die sie an den entsprechenden Stellen aufkleben sollten. Auf diese Weise erhielten die Kinder auch eine Einführung in das Lesen von Stadtplänen (ein großer alter Stadtplan von Dresden und Abbildungen zu den Sehenswürdigkeiten befanden sich als Applikationen und als Anregung für die eigenständige Schülertätigkeit an der Tafel).

Danach lasen die Studierenden Aussagen Kästners über seine Liebe zur Altstadt von Dresden vor, um dann zu dessen Äußerungen über das am Ende des 2. Weltkrieges zerstörte Dresden überzuleiten:

Ein Bild der zerstörten Stadt, das lange gemeinsam betrachtet wurde und Kindern die Gelegenheit bot, ihre Gedanken zu äußern, wurde mit der Aufgabenstellung verbunden, sich zu überlegen, was die Frau aus Stein sagen könnte (Foto des zerstörten Dresden mit im Vordergrund befindlicher Steinfigur) und das in eine Sprechblase einzutragen.

Das Vorlesen der kindlichen Äußerungen bot noch einmal eine Möglichkeit zum vertiefenden Gespräch, das sich vor allem Fragen der Schüler öffnete. Es war erstaunlich, wie stark die Kinder bewegte, dass aus einer so schönen Stadt ein Trümmerfeld übrig blieb und dass sie spontan so viele Ideen für den Ausruf der steinernen Frau entwickelten: *„Was ist aus unserem schönen Land geworden!"* – *„Warum gerade Dresden?"* – *„Alles, bloß das nicht!"* – *„Es waren so schöne Häuser, jetzt sind es nur noch Ruinen!"* – *„Wer hat Dresden getötet?"*

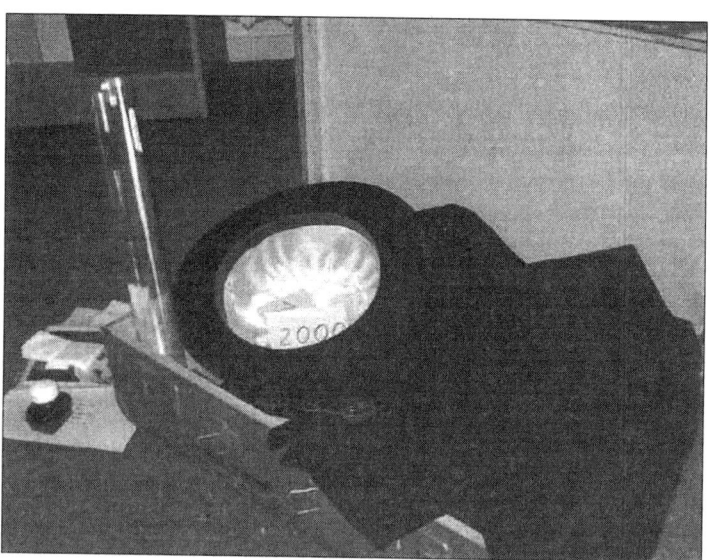

Abb. 43: Koffer mit Gegenständen aus Kästners Zeit

Durch die Anregung der Studierenden wurde auch über den Wiederaufbau der Frauenkirche gesprochen. Dabei war es interessant, dass die Kinder

180

meinten, *„aber auch wenn sich alles neu machen lässt, es wird nie wieder so sein, wie es einmal war"*.

Anschließend wurde das Geheimnis des alten Koffers gelüftet, der sich von Anfang an im Raum befand und schon die Aufmerksamkeit der Kinder auf sich gezogen hatte. In dem Koffer befanden sich Gegenstände aus der Zeit von Kästners Kindheit und aus der heutigen Zeit, die von den Kindern ausprobiert und geordnet werden sollten: *Alter Koffer, modernes T-Shirt, neue Radhandschuhe, Melone (Hut), neuer und alter Fotoapparat, zwei Schilder von 1900 und 2000, alte Hosenträger, alte Anzughose und Weste, moderne Brille, alte Nickelbrillen, Tintenfass, Federn, Vorlage der alten Schrift* (Abb. 43).

Auch in diesem Kontext bot sich den Kindern viel Raum für Gespräch und Nachfragen. Die Kinder konnten nach der Vorlage der alten Schrift mit Feder und Tinte schreiben und sich über die Veränderung äußern.

Schließlich durfte jedes Kind auf dem Schulhof mit einem alten Rad fahren, das nicht nur zur Zeit von Kästners Kindheit hergestellt wurde, sondern auch die Marke trug, wie Kästners erstes Fahrrad.

Abb. 44: Fahrversuche mit „Kästners Rad"

Während des Unterrichts in den verschiedenen Gruppen wurde entschieden, ob jeweils der gesamte Komplex (Kästner und seine Heimatstadt; Kästner und sein Heimatland; Erich Kästner im faschistischen Deutschland; das Leben zu Beginn des 20. Jahrhundert mit Blick auf Gegenstände, Kleidung, Fahrzeuge etc.) umgesetzt wird oder ob nur Teile davon realisiert werden.

In einzelnen Gruppen wurde der Teil ‚Kästner und sein Land' nur partiell umgesetzt, weil es aus unserer Sicht vor allem darauf ankam, dass das Interesse der Kinder an diesen Themen entwickelt, aber gleichzeitig eine Überforderung vermieden werden sollte. Es war deshalb wichtig zu erkennen, wo Kinder schon Informationen besitzen und für Gespräche aufgeschlossen sind und wo diese Grundlagen erst gelegt werden mussten.

So wurde der Lehrervortrag über Kästners Leben im nationalsozialistischen Deutschland mit einer Erzählung der Szene, als Kästner bei der Bücherverbrennung in Berlin erleben muss, wie seine eigenen Bücher in die Flammen geworfen werden, oft nur verkürzt geboten und auf das Kennzeichnen der Lebensstationen Kästners auf der Landkarte Deutschlands (das die Kinder nach Anleitung selbst vornehmen sollten) wurde in zwei Gruppen ganz verzichtet.

Die Verkürzung dieses Projektteils und die damit verbundene Konzentration auf Kästners Kindheit sowie seine Begegnung mit dem zerstörten Dresden führte dazu, dass in der Auswertung des Projektes durch die Kinder (ein Tag zum Abschluss der Projektwoche diente zur Präsentation von Schülerarbeiten aus allen Gruppen) gerade ihre Begeisterung über die Begegnung mit Kästners Kindheit zum Ausdruck kam. Natürlich bestand ein ganz entscheidender Grund für diese Begeisterung darin, dass die Studierenden ausgezeichnet vorbereitet waren und es verstanden, gemeinsam mit den Kindern dem Leben Kästners ‚nachzuspüren'.

6.2.2 Erich Kästners Kinderroman „Emil und die Detektive"

Die Studierenden, die die Kinder nach dem oben skizzierten Projektteil in ihre Arbeit an Kästners Kinderroman „Emil und die Detektive" direkt übernahmen, konnten feststellen, dass diese Schüler motiviert und voller Erwartungen „Emil" gegenübertraten und ihre Kenntnisse aus Kästners Leben sehr gut einzubringen wussten.

Die Projektphase zu Kästners Kinderroman konzentrierte sich auf den literarischen Text und begann mit einer Betrachtung der Bildfolge der Illustrationen von Walter Trier, mit denen er die Vorstellung Kästners von Figuren und Handlungsorten begleitet und auf diese Weise gleichsam die Neugier auf das folgende Geschehen weckt. Die Kinder erhielten die Aufgabe, nach sieben Szenen-Bildern, die sich als Applikationen an der Tafel befanden, ihre eigene Geschichte zu erfinden. Nach dem Vorlesen der kindlichen Fabulate und dem Gespräch darüber stand im Mittelpunkt dieser Sequenz das Geschehen in Berlin.

Folgende Bestandteile wies diese Unterrichts-Sequenz auf:

Einführung in die Ausgangssituation der fiktiven Welt – Lesen von Textausschnitten auf Gruppenbasis – Erarbeiten einer Übersicht über die Handlungsorte in Berlin – die Jagd der Kinder nach dem Dieb in deutscher und englischer Version – die szenische Darstellung der Überführung des Diebes – Erkennen von Besonderheiten in Kästners Erzählen.

Die genannten Bestandteile der Projektphase belegen, dass die Elemente ins Zentrum gerückt werden, die Kinder erfahrungsgemäß besonders faszinieren: die Jagd nach dem Dieb, die Solidarität der Berliner Kinder mit Emil, das gemeinsamen Abenteuer mit vielen Spannungsmomenten, der Sieg über den Dieb, das heißt auch – der gemeinsam errungene Erfolg.

Besonderheiten von Kästners Erzählen mit Blick auf kindliche Adressaten
Daneben erscheint es in Verbindung mit der Behandlung dieses Textes sinnvoll, sich der ästhetischen Besonderheiten des Kästnerschen Erzählens zuzuwenden bzw. Kinder zu deren ‚Entdeckung' zu führen. Oft bleibt ein Element, das für Kästners Schreiben charakteristisch ist, unbeachtet: das Verhältnis zwischen dem Erzähler, der kindlichen Hauptfigur und dem kindlichen Leser. Gerade in ihm dürfte aber ein Schlüssel des Erfolgs von „Emil und die Detektive" und anderer Kinderbücher des Schriftstellers liegen. Der Autor-Erzähler tritt in mehrfacher Hinsicht im Text hervor. Die Bücher beginnen mit einer Art Vorwort, das nicht selten den Charakter eines Gesprächs zwischen dem Erzähler und dem Leser trägt. Letzterer wird direkt angesprochen:

- „Euch kann ich's ja ruhig sagen" („Emil und die Detektive") – womit zugleich deutlich wird: er kann es den anderen nicht sagen, sondern nur ihnen. Damit wird eine besondere Vertrautheit suggeriert;
- „Die Geschichte, die ich euch diesmal erzählen werde" („Pünktchen und Anton") – womit vorausgesetzt wird, dass der Autor den Kindern mit seinem Erzählen bereits vertraut ist;
- „Macht euch nichts vor, und lasst euch nichts vormachen" („Das fliegende Klassenzimmer").
- Der Autor gibt sich im Vorwort zu erkennen: In dem Gespräch mit dem Kellner Nietenführ wird der Name Kästner genannt („Emil und die Detektive"), im Vorwort zu „Pünktchen und Anton" wird als Annahme der Leser formuliert: „Aha, Kästner hat geklaut!". „Das fliegende Klassenzimmer" beginnt mit folgenden Worten: „Die erste Abteilung des Vorwortes enthält eine Debatte zwischen Frau Kästner und ihrem Sohn ...".
- Hinzu kommt, dass Kästner in „Emil und die Detektive" auch als Figur erscheint: als freundlicher Herr in der Straßenbahn und in der Zeitungsredaktion.

Alle diese künstlerischen Entscheidungen sind mehr als nur eine humorvolle Zutat: Kästner will seine kindlichen Leser ganz persönlich ansprechen. Jedes ‚Verstecken' hinter einer anonymen Erzählerinstanz würde diesem Ziel zuwiderlaufen. Kästner versucht als Partner der Kinder, eine Kommunikationsebene mit ihnen zu finden, ohne – wie er selbst betonte – „in Kniebeuge (zu) schreiben".

Kinder für diese Elemente aufzuschließen und deren Funktion erkennen zu lassen, muss nicht zu einer Entzauberung der Geschichten führen, indem man sie als etwas „Gemachtes", bewusst Gestaltetes eines Schriftstellers begreift. Sie erfinden selbst Geschichten, und auf dieser Ebene sollte man beginnen, ihnen zu zeigen, wie künstlerische Welten entstehen und warum manche Geschichte gerade so und nicht anders erzählt wird.

Über Kästners Arbeit für den Film und seine Beteiligung an der Verfilmung seiner eigenen Texte näherten wir uns den Fragen: *Warum hat Kästner eigentlich für Kinder geschrieben und für Kinder Filme gemacht? Erfahren wir in den Kinderbüchern Kästners etwas darüber?*

Zur Beantwortung der Fragen erhalten die Kinder die entsprechenden Textauszüge aus verschiedenen Kinderbüchern, in denen Kästner direkt hervortritt. Auf diesem Hintergrund werden die gestellten Fragen ebenso beantwortet wie die Frage nach dem Verhältnis von realer und fiktiver Welt. Dazu eignet sich insbesondere das Nachwort zu „Pünktchen und Anton", indem Kästner direkt gegen die Illusion ,anschreibt', dass das *Schicksal immer so nach Maß arbeitet*. Diese Wahl wurde von uns auch deshalb getroffen, weil die neueste Verfilmung von „Pünktchen und Anton" diese Illusion sogar umsetzt und auf das ,Augenzwinkern', mit dem Kästner manche künstlerische Entscheidung verbindet, verzichtet.

Die in diesem Kontext gewonnenen Erkenntnisse zeigten die Kinder auch dadurch, dass sie zu der Textstelle, als Kästner als freundlicher Herr in der Straßenbahn erscheint, Folgendes äußerten: Kästner will damit zeigen, *„dass er Emil helfen möchte"; „er will allen mitteilen, dass man jemanden, der in Not ist, unterstützen soll".*

Die Jagd nach dem Dieb

Damit lässt sich eine gute Überleitung zur Situation Emils und zu der folgenden Jagd des Diebes durch die kindlichen Detektive überleiten.

Lesen, Erzählen und Vorbereitung einer szenischen Darstellung, an der alle Schüler durch die Bildung verschiedener Gruppen beteiligt waren, und Präsentation des darstellenden Spiels waren die Abfolge innerhalb dieses Projektteils. Dabei stellte es sich als glückliche Lösung dar, dass die Studenten eine englische Ausgabe von „Emil und die Detektive" mitgebracht hatten und die Vorbereitung der szenischen Darstellung der Überführung des Diebes mit den entsprechenden englischen Vokabeln verbanden. Da die Kinder dieser Schule bereits in der 3. Klasse Englischunterricht haben, stellte dieser Unterrichtsschritt eine sinnvolle Ergänzung und zugleich Überraschung für die Kinder dar (nicht wenige von ihnen wollten danach gleich wissen, wo sie diese englische Ausgabe kaufen können).

Die Vorbereitung der szenischen Darstellung nahm in diesem Kontext einen breiten Raum ein, auch weil sich die Kinder durch ihren bisherigen Unterricht wenig vorbereitet auf derartige Möglichkeiten der Umsetzung zeigten. Vor allem an Sprache und Körpersprache wurde in diesem Kontext – in Verbindung mit der Präsentation durch verschiedene Schülergruppen gearbeitet.

6.2.3 Die neue Verfilmung von „Emil und die Detektive"

Im Jahre 2001 wurde „Emil und die Detektive" zum wiederholten Male neu verfilmt. Die Arbeit von Franziska Buch erhielt mehrere Auszeichnungen und kann als äußerst gelungene Adaption des Kästner-Werkes bezeichnet werden. Wie das Buch verdeutlicht auch der Film die Möglichkeit und das Ausmaß kindlicher Solidarität. Der Film entspricht Kästners Grundanliegen und transportiert auch das grundlegende Sinnpotential des literarischen Textes. Er findet dennoch eine völlig eigene künstlerische Welt, um den Intentionen des Autors zu entsprechen und gleichzeitig – ohne zu viel modisches Beiwerk und ohne übertriebene, unecht wirkende Klischees – heutige Kinderwelten ins Bild zu setzen. Auf diese Weise wird erreicht, dass sich die „cultural signification" unserer Tage ... ohne jegliche Störung in die ursprüngliche Fabel" einfügt und der Film „unter Wahrung ... des Geistes des Originals eine Modernisierung" erreicht (Doderer, 2002, 18ff.). Der Film hat Spannung, Rhythmus, Tempo und setzt auf Gefühle, ohne dabei zur Verflachung zu neigen. Die Kinderfiguren werden aus ihren alltäglichen Welten herausgelöst und bleiben gleichzeitig in ein „normales" soziales Gefüge eingebunden. Es werden für Kinder oft wichtige Probleme aufgegriffen wie Scheidung und Konflikte der Eltern, Einsamkeit, Überforderung und Vernachlässigung von Kindern, Arbeitslosigkeit der Eltern. Gleichzeitig zeigt der Film, dass zwischen Eltern und Kindern harmonische Beziehungen, Nähe und erfüllte Momente des Glücks möglich sind (vgl. Frey 2003, S. 139f. und Frey/Richter 2003, S. 25f.).

Der Film wurde für den Einsatz im Projekt deshalb ausgewählt, weil er gemessen an den oben angeführten Gründen aus unserer Sicht die beste derzeit auf dem Markt befindliche Neuverfilmung von Kästner Werken darstellt. Sein literaturdidaktisches und medienpädagogisches Potential ist in bislang veröffentlichten Behandlungsvorschlägen nicht ausreichend ausgeschöpft.

Im Buch stellt der Autor/Erzähler in einer Art Vorwort Figuren und Schauplätze der Handlung vor, unterstützt wird die Vorstellungsbildung des Lesers durch Zeichnungen von Walter Trier. Im Film werden die Figuren nicht durch einen Erzähler eingeführt, sondern von Anfang an handelnd und in Gesprächen miteinander gezeigt. Der Bildsprache gebührt dabei eine besondere Aufmerksamkeit, um Landschaft und das Leben von Menschen ,ins Bild zu setzen' und darauf zu vertrauen, dass der Zuschauer die Bilder entschlüsselt.

Im Projekt setzten wir zunächst die einführende Filmsequenz ein bis zu der Stelle, als Emils Vater mit dem Auto verunglückt.

Danach bot sich im Gespräch Gelegenheit, über das Verhältnis Sohn – Vater und deren soziale Situation nachzudenken.

Die Vorbereitung der Berlin-Fahrt und die Fahrt selbst bildeten den zweiten Stundenschritt, um Kinder an dem spannenden Filmgeschehen teilhaben zu lassen. In diesen beiden Unterrichtsphasen verzichteten wir auf Momente einer Filmanalyse, weil wir meinen, dass zunächst eine Vertiefung in das Geschehen erfolgen muss, ehe analytische Schritte möglich sind.

Erst in der Begegnung mit den Berliner Kindern werden Elemente der Filmanalyse wirksam, indem wir die Schüler aufforderten, ihren Eindruck von der Begegnung zwischen Emil und Pony Hütchen wiederzugeben.

Im Vergleich zu Kästners Pony Hütchen zeigt die Filmfigur ein starkes, unabhängiges Mädchen, das nicht – wie bei Kästner – außerhalb der Detektive (als kleines Hausmütterchen) agiert, sondern den ‚Kopf' der Detektive darstellt. Sie tritt sicher und bestimmt auf, ist sprachlich versiert und sportlich. Pony greift beispielsweise den von ihr als Dieb verdächtigten Emil körperlich an und überwältigt ihn.

Die Äußerungen der Schüler zu ihrem Eindruck von der ersten Begegnung zwischen Emil und Pony Hütchen werden mit ersten Schritten zu einer Filmanalyse verbunden, indem die Kinder danach gefragt werden, worauf ihr Eindruck zurückzuführen ist: Die Kameraperspektive unterstreicht in dieser Bildfolge Ponys Dominanz. Aus Ponys Perspektive blickt der Zuschauer vom Schuppendach auf Emil herab; nachdem Emil durch Ponys Sprung von oben überwältigt und auf den Boden geworfen wurde, schauen wir wiederum aus der Perspektive des Mädchens auf den unterlegenen Emil herunter und aus Emils Perspektive zu Pony auf. In einer männlich wirkenden Attitüde hat das Mädchen dem überwältigten Gegner ihren Fuß auf den Brustkorb gestellt und zwingt ihn so, Auskunft über sein Verhalten zu geben. Auch Ponys Kleidung lehnt sich eher an der Jungenkultur an.

Sowohl die Kameraperspektive insgesamt als auch verschiedene Mittel der filmischen Figurenzeichnung sowie die Rolle der Filmmusik wurden in der Unterrichtssequenz in Verbindung mit verschiedenen Filmausschnitten akzentuiert (siehe ausführlicher dazu Frey/Richter 2003, S.25-27 sowie Frey 2003, S. 140-145). Die Konzentration auf Rollenbilder und Klischees erfolgte auch deshalb, weil die Medien auf diese Weise Leitbilder und Wertvorstellungen vermitteln, die es den Schülern bewusst zu machen gilt. Gerade die Bedeutung der medial vermittelten Entwürfe von Geschlechterrollen und sozialen Rollen erfordert es, diese ins Zentrum eines medienpädagogischen Wirkens zu stellen. Wenn man an wenigen Beispielen diese filmischen Mittel verdeutlicht, zeigen die fernsehgeschulten Kinder sehr schnell ihre Erfahrungen und Kenntnisse.

Die Fiktionalität des Dargestellten ist in den Äußerungen von Kindern zu filmischen Figuren viel sichtbarer als in den Aussagen zu lesend rezipierten literarischen Figuren. Dieses Medienwissen kann bei dem Vergleich Buch-Film Bedeutung gewinnen, um Kindern auch die Fiktionalität literarischer Texte bewusst zu machen.

Im nächsten Unterrichtsschritt wurden die Kinder dazu angeregt, auf der Grundlage des Textsinns, jedoch *ohne* exakte Orientierung an den einzelnen Worten die Textstelle nachzuspielen, in der die Berliner Kinder die Verfolgung des Diebes organisieren. Anschließend wurde ausgewertet, ob das Vorgehen der Gruppe relativ autoritär durch einen Anführer bestimmt wurde (wie in Kästners Text) oder ein demokratisches Miteinander aufwies. Ein Vergleich mit der entsprechenden Sequenz in der Neuverfilmung kann zeigen, wie gute Vorschläge der Gruppenmitglieder das gemeinsame Handeln bereichern. Als zeitübergreifendes Element wird sich mit Sicherheit die Freude an der gemeinsamen Aktion vieler Kinder herausstellen. Das offenbarte sich besonders beim Nachspielen der Verfolgung des Diebes durch eine ständig wachsende Zahl von Kindern einschließlich der erfolgreichen Festsetzung des „bösen Erwachsenen". Mit so wenigen Festlegungen wie möglich hinsichtlich des Textes „belastet", konnten sich die Kinder nahezu ausschließlich auf ihre Körpersprache konzentrieren. Sie schlichen leise und geduckt in langsam größer werdenden Grüppchen dem Dieb nach, winkten andere Kinder heran, versteckten sich, schauten sich aufmerksam um und stellten sich schließlich siegesgewiss dem flüchtenden Dieb entgegen, den sie kraft ihrer inzwischen großen Zahl jubelnd aufhielten. Auf diese Weise wurde Kästners Solidaritätsgedanke durch das Spiel für die Kinder am eigenen Körper erfahrbar.

Inspiriert vom neuen Film kamen wir auf die Idee, die Schüler Flugblätter gestalten zu lassen, die Kinder ansprechen und zur Teilnahme an der großen Verfolgungsjagd „Parole Emil" animieren könnten. Bei dieser Tätigkeit, die wie das oben beschriebene darstellende Spiel dem fächerübergreifenden Projektgedanken Rechnung trägt, kamen insbesondere die gestalterischen Fähigkeiten der Schüler zum Tragen. Da viele Schüler zum aufwändigen Verzieren ihrer Flugblätter tendierten, wurde auch darüber diskutiert, wie ein Flugblatt beschaffen sein sollte, wenn es knapp und ansprechend zur Aktion aufrufen will.

Da die vier Projektteile mehrfach mit den unterschiedlichen Schülergruppen umgesetzt wurden, entschieden wir uns – entsprechend den Reaktionen der Kinder – auch für verschiedene Varianten in der Umsetzung: zum Beispiel das Schreiben von Briefen an einzelne Figuren (aus dem Buch oder dem Film) und die Auseinandersetzung mit der Frage, welche Figur (Buch oder Film) ihnen besser gefallen hat und warum.

Diese Fragen können auch auf die Figuren aus der Erwachsenenwelt bezogen und zu Gesprächen genutzt werden, in deren Mittelpunkt die Eltern-Kind-Beziehungen in Buch und Verfilmung stehen.

Um die wertende Auseinandersetzung mit den Figuren zu forcieren, werden die Schüler beispielsweise aufgefordert, einen Brief zu schreiben, in dem sie einer Figur ihrer Wahl ihre Meinung über sie als Vater bzw. Mutter oder als Tochter bzw. Sohn mitteilen. Auch eine szenische Darstellung kann diesem Ziel dienen (vgl. die ausführliche Darstellung zu diesen Aspekten handlungs- und produktionsorientierten Unterrichts Frey 2001, S. 133-147).

Den alle Schüler begeisternden Abschluss dieses Projektteils bildete die Einstudierung des Rap-Songs aus dem Film, der dann auch in der Präsentation vor der ganzen Schule vorgetragen wurde.

6.2.4 Erich Kästners „Konferenz der Tiere" – unter besonderer Berücksichtigung der Verfilmung

Nach einer Idee von Jella Lepman entstand 1949 Erich Kästners Anti-Kriegsbuch „Die Konferenz der Tiere", das 20 Jahre später von Curt Linda als abendfüllender Zeichentrickfilm verfilmt wurde. Eine frühere Verfilmung, die sich Erich Kästner durch Walt Disney gewünscht hatte, kam nicht zustande, da Disney mit der Begründung ablehnte, grundsätzlich keine politischen oder religiösen Themen in seine Filme aufzunehmen. Sowohl Kästners Text als auch dessen Verfilmung werden bis heute kaum literatur- oder medienpädagogisch reflektiert (vgl. Frey 1999), obwohl sich die Geschichte im Rahmen der Friedenserziehung und der Auseinandersetzung mit der Gewalt-Problematik ausgezeichnet eignet und der Film bis heute als einer der besten seines Genres gilt (vgl. Tornow 1998, S. 72).

Die Einbeziehung des Filmes in das Unterrichtsprojekt war gemeinsam mit den Studenten langfristig geplant. Diese Projekt-Sequenz erhielt aber durch die politische Situation zum Zeitpunkt der Umsetzung des Projektes in der Schule eine bemerkenswerte Aktualität, weil der Ausbruch des Irak-Krieges unmittelbar bevorstand.

Dabei war innerhalb der Planungs- und Vorbereitungsphase diese Projekt-Sequenz die umstrittenste. Die Studierenden zeigten eine Neigung zu eher unpolitischen Texten Kästners („Das doppelte Lottchen") und bei der Entscheidung für politisch engagierte Kästner-Texte tendierten sie dazu, diese in eine ‚freundliche Unverbindlichkeit' zu rücken. Selbst als die Entscheidung für die „Konferenz der Tiere" getroffen war, legten die Studierenden eine Unterrichtsskizze vor, die alle gesellschaftlichen Hintergründe ausblendete und Kinder in ein ‚Spiel an sich' führen wollte. Es zeigte sich in dem Entwurf sogar die Gefahr, eine Spiel-Szenerie umsetzen zu wollen, die die Kontakte zwischen Kindern und Tieren auf ein reizvolles Spiel hob, ohne die gesellschaftlichen Hintergründe auch nur anzudeuten. Die interessante Argumentation auf unser Hinterfragen dieser Haltung bestand dann darin, dass sie sich eine Diskussion mit Kindern über derartige politisch brisante Fragen nicht zutrauen. Unsere Auseinandersetzung mit diesem Problem war für alle Beteiligten wichtig, auch weil sie zu vertieften Gesprächen über Ansprüche und Zielstellungen des Literaturunterrichts in der Grundschule führte.

Nach einer längeren Debatte erfolgte dann eine Umstellung des Unterrichtskonzepts mit einer veränderten Akzentsetzung, die das Sinnpotential des literarischen Textes und der Verfilmung ernst nahm.

Bereits die Unterrichtseröffnung mit einem Filmausschnitt und einem ‚Lehrervortrag' über die politischen Hintergründe für Kästners „Konferenz der Tiere" evozierte bei den Kindern sofort ein Gespräch über die Gefahr des bevorstehenden Irak-Krieges. Sie äußerten dabei engagiert ihre Ansicht, gaben Diskussionen in der Familie wieder, in denen besonders die Großeltern eine große Betroffenheit gezeigt hätten. Diese Erfahrung war für die Studierenden gerade nach den vorangegangenen kontroversen Diskussionen sehr wichtig.

Es war danach nicht leicht, die Kinder in die filmische Kunstwelt mit ihren auch humorvollen Passagen wieder zurückzuführen.

Das Unverständnis der Tiere gegenüber der Haltung der Menschen, das eine Grundlage für die Handlung des Buches und des Filmes bildete, wurde von den Kindern sofort aufgenommen und leidenschaftlich diskutiert. Danach folgten sie sehr interessiert dem filmischen Spiel. Die breit ‚erzählte' Einladung zur Konferenz der Tiere faszinierte und verband sich mit dem Wissen der Kinder über die geographischen Herkunftsgebiete der Tiere. Das Spiel zwischen Tieren und Kindern erschien den Schülern – wie ihre späteren Zeichnungen offenbarten – sehr reizvoll. Die Auswertung der Schülerzeichnungen kann mit einem Gespräch darüber verbunden werden, warum Kästner die Auffassung vertrat, dass die Tiere die ‚besseren Menschen' seien.

Bei der Betrachtung von Filmausschnitten zeigte sich wiederum eine ausgeprägte Fähigkeit der Kindern im Entschlüsseln von Bildern, gerade in den Szenen mit einem sehr anspruchsvollen Inhalt: Bei der Begegnung der Verhandlungspartner zur ‚Friedenskonferenz' tragen die Autos am vorderen Teil wie eine Standarte eine Taube, ganz verborgen befindet sich dagegen im hinteren Teil der Fahrzeuge eine kleine Kanone. Die Kinder waren sofort in der Lage, dieses Bild zu deuten.

Auch das ‚Umpressen' der Menschen in Soldaten wurde von den Kindern durchaus sehr schnell erfasst; und auch die Vernichtung der einfachen Soldaten und das Überleben der beobachtenden Feldherren bedurfte keiner großen Erläuterungen.

Natürlich interessierte es die Schüler besonders, welche Beziehungen zwischen den Tieren und den durch sie entführten Kindern entstehen. Es zeigte sich, dass sie die Entführung als legitimen Akt betrachten, weil ansonsten die Menschen nicht zur Vernunft kommen. Ausgehend von den Film-Szenen, waren sie davon überzeugt, dass es den Kindern bei den Tieren sehr gut geht (Abb. 45).

Abb. 45:   Was unternehmen Tiere und Kinder gemeinsam?

In diesem Projektteil bildeten die Stations-Arbeit und ein handlungs- und produktionsorientierter Zugang den entscheidenden Rahmen. Auf der Grundlage von Text- und Filmauszügen diskutierten die Kinder in Gruppen über das Verhalten der Tiere und der Menschen und äußerten dazu schriftlich ihre Ansichten. Sie entwarfen einen Friedensvertrag, den sie wie eine alte vergilbte Urkunde gestalteten. Sie bastelten Tiermasken für das abschließende darstellende Spiel (Abb. 46)

Abb. 46:   Tiermasken und Urkunden des Friedensvertrages

Dieses darstellende Spiel führte dann noch einmal zurück zu den Fragen des Textes.

6.3 Resümee

Als nach vier Tagen der Projektarbeit die Präsentation der Ergebnisse durch die einzelnen Schülergruppen in der Turnhalle der Schule erfolgte, erlebten die Studierenden zunächst als Überraschung eine große Wandtafel, an der viele Kinder ihre Ansichten zu der ungewöhnlichen Begegnung mit Erich Kästner geäußert hatten. Die Zustimmung und Begeisterung war zugleich Motivation für die Studentinnen und Studenten, sich noch intensiver mit kindlichen Voraussetzungen, Erwartungen und Möglichkeiten zu beschäftigen.

In einer ausführlichen Reflexion der Projektwoche und dem Nachdenken über gelungene und weniger gelungene Sequenzen im Unterricht wurde noch einmal der Blick zurück geworfen in die Phase der Vorbereitung. Nicht wenige Studenten zeigten sich im Vorfeld skeptisch, ob sich ein derart anspruchsvolles Projekt in der Grundschule umsetzen lasse. Gerade um die Aufnahme der „Konferenz der Tiere" in das Projekt war – wie bereits dargestellt – lange gestritten worden. Auch gegenüber der Einführung in Kästners Leben und Werk hatte es Vorbehalte gegeben.

Das Ergebnis, zu dem sie selbst wesentlich beigetragen hatten, überzeugte die Studierenden davon, dass ein hoher intellektueller Anreiz – in Verbindung mit der Berücksichtigung kindlicher Fähigkeiten und Interessen – dazu führen kann, dass sich Grundschüler engagiert in den Literaturunterricht einbringen.

Alle vorgestellten Unterrichtsmodelle dokumentieren den engen Zusammenhang zwischen der Wahl ästhetisch anspruchsvoller Lektüre, der Vielfalt unterrichtlicher Zugänge, der Berücksichtigung kindlicher (Medien)-interessen und der Entwicklung von Lesefreude. Auf diese Weise kann der Literaturunterricht in der Grundschule einen entscheidenden Beitrag zur Entwicklung von Lesemotivation leisten.

Literatur

Barth, Johannes: So etwas kann denn doch wohl der Onkel niemals zustande bringen. Ästhetische Selbstreflexion in E.T.A. Hoffmanns Kindermärchen Nussknacker und Mausekönig. In: E.T.A Hoffmann Jahrbuch: Mitteilungen der E.T.A. Hoffmann-Gesellschaft 3, 1995, S. 7-14.

Bachmann, Manfred: Der Nussknacker als Figur. Ein Traditionsmotiv in der deutschen Volkskunst. In: Staatsoper Unter den Linden Berlin (Hrsg.): Der Nussknacker. Frankfurt am Main: Insel 2000, S. 39-52.

Baumert, Jürgen/Deutsches PISA-Konsortium (Hrsg.): PISA 2000. Basiskompetenzen von Schülerinnen und Schülern im internationalen Vergleich. Opladen: Leske + Budrich 2002.

Baumert, Jürgen: PISA 2000. Die Studie im Überblick. Grundlagen, Methoden und Ergebnisse. In: Bergsdorf, Wolfgang u.a. (Hrsg.): Herausforderungen der Bildungsgesellschaft. Weimar: RhinoVerlag 2002, S. 229-270.

Bertschi-Kaufmann, Andrea: Lesen und Schreiben in einer Medienumgebung. Frankfurt/Aarau: Sauerländer 2000.

Bischof, Ulrike/Heidtmann, Horst: Lesen Jungen ander(e)s als Mädchen? Untersuchungen zu Leseinteressen und Lektüregratifikationen. In: Medien Praktisch 3/2002, S. 26-32.

Boie, Kirsten: Mit Jakob wurde alles anders. Hamburg: Oetinger 1986.

Boie, Kirsten: King-Kong, das Liebesschwein. Bilder von Silke Brix-Henke. Hamburg: Oetinger 1996.

Boie, Kirsten: Man darf mit dem Glück nicht drängelig sein. Bilder von Jutta Bauer. Hamburg: Oetinger 1997.

Boie, Kirsen: Wie gut der Pudding ist, merkt man beim Essen. In: Richter, Karin/Riemann, Sabine (Hrsg.): Kinder-Literatur – „neue" Medien. Baltmannsweiler: Schneider Verlag Hohengehren 2000, S. 62-68.

Brüder Grimm/Ensikat, Klaus: Die Bremer Stadtmusikanten. Berlin/München: Altberliner Verlag 1995.

Brüder Grimm: Von Hexen, Feen und allerlei Zauber. Bearbeitet von Friedel Hofbauer. Illustriert von Christa Unzner. Wien/München: Betz 1995.

Brunner, Maria: Emil und die Detektive – damals und heute. Praxis Deutsch, 175, 2002 (ohne Seitenangabe; abrufbar nur im Internet).

Bogdal, Klaus-Michael: Literaturdidaktik im Spannungsfeld von Literaturwissenschaft, Schule und Bildungs- und Lerntheorien. In: Bogdal, Klaus-Michael/ Korte, Hermann (Hrsg.): Grundzüge der Literaturdidaktik. München: Deutscher Taschenbuchverlag 2002.

Bos, Wilfried u.a. (Hrsg.): IGLU. Einige Länder der Bundesrepublik Deutschland im nationalen und internationalen Vergleich. Münster/New York/München/Berlin: Waxmann 2004.

Büker, Petra: Literarisches Lernen in der Primar- und Orientierungsstufe. In: Bogdal, Klaus-Michael/Korte, Hermann (Hrsg.): Grundzüge der Literaturdidaktik a.a.O 2002, S. 120-133.

Czaja, Dieter (Hrsg.): Kinder brauchen Helden. Power Ranger & Co unter der Lupe. München: KoPäd Verlag 1997.

Dehn, Mechthild: Texte und Kontexte. Schreiben als kulturelle Tätigkeit in der Grundschule. Berlin: Volk und Wissen 1999.

Der Nussknackerprinz. Columbia Tristar Home Video 1993.

Doderer, Klaus: Der Emil des Jahres 2001. In: Fundevogel, 2002. Heft 1, S. 5-21.

Duderstadt, Matthias/Forytta, Claus (Hrsg.): Literarisches Lernen. Frankfurt am Main: Beltz 1999.

Ehlich, Konrad: Erzählraum Schule – Ein kleines Plädoyer für eine alltägliche Kunst. In: Grundschule 2004. Heft 2, S. 43-44.

Ehlich, Konrad: Erzählen im Alltag. Frankfurt/Main: Suhrkamp 1980.

Elschenbroich, Donata: Weltwissen der Siebenjährigen. Wie Kinder die Welt entdecken können. München: Goldmann 2002.

Emil und die Detektive. Regie und Drehbuch: Franziska Buch, Produzenten: Peter Zenk/Uschi Reich. Constantin-Video 2001.

Erlbruch, Wolf: Die fürchterlichen Fünf. Wuppertal: Hammer 1991.

Ewers, Hans-Heino: Nachwort zu Kinder-Märchen von C. W. Contessa/de la Motte Fouqué, F./Hoffmann, E.T.A. Hrsg. von Ewers, Hans-Heino. Stuttgart: Reclam 1987.

Ewers, Hans-Heino: Kindliches Erzählen – Erzählen für Kinder. Erzählerwerb, Erzählwirklichkeit und erzählende Kinderliteratur. Weinheim und Basel: Beltz 1991.

Ewers, Hans-Heino: Kinder brauchen Geschichten. Im kinderliterarischen Geschichtenerzählen lebt die alte Erzählkunst fort. In: Ewers, Hans-Heino (Hrsg.): Kindliches Erzählen – Erzählen für Kinder, a.a.O., S. 100-114.

Ewers, Hans-Heino/Nassen, Ulrich/Richter, Karin/Steinlein, Rüdiger (Hrsg.): Kinder- und Jugendliteraturforschung 1998/99. Stuttgart/Weimar: Metzler Verlag 1999.

Feilke, Helmuth: Über sprachdidaktische Grenzen. Didaktik Deutsch 2001. Heft 10, S. 4-25.

Fingerhut, Karlheinz: Jugendliteratur – ein Weg zur Literatur? Erörtert an Bearbeitungen der „Odyssee" für Kinder und Jugendliche. In: Rank, Bernhard/Rosebrock, Cornelia (Hrsg.): Kinderliteratur, literarische Sozialisation und Schule. Weinheim: Deutscher Studien Verlag 1997, S. 75-99.

Fingerhut, Karlheinz: Didaktik der Literaturgeschichte. In: Bogdal, Klaus-Michael/Korte, Hermann (Hrsg.): Grundzüge der Literaturdidaktik. München: Deutscher Taschenbuch Verlag 2002, S. 147-165.

Frey, Ute: „Lärm im Spiegel der Pädagogik". Zur pädagogischen Rezeption von Erich Kästners Werk. In: Ewers, Hans-Heino u.a. (Hrsg.): Kinder- und Jugendliteraturforschung 1998/99. Stuttgart/Weimar: Metzler 1999, S. 122-138.

Frey, Ute/Richter, Karin: Didaktik der Kinder- und Jugendliteratur, Leseförderung in der Mediengesellschaft und Entwicklung von Medienkompetenz. In: Ewers, Hans-Heino u.a. (Hrsg.): Kinder- und Jugendliteraturforschung 2000/2001. Stuttgart/Weimar: Metzler 2001, S. 116-131.

Frey, Ute/Richter, Karin: Erich Kästners Leben, seine Kinderbücher und deren Verfilmungen. In: Grundschule 2003. Heft 12, S. 23-27.

Frey, Ute: „Lieber Emil, Dein Widijo hat mir gefallen" – Reaktionen von Grundschulkindern auf Verfilmungen von Kästner-Texten. In: Richter, Karin/Trautmann, Thomas (Hrsg.): Kindsein in der Mediengesellschaft. Interdisziplinäre Annäherungen. Weinheim und Basel: Beltz Verlag 2001, S. 133-147.

Frey, Ute: Verfilmte Figuren – Hindernisse oder Begleiter auf dem Weg zum Buch. In: Hurrelmann, Bettina/Becker, Susanne (Hrsg.): Kindermedien nutzen. Weinheim und München: Juventa Verlag 2003, S. 132-145.

Frey, Ute/Weidemann, Christiane: „Die Konferenz der Tiere" – ein Klassiker als Kinderbuch und als Animationsfilm. In: Grundschule 2001. Heft 7-8, S. 11-16.

Fühmann, Franz: Das mythische Element in der Literatur. In: Ders.: Erfahrungen und Widersprüche. Rostock: Hinstorff 1975, S. 147-219.

Fühmann, Franz: Das hölzerne Pferd. Berlin: Neues Leben 1968. Neuausgabe: Rostock: Hinstorff 1996.

Garbe, Christine/Graf, Werner/Rosebrock, Cornelia/Schön, Erich (Hrsg.): Lesen im Wandel. Probleme der literarischen Sozialisation heute. Didaktik-Diskurse. Band 2. Lüneburg: Universitätsverlag 1998.

Garbe, Christine: Mädchen lesen ander(e)s. In: JuLit 2003. Heft 2, S. 14-29.

Graf, Werner: Das Schicksal der Leselust. Die Darstellung der Genese der Lesemotivation in Lektüreautobiographien. In: Garbe, Christine/Graf, Werner/Rosebrock, Cornelia/Schön, Erich (Hrsg.): Lesen im Wandel. Probleme der literarischen Sozialisation heute. Didaktik-Diskurse. Band 2. Lüneburg: Universitätsverlag 1998, S. 101-124.

Greenfield, Patricia: Kinder und neue Medien. München, Weinheim: Psychologie Verlags Union 1987.

Gottberg, Joachim/Mikos, Lothar/Wiedemann, Dieter (Hrsg.): Kinder an die Fernbedienung. Konzepte und Kontroversen zum Kinderfilm und Kinderfernsehen. Berlin: VISTAS 1997.

Groeben, Norbert/Vorderer, Peter: Leserpsychologie. Münster: Aschendorff 1988.

Haas, Gerhard: Handlungs- und produktionsorientierter Literaturunterricht. Theorie und Praxis eines ‚anderen' Literaturunterrichts für die Primar- und Sekundarstufe. Seelze: Kallmeyer 1997.

Haas, Gerhard: Das Tierbuch. In: Lange, Günter (Hrsg.): Taschenbuch der Kinder- und Jugendliteratur. Baltmannsweiler: Schneider 2000, S. 287-307.

Haas, Gerhard: Anthropologisch-pädagogische Grundlagen, Möglichkeiten und Grenzen eines handlungs- und produktionsorientierten Literaturunterrichts. In: Schlotthaus, Werner/Stückrath, Jörn (Hrsg.): Zeitzeugen der Deutschdidaktik. Baltmannsweiler: Schneider Verlag Hohengehren 2004, S. 91-103.

Haywood, Susanne: Kinderliteratur als Zeitdokument. Alltagsnormalität der Weimarer Republik in Erich Kästners Kinderromanen. Frankfurt am Main: Peter Lang 1998.

Heckhausen, Heinz: Motivation und Handeln. Berlin/Heidelberg/New York/London/Paris/Tokyo/Hong Kong: Springer-Verlag 1989.

Heidtmann, Horst: Kindermedien. Stuttgart: Metzler 1993.

Heidtmann, Horst(Hrsg.): Jugendliteratur und Gesellschaft. Weinheim: Juventa 1993.

Hinne-Fischer, Jutta: Man darf mit dem Glück nicht drängelig sein. Ein Leseprojekt zu dem gleichnamigen Roman von Kirsten Boie. Illustrationen von Ulrike Selders. Berlin: Cornelsen 2004.

Hierl, Sophie/Hierl, Hubertus (Hrsg.): Kinder lernen Bücher lieben. Didaktisch-methodische Hinweise von Monika Plath und Karin Richter zu Wolf Erlbruchs „Die fürchterlichen Fünf". Landshut: media nova 2004.

Hoffmann, E.T.A.: Nussknacker und Mäusekönig. Illustrationen von Adrienne Ségur. Berlin: Der Kinderbuchverlag Berlin 1955.

Hoffmann, E.T.A.: Briefwechsel. Gesammelt und erläutert von Hans von Müller. (Hrsg.): Friedrich Schnapp. Zweiter Band. München: Winkler-Verlag 1968.

Hoffmann, E.T.A.: Die Serapionsbrüder. Gesammelte Erzählungen und Märchen. Berlin: Aufbau Verlag, Band 1, 1978.

Hoffmann, E.T.A.: Nussknacker und Mäusekönig. Bilder von Maurice Sendak. München: Bertelsmann 1985.

Hoffmann, E.T.A.: Nussknacker und Mausekönig. In: Kinder-Märchen von C.W. Contessa, F./de la Motte Fouqué/E.T.A. Hoffmann. Hrsg. von Hans-Heino Ewers. Stuttgart: Reclam 1987, S. 66-144.

Hoffmann, E.T.A.: Nussknacker und Mäusekönig. Gezeichnet von Maren Briswalter. Nacherzählt von N. Lange-Siemens. Wiesbaden und Zürich: Orell Füssli + Parabel Verlag 1991.

Hoffmann, E.T.A.: Nussknacker und Mäusekönig. Mit einer Einführung von Aliana Brodmann. Mit Illustrationen von Gennady Spirin. Würzburg: Arena 1997.

Hoffmann, E.T.A./Innocenti, Roberto: Nussknacker und Mäusekönig. Aarau: Verlag Sauerländer 1997.

Hoffmann, E.T.A.: Der Nussknacker. Mit Bildern von Kestitutis Kasparavicius. Für die Kleinen nacherzählt von Nicola Dröge. Münster: Coppenrath 1998.

Hoffmann, E.T.A./Zwerger, Lisbeth: Nussknacker. Nacherzählt von Hans Gärtner. 4. Auflage. Gossau: Michael Neugebauer 2001.

Hoffmann, E.T.A.: Nussknacker. Mit Bildern von Lisbeth Zwerger. Neu erzählt von Susanne Koppe. Gossau: Michael Neugebauer 2003.

Hurrelmann, Bettina: Leseförderung. In: Praxis Deutsch 1994. Heft 127, S. 17-26.

Hurrelmann, Bettina: Lesenlernen als Grundlage einer umfassenden Medienkompetenz. In: Becher, Hans-Rudolf/Bennack, Jürgen (Hrsg.): Taschenbuch Grundschule. Baltmannsweiler: Schneider Verlag Hohengehren 1995.

Hurrelmann, Bettina/Hammer, Michael/Nieß, Ferdinand: Leseklima in der Familie. Gütersloh: Bertelsmann Stiftung 1993.

Hurrelmann, Bettina/Hammer, Michael/Nieß, Ferdinand: Leseklima in der Familie. Gütersloh: Bertelsmann Stiftung 1995.

Hurrelmann, Bettina (Hrsg.): Klassiker der Kinder- und Jugendliteratur. Frankfurt am Main: Fischer 1995.

Hühnerfeld, Paul: Der Kampf um Troja. Griechische Sagen. München: Deutscher Taschenbuch Verlag 1993.

Ilias und Odysee: Nacherzählt von Walter Jens. Bilder von Alice und Martin Provensen. Ravensburg/Wisconsin,USA: Racine 1956.

Kästner, Erich: Emil und die Detektive. München: dtv junior 1999.

Keller, Fritz: Das Leseverhalten in der Freizeit. Eine empirische Studie in den vierten Klassen einer Großstadt. Frankfurt am Main: Lang 1986.

Klotz, Volker: Das europäische Kunstmärchen. München: Fink 2002.

Köppert, Christine/Spinner, Kaspar H.: Imagination im Literaturunterricht. In: Fauser, Peter u.a. (Hrsg.): Einsicht und Vorstellung. Imaginatives Lernen in Literatur und Geschichte. Seelze: Kallmeyer 1999.

Korte, Hermann: Erinnerungsarbeit. Literaturgeschichte und Literaturunterricht. In: Literatur in Wissenschaft und Unterricht 29, 1996. Heft 1, S. 39-52.

Korte, Hermann: Historische Kanonforschung und Verfahren der Textauswahl. In: Bogdal, Klaus-Michael/Korte, Hermann (Hrsg.): Grundzüge der Literaturdidaktik, a.a.O., S. 61-77.

Kremer, Detlef: E.T.A. Hoffmann. Erzählungen und Romane. Berlin: Erich Schmidt 1999.

Kreuzer, Helmut: Arten der Literaturadaption. In: Gast, Wolfgang (Hrsg.): Literaturverfilmung Bamberg: Buchners Verlag 1993, S. 27-31.

Künnemann, Horst: Von Mäusen und Puppen. Die österreichische Illustratorin Lisbeth Zwerger inszeniert den „Nussknacker" neu. In: Die Zeit. November 2003, S. 6-7.

Lange, Günter: Zur Didaktik der Kinder- und Jugendliteratur. In: Lange, Günter (Hrsg.): Taschenbuch der Kinder- und Jugendliteratur. Baltmannsweiler: Schneider Verlag Hohengehren 2000, S. 942-967.

Lettbetter, Angela: Kindliche Märchenrezeption heute. Eine Studie über veränderte Märchenzugänge im Osten Deutschlands. Staatsexamensarbeit. Pädagogische Hochschule Erfurt 1996.

Märchen der Brüder Grimm: Bilder von Nikolaus Heidelbach. Weinheim/Basel: Beltz & Gelberg 1995.

Matt, Peter von: Die Augen der Automaten. E.T.A. Hoffmanns Imaginationslehre als Prinzip seiner Erzählkunst. Tübingen: Max Niemeyer 1971.

Meier, Bernhard: Leseverhalten unter soziokulturellem Aspekt. Eine empirische Erhebung des Freizeit-Lesens von Großstadt-Jugendlichen (am Beispiel Nürnbergs). Archiv für Soziologie und Wirtschaftsfragen des Buchhandels LI & LII 1981.

Meiers, Kurt: Schriftspracherwerb. Anfangsunterricht im Lesen und Schreiben. In: Lange, Günter/Neumann, Kurt/Ziesenis, Werner (Hrsg.): Taschenbuch des Deutschunterrichts. Baltmannsweiler: Schneider Verlag Hohengehren 1998, Jubiläumsausgabe, S. 144-171.

Merkel, Johannes: Die Resonanz zwischen Erzähler und kindlichem Publikum. Mündliches Erzählen als Kommunikationsform angesichts der audiovisuellen Medien. In: Ewers, Hans-Heino (Hrsg.): Kindliches Erzählen – Erzählen für Kinder. Weinheim und Basel: Beltz 1991, S. 82-99.

Mikos, Lothar: Bilderwelten – zum Verhältnis von Lesekompetenz und visueller Kompetenz in der Medienwelt von Kindern und Jugendlichen. In: Richter, Karin/Trautmann, Thomas (Hrsg.): Kindsein in der Mediengesellschaft. Weinheim und Basel: Beltz 2001, S. 17-33.

Necco, Luigi: Das Geheimnis von Troja. Die abenteuerliche Suche nach Schliemanns Schatz. Düsseldorf/Wien/New York/Moskau: ECON Verlag 1994.

Nöstlinger, Christine/Bauer, Jutta: Ein und Alles. Weinheim/Basel/Berlin: Beltz 2002.

Nussknacker und Mausekönig. Klassik-Hörbücher für Kinder. Edition See-Igel 2001.

Paefgen, Elisabeth Katharina: Der Literaturunterricht heute und seine (un)mögliche Zukunft. In: Didaktik Deutsch 1999. Heft 7, S. 24-35.

Paefgen, Elisabeth Katharina: Einführung in die Literaturdidaktik. Stuttgart: Metzler 1999.

Petzoldt, Leander: Märchen, Mythen, Sagen. In: Lange, Günther: Taschenbuch der Kinder- und Jugendliteratur. Baltmannsweiler: Schneider Verlag Hohengehren 2000, S. 246-266.

Perrault, Charles: Der kleine Däumling und andere Märchen. Nacherzählt von Moritz Hartmann. Illustrationen von Klaus Ensikat. Berlin: Kinderbuchverlag 1977.

Plath, Monika: Motivationale Aspekte des Lese- und Fernsehverhaltens. Ausgewählte Ergebnisse einer empirischen Studie. In: Richter, Karin/Trautmann, Thomas (Hrsg.): Kindsein in der „Mediengesellschaft". Weinheim: Beltz Studien Verlag 2001, S. 85-95.

Richter, Karin: „Nur wer erwachsen wird und ein Kind bleibt, ist ein Mensch". Gedanken zur Behandlung von Prosa-Texten Erich Kästners im Deutschunterricht. In: Deutschunterricht 1992. Heft 5, S.241-249.

Richter, Karin: „Dornröschen und der Küchenjunge". Eine Unterrichtsanregung. In: Praxis Deutsch 1995. Heft 133, S. 26-28.

Richter, Karin: Kindliche Fernsehvorlieben und Leseinteressen und deren Bedeutung für den Unterricht. In: Franz, Kurt/Lange, Günter (Hrsg.): Bilderwelten. Vom Bildzeichen zur CD-ROM. Baltmannsweiler: Schneider Verlag Hohengehren 1999.

Richter, Karin: Kinderliteratur in der Grundschule. Betrachtungen – Interpretationen – Modelle. Baltmannsweiler: Schneider Verlag Hohengehren 2001.

Richter, Karin: Die Entwicklung von Lesemotivation und der Literaturunterricht in der Grundschule. Empirische Daten – pädagogische Überlegungen – didaktische Konsequenzen. In: Hurrelmann, Bettina/Becker, Susanne (Hrsg.): Kindermedien nutzen. Weinheim und München: Juventa Verlag 2003, S. 115-131.

Richter, Karin/Hurrelmann, Bettina (Hrsg.): Kinderliteratur im Unterricht. Theorien und Modelle zur Kinder- und Jugendliteratur im pädagogisch-didaktischen Kontext. Weinheim und München: Juventa Verlag 1998, Neuauflage 2004.

Richter, Karin/Plath, Monika: Die Bedeutung der Entwicklung von Lesemotivation in der Grundschule. Ergebnisse einer repräsentativen empirischen Erhebung. In: Franz, Kurt/Payrhuber, Franz-Josef (Hrsg.): Lesen heute. Baltmannsweiler: Schneider Verlag Hohengehren 2002, S. 41-58.

Richter, Karin/Plath, Monika: Lesen lernen – Literatur genießen. In: Grundschule 2003. Heft 12, S. 8-10.

Richter, Karin/Riemann, Sabine: Lesen und Fernsehen im Interessenspektrum jüngerer Schulkinder. Ergebnisse einer empirischen Erhebung. In: Richter, Karin/Riemann, Sabine (Hrsg.): Kinder – Literatur – „neue" Medien. Baltmannsweiler: Schneider Verlag Hohengehren 2000, S. 36-59.

Richter, Karin/Trautmann, Thomas (Hrsg.): Kindsein in der Mediengesellschaft. Interdisziplinäre Annäherungen. Weinheim und Basel: Beltz Verlag 2001.

Rölleke, Heinz (Hrsg.): Die wahren Märchen der Brüder Grimm. Frankfurt am Main: Fischer 1989.

Schikorsky, Isa: Im Labyrinth der Phantasie. Ernst Theodor Amadeus Hoffmanns Wirklichkeitsmärchen ‚Nussknacker und Mausekönig'. In: Hurrelmann, Bettina: Klassiker der Kinder- und Jugendliteratur. a.a.O. 1995, S. 520-539.

Spinner, Kaspar H.: Die Entwicklung literarischer Kompetenz beim Kind. In: Rosebrock, Cornelia (Hrsg.): Lesen im Medienzeitalter. Biographische und historische Aspekte literarischer Sozialisation. Weinheim/München: Juventa 1995, S. 81-95.

Spinner, Kaspar H.: Handlungs- und produktionsorientierter Literaturunterricht. In: Bogdal, Klaus-Michael/Korte, Hermann (Hrsg.): Grundzüge der Literaturdidaktik. München: Deutscher Taschenbuchverlag 2002, S. 231-245.

Stiftung Lesen: Leseverhalten in Deutschland im neuen Jahrtausend. Schriftenreihe Leseverhalten. Band 3. Hamburg: Spiegel Verlag 2001.

Tewes-Eck, Roswitha/Dunkel, Erich: Die griechische Sagenwelt. Stuttgart: Klett 2000.

Thiele, Jens: Ist das Kind noch im Bilde? In: JuLit. 2004. Heft 3, S. 12-25.

Tille, Alexander: Die Geschichte der deutschen Weihnacht. Leipzig: Keil 1893.

Tornow, Ingo: Erich Kästner und der Film. München: Deutscher Taschenbuch Verlag 1998.

Waldmann, Günter: Produktiver Umgang mit Literatur. Didaktischer Kunstgriff oder strukturell geforderte Form des Literaturverstehens? Zur Entstehung eines Konzepts. In: Schlotthaus, Werner/Stückrath, Jörn (Hrsg.): Zeitzeugen der Deutschdidaktik. a.a.O. 2004, S. 104-118.

Waldt, Kathrin: Literaturunterricht oder Literarisches Lernen. In: Didaktik Deutsch 2001. Heft 10, S. 61-75.

Waldt, Kathrin: Literarisches Lernen in der Grundschule. Herausforderung durch ästhetisch-anspruchsvolle Literatur. Baltmannsweiler: Schneider Verlag Hohengehren 2003.

Wardetzky, Kristin: Frühe Prägung? Märchenrezeption und Entwicklung literarischer Interessen. In: Ewers, Hans-Heino (Hrsg.): Kindliches Erzählen – Erzählen für Kinder. a.a. O. 1991, S. 61-82.

Wardetzky, Kristin: Märchen – Lesarten von Kindern. Eine empirische Studie. Bern/Berlin: Lang 1992.

Wardetzky, Kristin: Aschenputtel glanzlackiert. Veränderungen der kindlichen Märchenrezeption in den neuen Bundesländern. In: Grundschule 1995. Heft 12, S. 10-12.

Wardetzky, Kristin: Zwischen Traum und Realität. In: Grundschulzeitschrift 1996, Heft 91, S. 46-49.

Wardetzky, Kristin: Zwischen Traum und Realität. In: Grundschulzeitschrift 1996, Heft 92, S. 46-51.

Wardetzky, Kristin: Erzählen – eine wiederentdeckte Kunst. In: Richter, Karin/Schlundt,Rainer (Hrsg.): Lebendige Märchen- und Sagenwelt. Ludwig Bechsteins Werk im Wandel der Zeiten. Baltmannsweiler: Schneider Verlag Hohengehren 2003, S. 78-91.

Weber-Kellermann, Ingeborg: Die Familie. Frankfurt am Main: Insel 1976.

Weinert, Franz E.: Die fünf Irrtümer der Schulreformer. Psychologie heute 1999. Heft 7, S. 28-34.

Wermke, Jutta: Leseerziehung für Medienrezipienten. In: Hohmann, Joachim S./Rubinich, Johann (Hrsg.): Wovon der Schüler träumt. Leseförderung im Spannungsfeld von Literaturvermittlung und Medienpädagogik. Frankfurt am Main: Lang 1996, S. 90-117.

Wieler, Petra: Vorlesen in der Familie. Fallstudien zur literarisch-kulturellen Sozialisation von Vierjährigen. Weinheim: Juventa 1997.

Whitehead, Marian: How to Develop Children's Early Literacy. London: Paul Chapman 2004.

Anhang

Schülerfragebogen

Wir sind heute in eure Schule gekommen, um mit euch eine Umfrage durchzuführen. Wir haben dazu einen kleinen Helfer mitgebracht: einen neugierigen Zwerg. Also, nehmt schnell einen Stift zur Hand und legt los!

Bitte **kreuze** das für dich Zutreffende **an** und **ergänze Fehlendes**! In der Regel musst du bei jeder Frage nur ein Kreuz machen oder etwas eintragen.

1. Ich bin ein ...

   ○ ... Junge.　　　　○ ... Mädchen.　　　　　　(1/2)

2. Gehst du am Nachmittag in den Hort?

   ○ Nein.　　　○ Nur manchmal.　　○　Fast immer.　(1/2/3)

3. Hast du Geschwister?

   ○ Nein.　　　○　　Ja, ich habe ..... Geschwister.　(0/x)

Wenn du keine Geschwister hast, brauchst du die nächste Frage nicht zu beantworten.

4. Sind deine Geschwister älter oder jünger als du?

   Meine Geschwister sind ...

   ○ ... älter und jünger als ich.　　　　　　(1)

   ○ ... jünger als ich.　　　　　　　　　(2)

   ○ ... älter als ich.　　　　　　　　　(3)

5. Bei wem wohnst du?

	Mutter und Vater	Mutter	Vater	anderen Personen	
Ich wohne bei ...	○	○	○	○	(1/2/3/4)

6. Welche der folgenden Gegenstände/Medien gibt es bei euch zu Hause, welche gehören dir allein?

	Gibt es nicht	Gibt es bei uns zu Hause	Gehört mir allein	
Fernseher	○	○	○	(1/2/3)
CD-Player	○	○	○	(1/2/3)
Radio	○	○	○	(1/2/3)
Kassettenrecorder	○	○	○	(1/2/3)
Telespielkonsole (Playstation)	○	○	○	(1/2/3)
Lerncomputer	○	○	○	(1/2/3)
Computer	○	○	○	(1/2/3)
Internet	○	○	○	(1/2/3)

7. Schreibe der Reihe nach auf, was du in deiner Freizeit am liebsten tust. Mit Freizeit ist die Zeit gemeint, in der du selbst entscheiden kannst, was du tust, also in der du nicht in der Schule bist, nicht zu Hause etwas für die Schule machst, nicht im Haushalt hilfst usw.

1 .... (x)

2 .... (x)

3 .... (x)

4 .... (x)

5 .... (x)

8. Haben dir deine Eltern oder ältere Geschwister früher Geschichten vorgelesen?

○ Gar nicht.   ○ Manchmal.   ○ Oft.   (1/2/3)

9. Tun sie es jetzt auch noch?

○ Gar nicht.   ○ Manchmal.   ○ Oft.   (1/2/3)

10. Würdest du dir wünschen, dass deine Eltern dir öfter etwas vorlesen?

○ Nein.   ○ Ja.   (1/2)

11. Stell dir einmal vor, du müsstest zwischen Fernsehen und Lesen wählen
– vielleicht für die ganze kommende Woche – wofür würdest du dich
dann entscheiden?
(In Wirklichkeit musst du es sicher nicht, aber stelle es dir einmal vor.)

○ Fernsehen.   ○ Lesen.   (1/2)

12. Wenn du zwischen dem Lesen und dem Spielen mit anderen Kindern
wählen müsstest, wofür entscheidest du dich dann?

○ Spielen mit anderen Kindern.   ○ Lesen .   (1/2)

13. Wenn du für deine Freizeit entscheiden müsstest, ob du lesen oder für
dich allein spielen willst (Basteln, Malen usw.), was würdest du dann
tun?

○ Allein Spielen.   ○ Lesen.   (1/2)

14. Bist du Mitglied in einer Bücherei?

○ Nein.   (0/1)

○ Ja, in einer Bibliothek außerhalb der Schule.   (0/1)

○ Ja, in der Bibliothek in der Schule.   (0/1)

15. Welche Bücher / Geschichten liest du gern?

Ich lese gern Texte, ...

○ ..., die über bestimmte Dinge informieren (über Tiere, Autos,   (0/1)
Sport usw.), z.B. ....   (x)
....
....

○ ..., in denen Abenteuer erzählt werden, z.B. .... (0/1)   (x)
....
....

○ ..., in denen Märchen, Sagen und Phantasiegeschichten erzählt   (0/1)
werden, z.B. ....   (x)
....
....

○ ..., in denen Tiergeschichten erzählt werden, z.B. .... (0/1) (x)
....
....

○ ..., in denen wahre Geschichten erzählt werden, z.B. .... (0/1) (x)
....
....

○ ..., in denen es um Fernsehsendungen oder Fernsehfilme geht, z.B. 0/1)
.... (x)
....

○ .... (0/1) (x)
....
....

16. Wenn du liest, aus welchem Grund liest du dann?

Ich lese, ...

○ ... weil ich muss (z.B. für Hausaufgaben, Üben für die Schule).   (0/1)

○ ... weil es Spaß macht.   (0/1)

○ ... um Neues zu erfahren.   (0/1)

○ ... weil ich es spannend finde.   (0/1)

○ ... um Langeweile zu vertreiben.   (0/1)

○ ... weil ich da entscheiden kann, wann ich anfange und aufhöre.   (0/1)

17. Ich lese...

○ ... nicht so gern.   ○   ... gern.   (1/2)

18. Liest du im Moment in deiner Freizeit ein Buch?

○ Nein.   (1)

○ ja, es heißt .... (2)

19. Welche Zeitschriften und Comics liest du?

....(x)
....

20. Wie gern liest du die angegebenen Texte?

	Gar nicht gern	Eher nicht gern	Eher gern	Sehr gern	
Comics und Bildgeschichten	O	O	O	O	(1/2/3/4)
Zeitschriften	O	O	O	O	(1/2/3/4)
Bücher und Geschichten	O	O	O	O	(1/2/3/4)
Gedichte	O	O	O	O	(1/2/3/4)

21. Hast du ein Lieblingsbuch / eine Lieblingsgeschichte?

O Nein. (1)

O Ja, und zwar: (2)

Titel: .... (x)

Autor: .... (x)

Wenn du kein Lieblingsbuch hast, brauchst du die nächste Frage nicht zu beantworten.

22. Hast du dein Lieblingsbuch schon mehrmals gelesen?

O Nein.   O Ja, zweimal.   O Ja, mehr als zweimal.   (1/2/3)

23. Hast du eine Lieblingsgestalt in den Büchern/ Geschichten, die du gelesen hast?

O Nein.   O Ja, das ist .... (1/2) (x)

....

aus dem Buch   .... (x)

....

Wenn du keine Lieblingsgestalt hast, brauchst du die nächste Frage nicht zu beantworten.

24. Was ist deine Lieblingsgestalt?

Meine Lieblingsgestalt ist ...

O ... ein Mensch.   O ... ein Tier.   O ... eine Phantasiegestalt.   (1/2/3)

25. Ist es für dich wichtig, dass eine Geschichte, die du liest, auch wahr ist?

O Nein.   O Ja.   (1/2)

26. Wie oft etwa nimmst du dir in deiner Freizeit Zeit zum Lesen?

	Seltener als einmal in der Woche	Einmal in der Woche	Einmal täglich	Mehrmals täglich	
Ich nehme mir ungefähr ... Zeit zum Lesen.	O	O	O	O	(1/2/3/4)

27. Welche der folgenden Aussagen treffen auf dich zu?

Dies trifft für mich ... zu.	Fast nie	Manch-mal	Oft	Fast immer	
Beim Lesen kann ich mich herrlich entspannen.	O	O	O	O	(1/2/3/4)
Ich mache es mir beim Lesen immer sehr gemütlich und genieße die Stimmung.	O	O	O	O	(1/2/3/4)
Beim Lesen vergeht die Zeit wie im Fluge.	O	O	O	O	(1/2/3/4)
Mit einem Buch kann man in eine ganz andere Welt abtauchen.	O	O	O	O	(1/2/3/4)
Wenn ich traurig bin, heitert mich ein Buch auf.	O	O	O	O	(1/2/3/4)
Wenn ich Probleme in der Schule oder zu Hause habe, dann lese ich gern.	O	O	O	O	(1/2/3/4)

28. Wünschst du dir, mit anderen über spannende und interessante Bücher und Geschichten zu sprechen?

Ich wünsche mir, mit meinen ... darüber zu sprechen.	Nein	Ja	
... Eltern ...	O	O	(1/2)
... Freunden ...	O	O	(1/2)
... Geschwistern ...	O	O	(1/2)
... Lehrern ...	O	O	(1/2)

29. Wie oft sprichst du mit anderen über spannende und interessante Bücher und Geschichten?

Ich spreche mit meinen ...	Nie	Wenig	Oft	Sehr oft	
... Eltern.	○	○	○	○	(1/2/3/4)
... Freunden.	○	○	○	○	(1/2/3/4)
... Geschwistern.	○	○	○	○	(1/2/3/4)
... Lehrern.	○	○	○	○	(1/2/3/4)

30. Manche Kinder möchten sehr gern, dass ihre Lieblingsgeschichten auch gut ausgehen bzw. nicht schlimm (z.B. durch Krankheit und Tod) für die Hauptpersonen enden.
Wie geht es dir? Wie wünschst du dir den Schluss?

	... soll gut ausgehen.	... soll schlecht ausgehen.	... ist mir egal.	... soll offen bleiben.	
Das Ende der Geschichte ...	○	○	○	○	(1/2/3/4)

31. Was gefällt dir am Lesen besonders gut, was überhaupt nicht?

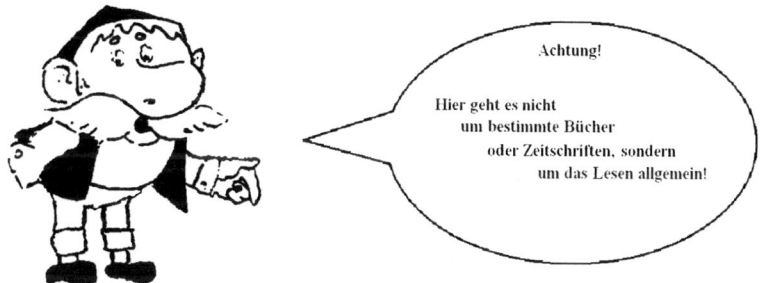

Achtung!

Hier geht es nicht um bestimmte Bücher oder Zeitschriften, sondern um das Lesen allgemein!

Am Lesen gefällt mir *besonders gut* ...	Am Lesen gefällt mir *gar nicht* ...
....	....
....	....
....	....
....	....
....	....
....	....
....	....

32. Interessieren sich deine Eltern und dein Deutschlehrer / deine Deutschlehrerin für das, was du in deiner Freizeit liest?

Mein(e) ... interessiert sich ...	gar nicht	wenig	stark	sehr stark	
... Mutter ...	○	○	○	○	(1/2/3/4)
... Vater ...	○	○	○	○	(1/2/3/4)
... Lehrer / Lehrerin ...	○	○	○	○	(1/2/3/4)

33. Macht dir der Deutschunterricht Spaß?

	gar nicht	nicht so sehr	ein bisschen	sehr	
Der Deutschunterricht gefällt mir ...	○	○	○	○	(1/2/3/4)

34. Wie schätzt du zur Zeit deine Leistung im Lesen ein?

	schlecht	eher schlecht	eher gut	gut	
Meine Leistung ist ...	○	○	○	○	(1/2/3/4)

35. Welche Bücher habt ihr in diesem Schuljahr im Unterricht schon behandelt?
    Trage den Autor und den Titel der Bücher ein und gib an, ob sie dir gefallen haben.

		Hat mir nicht gefallen.	Hat mir gefallen.	
Autor	....	○	○	(x) (1/2)
Titel	....			(x)
Autor	....	○	○	(x) (1/2)
Titel	....			(x)
Autor	....	○	○	(x) (1/2)
Titel	....			(x)

36. Was habt ihr schon alles gemacht? Wenn ihr das schon gemacht habt, kreuze bitte an, ob es dir gefallen hat. Wenn ihr das noch nicht gemacht habt, kreuze bitte an, ob du es dir wünschst.

Wir haben in diesem Schuljahr schon gemacht ….	Nein	Wünsche ich mir	Ja	Hat mir gefallen	
Eigene Bücher mitbringen und vorstellen	O	O	O	O	Nein/Ja (1/2) Wunsch (0/1) hat gef. (0/1)
Bilder zu Geschichten malen	O	O	O	O	Nein/Ja (1/2) Wunsch (0/1) hat gef. (0/1)
Eine Fortsetzung oder einen Schluss für eine gelesene Geschichte schreiben	O	O	O	O	Nein/Ja (1/2) Wunsch (0/1) hat gef. (0/1)
Eine Vorgeschichte für einen Text ausdenken	O	O	O	O	Nein/Ja (1/2) Wunsch (0/1) hat gef. (0/1)
Eine Geschichte ganz oder teilweise nachspielen	O	O	O	O	Nein/Ja (1/2) Wunsch (0/1) hat gef. (0/1)
Zu einer gelesenen Geschichte einen Film anschauen	O	O	O	O	Nein/Ja (1/2) Wunsch (0/1) hat gef. (0/1)
Zu einem Buch / einer Geschichte ein Hörspiel herstellen	O	O	O	O	Nein/Ja (1/2) Wunsch (0/1) hat gef. (0/1)
Unser(e) Lehrer(in) hat uns Geschichten vorgelesen.	O	O	O	O	Nein/Ja (1/2) Wunsch (0/1) hat gef. (0/1)
Unser(e) Lehrer(in) hat uns Tipps für Bücher/ Geschichten, gegeben, die wir in der Freizeit lesen können	O	O	O	O	Nein/Ja (1/2) Wunsch (0/1) hat gef. (0/1)
Einen Brief an eine Figur schreiben, die im Text vorkommt	O	O	O	O	Nein/Ja (1/2) Wunsch (0/1) hat gef. (0/1)

37. Schreibe der Reihe nach **deine drei liebsten Schulfächer** auf.

1. .... (x)

2. .... (x)

3. .... (x)

38. Was gefällt dir am Fernsehen besonders gut, was überhaupt nicht?

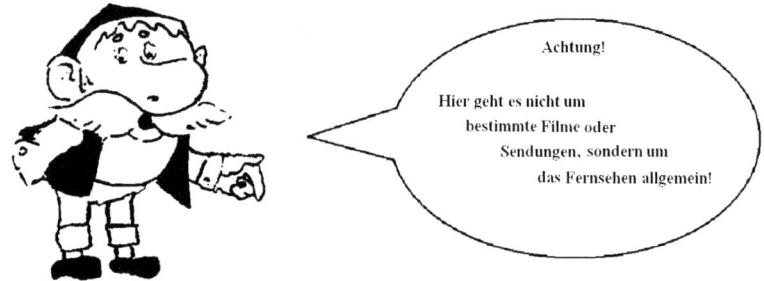

Achtung!

Hier geht es nicht um
bestimmte Filme oder
Sendungen, sondern um
das Fernsehen allgemein!

Am Fernsehen gefällt mir **besonders gut** ...	Am Fernsehen gefällt mir **gar nicht** ...
....	....
....	....
....	....
....	....
....	....
....	....
....	....

39. Welche Sendungen im Fernsehen schaust du dir gern an?

○ Nachrichten (0/1)

○ Sportsendungen (0/1)

○ Trickfilme (0/1)

○ Reportagen (0/1)

○ Tägliche Serien (0/1)

○ Informationsprogramme (z.B. Löwenzahn, Galileo usw.) (0/1)

○ Kinderfilme (0/1)

○ Krimis (0/1)

○ Lustige Filme (0/1)

○ Liebesfilme (0/1)

○ Horrorfilme (0/1)

40. Wünschst du dir, mit anderen über spannende und interessante Filme und Sendungen zu sprechen?

Ich wünsche mir, mit meinen ... darüber zu sprechen.	Nein	Ja	
... Eltern ...	◯	◯	(1/2)
... Freunden ...	◯	◯	(1/2)
... Geschwistern ...	◯	◯	(1/2)
... Lehrern ...	◯	◯	(1/2)

41. Wie oft sprichst du mit anderen über spannende und interessante Filme und Sendungen?

Ich spreche ... mit meinen ...	nie	wenig	oft	sehr oft	
... Eltern.	◯	◯	◯	◯	(1/2/3/4)
... Freunden.	◯	◯	◯	◯	(1/2/3/4)
... Geschwistern.	◯	◯	◯	◯	(1/2/3/4)
... Lehrern.	◯	◯	◯	◯	(1/2/3/4)

42. Interessieren sich deine Eltern und dein Deutschlehrer /deine Deutschlehrerin für das, was du in deiner Freizeit im Fernsehen siehst?

Mein(e) ... interessiert sich ...	gar nicht	wenig	stark	sehr stark	
... Mutter ...	◯	◯	◯	◯	(1/2/3/4)
... Vater ...	◯	◯	◯	◯	(1/2/3/4)
... Lehrer / Lehrerin ...	◯	◯	◯	◯	(1/2/3/4)

43. Wie oft siehst du fern?

	mehrere Sendungen täglich.	eine Sendung am Tag.	nur am Wochenende.	seltener.	
Ich sehe ...	◯	◯	◯	◯	(1/2/3/4)

Geschafft! Vielen Dank!

Elternfragebogen

Projekt „Entwicklung von Lesemotivation bei Grundschülern –
Möglichkeiten und Grenzen schulischer Einflussnahme"

Universität Erfurt
Institut für Grundschulpädagogik und Kindheitsforschung
Arbeitsbereich Kinderliteratur und Kindermedien
Prof. Karin Richter
Dr. Monika Plath

1. Ich bin ...

O ... der Vater des befragten Kindes.   (1)

O ... die Mutter des befragten Kindes.   (2)

O ... eine andere erziehungsberechtigte Person.   (3)

2. Wie alt sind Sie?

[   ] Jahre.   (x)

3. Wie viele Personen der einzelnen Altersgruppen leben insgesamt in Ihrem Haushalt?

......	Personen bis 5 Jahre.	(x)
......	Personen von 6 bis 14 Jahren.	(x)
......	Personen von 15 bis 18 Jahren.	(x)
......	Personen über 18 Jahre.	(x)

4. Nutzen Sie privat oder beruflich einen Computer oder das Internet?

	nein	privat	beruflich	beides	
Computer	O	O	O	O	(1/2/3/4)
Internet	O	O	O	O	(1/2/3/4)

5. Wie viele Bücher besitzen Sie etwa?

O 0-10 Bücher   (1)

O 11-40 Bücher   (2)

O 41-100 Bücher   (3)

O 101-200 Bücher   (4)

○ 201-500 Bücher (5)

○ mehr als 500 Bücher (6)

6. Wie wichtig ist Ihrer Meinung nach das Lesen heutzutage für Kinder?

	gar nicht wichtig ←————————→ sehr wichtig				
Heutzutage ist das Lesen für Kinder ...	○	○	○	○	(1/2/3/4)

7. Wenn Sie an Bildung und Ausbildung künftiger Generationen denken, wie schätzen Sie da die Bedeutung der verschiedenen Medien ein?

	gar nicht wichtig ←————————→ sehr wichtig				
Fernsehen	○	○	○	○	(1/2/3/4)
Radio	○	○	○	○	(1/2/3/4)
Bücher	○	○	○	○	(1/2/3/4)
Zeitungen und Zeitschriften	○	○	○	○	(1/2/3/4)
Computer	○	○	○	○	(1/2/3/4)
Internet	○	○	○	○	(1/2/3/4)
....	○	○	○	○	(1/2/3/4)
....	○	○	○	○	(1/2/3/4)

8. Verändert Ihrer Meinung nach das Fernsehen das Leseverhalten von Kindern?

	gar nicht ←————————→ sehr stark				
heute	○	○	○	○	(1/2/3/4)
eigene Kindheit/ Jugend	○	○	○	○	(1/2/3/4)

9. Welcher Art ist der Einfluss des Fernsehens auf das Leseverhalten von Kindern Ihrer Meinung nach?

	negativ ←————————→ positiv				
heute	○	○	○	○	(1/2/3/4)
eigene Kindheit/ Jugend	○	○	○	○	(1/2/3/4)

216

10. Wie oft haben Sie Ihrem Kind im Vorschulalter vorgelesen?

○ Nie. (1)

○ Nur zu bestimmten Anlässen. (2)

○ Regelmäßig, etwa zweimal im Monat. (3)

○ Regelmäßig, etwa einmal pro Woche. (4)

○ Regelmäßig, etwa täglich. (5)

11. Lesen Sie Ihrem Kind heute noch vor?

○ Nein. (1)

○ Nur zu bestimmten Anlässen. (2)

○ Regelmäßig, etwa zweimal im Monat. (3)

○ Regelmäßig, etwa einmal pro Woche. (4)

○ Regelmäßig, etwa täglich. (5)

12. Wer hat für gewöhnlich Ihrem Kind vorgelesen, bzw. liest für gewöhnlich Ihrem Kind vor?

○ Vater. (0/1)

○ Mutter. (0/1)

○ Ältere Geschwister. (0/1)

○ Großeltern. (0/1)

○ Andere im Haushalt lebende Person. (0/1)

13. Haben Sie Ihrem Kind schon einmal eine Geschichte erzählt, die Sie sich selbst oder gemeinsam mit Ihrem Kind ausgedacht haben?

○ Nein, noch nie. (1)

○ Ja, eine selbst ausgedachte Geschichte. (0/1)

○ Ja, eine gemeinsam mit dem Kind ausgedachte Geschichte. (0/1)

14. Kontrollieren Sie die Hausaufgaben Ihres Kindes im Fach Deutsch?

○ Nein. (1)

○ Selten, nur in bestimmten Fällen. (2)

○ Ja, fast immer. (3)

15. Helfen Sie Ihrem Kind bei den Hausaufgaben im Fach Deutsch?

○ Nein. (1)

○ Selten, nur in bestimmten Fällen. (2)

○ Ja, fast immer. (3)

16. Wie schätzen Sie die Leistung Ihres Kindes in Lesen ein?

	sehr schlecht	eher schlecht	eher gut	sehr gut	
Die Leistung meines Kindes in Lesen ist ...	○	○	○	○	(1/2/3/4)

17. Informieren Sie sich darüber, was Ihr Kind in der Freizeit liest?

	sehr selten	manchmal	oft	immer	
Ich informiere mich ...	○	○	○	○	(1/2/3/4)

18. Informieren Sie sich darüber, was Ihr Kind in der Freizeit fernsieht?

	sehr selten	manchmal	oft	immer	
Ich informiere mich ...	○	○	○	○	(1/2/3/4)

19. Bestimmt Ihr Kind selbst, welche Musik es hört, was es liest oder welche Fernsehsendungen es sieht?

	Wir bestimmen das für unser Kind.	Wir beraten unser Kind bei der Auswahl.	Meistens ja, nur bei bestimmten Dingen nicht (z.B. Uhrzeit, Inhalt).	Unser Kind kann darüber frei entscheiden.	
Musik (Radio, CDs, Kassetten, ...)	○	○	○	○	(1/2/3/4)
Lesen (Bücher, Zeitschriften, ...)	○	○	○	○	(1/2/3/4)
Fernsehen (Filme, Serien, ...)	○	○	○	○	(1/2/3/4)

20. Ich lese ...

O ... nicht so gern.   (1)

O ... gern.   (2)

21. Beim Lesen bevorzuge ich ...

O ... erzählende Texte, z. B. .... (0/1) (x)

O ... Sachtexte, z. B. .... (0/1) (x)

O ... lyrische Texte, z. B. .... (0/1) (x)

O ... dramatische Texte, z. B. .... (0/1) (x)

22. Bücher können ja sehr unterschiedlich geschrieben sein. Wenn Sie jetzt einmal an Bücher (aller Art) denken, die Sie lesen, worauf kommt es Ihnen besonders an?

Die Bücher, die ich bevorzugt lese, sollen ...	trifft nicht zu	← →		trifft zu	
... realistisch, faktenreich und wirklichkeitsgetreu sein.	O	O	O	O	(1/2/3/4)
... spannend sein, mich packen, faszinieren.	O	O	O	O	(1/2/3/4)
... Lebensprobleme behandeln.	O	O	O	O	(1/2/3/4)
... so sein, dass ich davon lernen und profitieren kann.	O	O	O	O	(1/2/3/4)
... von aktuellen politischen/sozialen Problemen handeln.	O	O	O	O	(1/2/3/4)
... lustig sein und Humor haben.	O	O	O	O	(1/2/3/4)
... zum Denken und zur Auseinandersetzung anregen.	O	O	O	O	(1/2/3/4)
... mich den Alltag für eine Weile vergessen lassen.	O	O	O	O	(1/2/3/4)
... mich in eine andere Welt versetzen.	O	O	O	O	(1/2/3/4)
... fremde Kulturen und andere Zeiten zeigen.	O	O	O	O	(1/2/3/4)

23. Wie oft kommen Sie aus nachfolgend angegebenen Gründen zum Lesen?

	täg-lich	mehr-mals pro Woche	einmal pro Woche	alle zwei Wo-chen	einmal pro Monat	selte-ner	nie	
Zur Unterhaltung/ Entspannung	O	O	O	O	O	O	O	(1/2/3/4/5/ 6/7)
zur Weiterbildung	O	O	O	O	O	O	O	(1/2/3/4/5/ 6/7)
um informiert zu sein	O	O	O	O	O	O	O	(1/2/3/4/5/ 6/7)
um schöne Lite-ratur zu genießen	O	O	O	O	O	O	O	(1/2/3/4/5/ 6/7)

24. Welche der folgenden Aussagen treffen auf Ihr persönliches Leseverhalten zu?

	trifft nicht zu ←		→	trifft zu	
Beim Lesen kann ich mich herrlich entspannen.	O	O	O	O	(1/2/3/4)
Ich mache es mir beim Le-sen immer sehr gemütlich und genieße die Stimmung.	O	O	O	O	(1/2/3/4)
Mit einem Buch kann man in eine ganz andere Welt abtauchen.	O	O	O	O	(1/2/3/4)
Wenn ich Probleme habe, dann lese ich gern.	O	O	O	O	(1/2/3/4)
Wenn ich traurig bin, dann heitert mich ein Buch auf.	O	O	O	O	(1/2/3/4)
Beim Lesen vergeht die Zeit wie im Fluge.	O	O	O	O	(1/2/3/4)

25. Nutzen Sie eine Bibliothek?

O Nein. (1)

O Ja. (2)

26. Wie oft nutzen Sie eine Bibliothek?

	ein paar Mal im Jahr	einmal im Monat	mehrmals im Monat	jede Woche	
Ich nutze die Bibliothek ...	O	O	O	O	(1/2/3/4)

27. Haben Sie eine Tageszeitung oder Wochenzeitschrift im Abonnement?

	nein	ja	
Tageszeitung	O	O	(1/2)
Wochenzeitschrift	O	O	(1/2)

Vielen Dank fürs Ausfüllen!

Lehrerfragebogen

Projekt „Entwicklung von Lesemotivation bei Grundschülern –
Möglichkeiten und Grenzen schulischer Einflussnahme"

Universität Erfurt
Institut für Grundschulpädagogik und Kindheitsforschung
Arbeitsbereich Kinderliteratur und Kindermedien
Prof. Karin Richter
Dr. Monika Plath

1. Ich bin ...

O ... männlich.   (1)

O ... weiblich.   (2)

2. Wie alt sind Sie?

☐ Jahre.   (x)

3. Welche von den angegebenen Gegenständen besitzen Sie?

O Fernseher   (0/1)

O CD-Player   (0/1)

O Radio   (0/1)

O Kassettenrecorder   (0/1)

O Computer   (0/1)

4. Nutzen Sie privat oder beruflich einen Computer oder das Internet?

	nein	privat	beruflich	beides	
Computer	O	O	O	O	(1/2/3/4)
Internet	O	O	O	O	(1/2/3/4)

5. Sprechen Sie über methodische und inhaltliche Fragen des Lese-
und Literaturunterrichts mit Kollegen?

	nein	eher selten	oft	sehr oft	
methodische Fragen	O	O	O	O	(1/2/3/4)
inhaltliche Fragen	O	O	O	O	(1/2/3/4)

6. Wie schätzen Sie die durchschnittliche Leistung der untersuchten Klasse im Lese- und Literaturunterricht ein?

	sehr schlecht	eher schlecht	eher gut	sehr gut	
Die Leistung ist ...	O	O	O	O	(1/2/3/4)

7. Wie schätzen Sie das Interesse der Eltern am Lese- und Literaturunterricht ein?

	sehr niedrig	eher niedrig	eher hoch	sehr hoch	
Das Interesse der Eltern ist ...	O	O	O	O	(1/2/3/4)

8. Nachfolgend finden Sie eine Reihe von Aussagen zum kindlichen Lesen. Bitte geben Sie an, wie Sie persönlich darüber denken.

	trifft nicht zu ⟵		⟶ trifft zu		
Das Interesse der Kinder am Lesen wird vor allem vom Elternhaus geprägt.	O	O	O	O	(1/2/3/4)
Der Deutschunterricht in der Schule hat kaum Einfluss auf das Leseverhalten der Kinder in der Freizeit.	O	O	O	O	(1/2/3/4)
Es ist für den Deutschlehrer wichtig zu wissen, was seine Schüler in ihrer Freizeit lesen.	O	O	O	O	(1/2/3/4)
Heutzutage haben Kinder kaum Interesse am Lesen. Es wird von anderen Medien verdrängt.	O	O	O	O	(1/2/3/4)
Literaturverfilmungen können zur Lektüre von Texten motivieren.	O	O	O	O	(1/2/3/4)
Der Leseunterricht dient vorrangig dazu, Fertigkeiten und Fähigkeiten zu vermitteln.	O	O	O	O	(1/2/3/4)
Im Fach Deutsch liegt das Hauptaugenmerk auf dem Gebiet „Sprache untersuchen und richtig schreiben".	O	O	O	O	(1/2/3/4)
Im Fach Deutsch liegt das Hauptaugenmerk auf dem „Verfassen, Schreiben und Gestalten von Texten zur Entwicklung der Ausdrucksfähigkeit".	O	O	O	O	(1/2/3/4)

9. Lesen Sie Ihren Schülern im Deutschunterricht etwas vor?

	gar nicht	nur zu besonderen Anlässen	manchmal/ sporadisch	oft	
Ich lese im Unterricht ... vor.	O	O	O	O	(1/2/3/4)

10. Bitte kreuzen Sie an, inwiefern die hier aufgeführten Punkte im Hinblick auf Ihren Lese- und Literaturunterricht ein Problem darstellen.

	trifft nicht zu ←		→	trifft zu	
zu geringe Mittel in der Bereitstellung von Büchern bzw. Klassensätzen	O	O	O	O	(1/2/3/4)
zu wenig Freiheit bei der Bestimmung von Unterrichtsinhalten	O	O	O	O	(1/2/3/4)
Mangelndes Interesse der Schüler am Lesen	O	O	O	O	(1/2/3/4)
zu wenig Zeit für die Vorbereitung neuer Texte	O	O	O	O	(1/2/3/4)
zu wenig Möglichkeiten zur Fort- und Weiterbildung	O	O	O	O	(1/2/3/4)
zu wenig konkrete Anregungen im Lehrplan	O	O	O	O	(1/2/3/4)
zu wenig Empfehlungen für altersgerechte Literatur	O	O	O	O	(1/2/3/4)
zu wenig Unterstützung vom Elternhaus	O	O	O	O	(1/2/3/4)
zu gering entwickelte Lesefähigkeit bei den Schülern	O	O	O	O	(1/2/3/4)
zu wenig Zeit für die Behandlung von Büchern	O	O	O	O	(1/2/3/4)

11. Wie gliedern Sie die für den Deutschunterricht laut Stundentafel zur Verfügung stehende Zeit pro Woche?

	nie	manchmal	oft	immer	
Ich entscheide spontan (nach Bedingungen und Leistungsstand in der Klasse), wieviel Wochenstunden ich auf die einzelnen Lernbereiche verwende.	O	O	O	O	(1/2/3/4)
Ich plane die Wochenstunden der einzelnen Lernbereiche für längere Abschnitte des Schuljahres.	O	O	O	O	(1/2/3/4)
Ich plane die Wochenstunden der einzelnen Lernbereiche für das gesamte Schuljahr.	O	O	O	O	(1/2/3/4)

12. Welche Literatur (außer Lesebuchtexte) haben Sie im Deutschunterricht in diesem Schuljahr schon behandelt?

Autor: .... (x)

Titel: .... (x)

Autor: .... (x)

Titel: .... (x)

Autor: .... (x)

Titel: .... (x)

Autor: .... (x)

Titel: .... (x)

13. Welche Kriterien muss ein Buch erfüllen, das Sie im Unterricht behandeln?

.... (x)

....

....

....

....

14. Welche von den nachfolgend genannten Möglichkeiten, literarische Texte zu behandeln, haben Sie im letzten Schuljahr genutzt? Bitte ergänzen Sie Fehlendes.

Die Schüler konnten ...

○ ... eigene Bücher mitbringen und vorstellen. (0/1)

○ ... zu Texten Bilder malen. (0/1)

○ ... eigene Geschichten schreiben. (0/1)

○ .. eine Fortsetzung oder einen Schluss für eine gelesene Geschichte schreiben. (0/1)

○ ... sich eine Vorgeschichte für einen Text ausdenken. (0/1)

○ ... eine Geschichte nachspielen. (0/1)

○ ... zu einer gelesenen Geschichte einen Film anschauen. (0/1)

○ ... zu einer Geschichte ein Hörspiel erstellen. (0/1)

○ ... einen Brief an eine literarische Figur schreiben. (0/1)

○ .... (0/1) (x)

○ .... (0/1) (x)

○ .... (0/1) (x)

○ .... (0/1) (x)

○ .... (0/1) (x)

○ .... (0/1) (x)

15. Welche Rolle spielen nach Ihren Erfahrungen die Illustrationen in Büchern für den Umgang der Kinder mit der Literatur und für die Lesemotivation?

Illustrationen ...	trifft nicht zu ⟵		⟶ trifft zu		
... sind wichtig für das Textverständnis.	○	○	○	○	(1/2/3/4)
... dienen der Entwicklung von Phantasie.	○	○	○	○	(1/2/3/4)
... lenken eher vom Text ab.	○	○	○	○	(1/2/3/4)
... motivieren die Kinder zum Lesen.	○	○	○	○	(1/2/3/4)
... vermitteln Informationen über den Text hinaus.	○	○	○	○	(1/2/3/4)

16. Wenn Sie an Bildung und Ausbildung künftiger Generationen denken, wie schätzen Sie da die Bedeutung der verschiedenen Medien ein?

	gar nicht wichtig ←——————→ sehr wichtig				
Fernsehen	○	○	○	○	(1/2/3/4)
Radio	○	○	○	○	(1/2/3/4)
Belletristik	○	○	○	○	(1/2/3/4)
Sachliteratur	○	○	○	○	(1/2/3/4)
Zeitungen und Zeitschriften	○	○	○	○	(1/2/3/4)
Computer	○	○	○	○	(1/2/3/4)
Internet	○	○	○	○	(1/2/3/4)
....	○	○	○	○	(x) (1/2/3/4)
....	○	○	○	○	(x) (1/2/3/4)

17. Verändert Ihrer Meinung nach das Fernsehen das Leseverhalten von Kindern?

	gar nicht ←——————→ sehr stark				
heute	○	○	○	○	(1/2/3/4)
eigene Kindheit/ Jugend	○	○	○	○	(1/2/3/4)

18. Welcher Art ist der Einfluss Ihrer Meinung nach?

	negativ ←——————→ positiv				
Heute	○	○	○	○	(1/2/3/4)
eigene Kindheit/ Jugend	○	○	○	○	(1/2/3/4)

19. Informieren Sie sich darüber, was Ihre Schüler in der Freizeit fernsehen?

	nicht	sehr selten	manchmal	oft	
Ich informiere mich ...	○	○	○	○	(1/2/3/4)

20. Beim Lesen bevorzuge ich ...

O ... erzählende Texte, z.B.: .... (1) (x)

O ... Sachtexte, z.B.: .... (2) (x)

O ... lyrische Texte, z.B.: .... (3) (x)

O ... dramatische Texte, z.B.: .... (4) (x)

21. Wenn Sie einmal an Bücher (aller Art) denken, die Sie lesen, worauf kommt es Ihnen besonders an?

Die Bücher, die ich bevorzugt lese, sollen ...	trifft nicht zu	← ⟶		trifft zu	
... realistisch, faktenreich und wirklichkeitsgetreu sein.	O	O	O	O	(1/2/3/4)
... spannend sein, mich packen, faszinieren.	O	O	O	O	(1/2/3/4)
... Lebensprobleme behandeln.	O	O	O	O	(1/2/3/4)
... so sein, dass ich davon lernen und profitieren kann.	O	O	O	O	(1/2/3/4)
... von aktuellen politischen und sozialen Problemen handeln.	O	O	O	O	(1/2/3/4)
... lustig sein und Humor haben.	O	O	O	O	(1/2/3/4)
... zum Denken und zur Auseinandersetzung anregen.	O	O	O	O	(1/2/3/4)
... mich den Alltag für eine Weile vergessen lassen.	O	O	O	O	(1/2/3/4)
... mich in eine andere Welt versetzen.	O	O	O	O	(1/2/3/4)
... fremde Kulturen und andere Zeiten zeigen.	O	O	O	O	(1/2/3/4)

22. Welche der folgenden Aussagen treffen auf Ihr persönliches Leseverhalten zu?

	fast nie	manch-mal	oft	fast immer	
Beim Lesen kann ich mich herrlich entspannen.	O	O	O	O	(1/2/3/4)
Ich mache es mir beim Lesen immer sehr gemütlich und genieße die Stimmung.	O	O	O	O	(1/2/3/4)
Mit einem Buch kann man in eine ganz andere Welt abtauchen.	O	O	O	O	(1/2/3/4)
Wenn ich Probleme in der Schule oder zu Hause habe, dann lese ich gern.	O	O	O	O	(1/2/3/4)
Wenn ich traurig bin, dann heitert mich ein Buch auf.	O	O	O	O	(1/2/3/4)
Beim Lesen vergeht die Zeit wie im Fluge.	O	O	O	O	(1/2/3/4)

23. Seit wieviel Jahren sind Sie im Schuldienst?

O Seit einem Jahr. (1)

O Seit zwei bis fünf Jahren. (2)

O Seit sechs bis zehn Jahren. (3)

O Seit elf bis zwanzig Jahren. (4)

O Seit mehr als zwanzig Jahren. (5)

24. Wie gern unterrichten Sie die einzelnen Lernbereiche
    innerhalb des Deutschunterrichtes?

	überhaupt nicht gern	← →		sehr gern	
Mit Texten und weiteren Medien umgehen.	○	○	○	○	(1/2/3/4)
Miteinander sprechen.	○	○	○	○	(1/2/3/4)
Texte verfassen, schreiben und gestalten.	○	○	○	○	(1/2/3/4)
Sprache untersuchen und richtig schreiben.	○	○	○	○	(1/2/3/4)

25. Seit wann unterrichten Sie die untersuchte Klasse? (Monat/Jahr)

.... (x)

Vielen Dank fürs Ausfüllen!